LOS SIGNOS

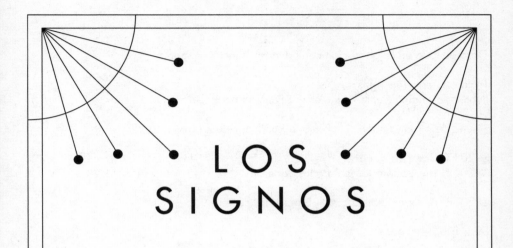

LOS
SIGNOS

DESCIFRA LAS ESTRELLAS, REDEFINE TU VIDA

CAROLYNE FAULKNER

TRADUCCIÓN DE JORGE PAREDES

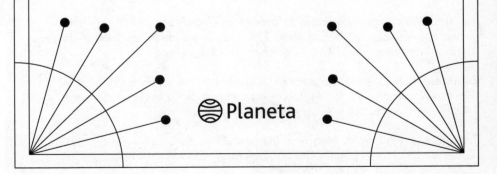

🌐 Planeta

Obra editada en colaboración con Editorial Planeta – España

Título original: *The Signs*
Publicado originalmente en inglés por Penguin Books Ltd, London

Diseño de portada e interior: Penguin Random House Group, 2017

Primera edición impresa en España: mayo de 2018
ISBN: 978-84-08-18824-7

Primera edición impresa en México: julio de 2018
ISBN: 978-607-07-5104-2

Impreso en los talleres de Litográfica Ingramex, S.A. de C.V.
Centeno núm. 162-1, colonia Granjas Esmeralda, Ciudad de México
Impreso en México –*Printed in Mexico*

3 1393 03276 1217

Nota de la autora

Con el fin de proteger la privacidad de las personas
con las que me he cruzado en el ejercicio de mi profesión,
las amistades o clientes que aparecen en este libro son ficticios,
o bien sus nombres y rasgos han sido modificados.
Cualquier parecido con la realidad es pura coincidencia.

Dedico este libro a mi hijo Kam, el auténtico Sol de mi vida.
Y a todas las personas que han despertado.

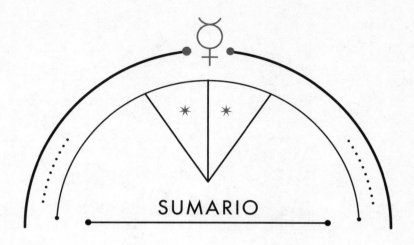

SUMARIO

Introducción   13

1. Cómo interpretar tu carta   23

2. Los planetas   43

3. Los signos   112

4. Las casas   311

Nota final   356

Agradecimientos   358

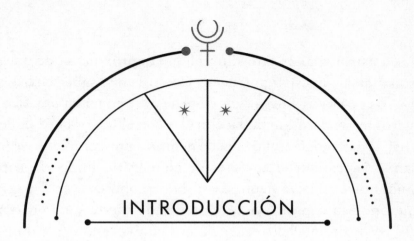

INTRODUCCIÓN

Si, como a mucha gente que conozco, la astrología te parece interesante, pero te desaniman los complejos términos técnicos o las trivialidades esotéricas, como la recomendación de no salir de casa hasta que Mercurio salga de su fase de retroceso, espero que este libro te parezca original, puede que incluso enriquecedor, y sobre todo útil. Lo escribí para personas como nosotras (me incluyo), que buscábamos un libro que hiciera que la astrología resultase accesible y divertida, además de práctica. Creo que la astrología puede ser una poderosa herramienta de aprendizaje vital, que todo el mundo puede aprender a utilizar por sí mismo. De hecho, mi misión consiste en poner ese poder en tus manos. (Al fin y al cabo, soy Acuario, y los Acuario tenemos un trabajo que desempeñar aquí en la Tierra: aumentar el conocimiento y promover la igualdad.)

De entrada, dejemos clara una cosa. No es posible ni lógico dividir a toda la humanidad en doce signos del zodiaco y esperar que cada uno reúna a los mismos tipos de personas que experimenten lo mismo a la vez. Tampoco tiene sentido generalizar en exceso. Dar por sentado que todos los Leo son divertidos y extravertidos, o que los Escorpio son sexis, pero con tendencia a los celos, no es realista. Los seres humanos somos mucho más complejos, y nuestro signo zodiacal (también conocido como signo solar en astrología) es tan solo una guía aproximada de nuestra personalidad y nuestro potencial. Como verás, saber cuáles son los rasgos positivos y negativos de tu signo y poner en práctica los primeros te ayudará, sin duda, a brillar con el fulgor del Sol. Pero, aun así, la astrología nunca puede definirte por completo. Al fin y al cabo, determinar el carácter de alguien (incluido el propio) basándonos exclusivamente en su horóscopo es como juzgar a alguien por su aspecto. A veces tenemos suerte y damos en el clavo, pero con mucha frecuencia nos equivocamos, y eso puede crear problemas.

Y hay que descartar otra creencia errónea desde el principio: no está grabado en piedra que algunos signos tengan que llevarse bien o mal con otros. La única manera de determinar la durabilidad de una relación es valorar las cartas de ambos individuos y estudiarlas conjuntamente. Muchas de las parejas felices que conozco están formadas por una persona con el Sol en un signo y otra con el mismo signo como su Luna o como ascendente. La astrología tradicional diría que la cosa no funcionaría, pero, según mi experiencia, sucede más bien como en el póquer: simplemente hay que hacer coincidir los signos con una posible pareja (o un amigo o colega) en un momento dado. Dos de mis más viejas amigas son Leo y, como yo soy Acuario, son lo opuesto a mí. El signo del zodiaco de otra amiga íntima coincide con mi ascendente. La astrología puede proporcionar datos fascinantes si tienes ganas de profundizar un poco más.

Llevo estudiando astrología más de once años. Durante los últimos nueve, la he utilizado también para enseñar a la gente a profundizar en el conocimiento de sí misma y de los demás, así como para señalarle caminos que le permitan experimentar relaciones más honestas e íntimas y gozar de éxito profesional. El método que utilizo, al cual denomino astrología dinámica, ayuda a mejorar la salud emocional, espiritual y física, y a incrementar el bienestar general. Verás que uso la palabra *karma* con frecuencia. El karma es causa y efecto: cada acción tiene una reacción. Las semillas plantadas en una tierra fértil probablemente producirán un cultivo sano, y viceversa. Trata de pensar en el karma como si fueran las semillas que plantas. No puedes cambiar el karma pasado, pero puedes ser más consciente de cada decisión que tomes en el presente y, desde luego, cambiar el futuro.

Sé que cuando la astrología dinámica se utiliza como una herramienta para mejorar el autoconocimiento, nos ayuda a ir por la vida recorriendo un sendero mucho más llano. Puede conllevar una transformación estimulante y una conexión más profunda con la parte más auténtica de nosotros mismos. Esto es fundamental, ya que, en mi opinión, atraemos lo que somos y pensamos.

Mi experiencia al trabajar con gente de todo el mundo y de todos los ámbitos de la vida me ha enseñado que la astrología es básicamente un marco para sintonizar con los ritmos de tu propia vida, una herramienta para gestionar el comportamiento humano (el tuyo y el de los demás). Me gusta imaginarla como el andamio de una obra, ¡solo que, en este caso, el edificio que se está restaurando con esmero eres tú!

La astrología la llevan practicando las sociedades de todo el mundo desde hace miles de años. Es un poco como la precursora de antaño de la moderna ciencia de la psicología. Y cuando empiezas a pensar en ella en estos términos, cobra sentido su increíble estoicismo, incluso en nuestro escéptico mundo moderno, en el que la mayoría de la gente ha perdido la fe en cualquier cosa que no sea lo que puede ver con sus propios ojos (en contraposición a lo que siente en su corazón). Creo que nuestras propias mentes determinan y crean nuestra realidad. La neurociencia lo demuestra. El futuro no está escrito en las estrellas, nos corresponde a nosotros crearlo.

De modo que, por lo que a mí respecta, la astrología no tiene nada que ver con la adivinación ni con la sección de horóscopos de dos líneas de los periódicos, pero sí con potenciar tu capacidad de crecer como persona, lo cual aumenta la felicidad y mejora las interacciones positivas con los demás. Asimismo, nos ayuda a ser más conscientes, a realizar juicios más fundamentados acerca de nuestras capacidades y limitaciones y las de los demás. Y ten en cuenta que incluso con un conocimiento básico de astrología, podemos dominar nuestro sentido de la oportunidad. ¡Los mejores chefs dan fe de que elegir el momento oportuno lo es todo!

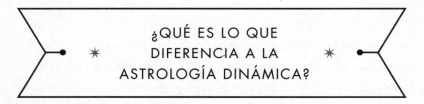

¿QUÉ ES LO QUE DIFERENCIA A LA ASTROLOGÍA DINÁMICA?

La astrología dinámica combina las enseñanzas espirituales y astrológicas con el estudio del comportamiento humano desde la perspectiva de un *coach* personal. En este contexto, tu carta astral no es una descripción rigurosa de quién eres, ni una receta determinada sobre cómo deberías vivir tu vida. La astrología se convierte en una herramienta interpretativa que te sitúa en el centro de la toma de decisiones. El conocimiento de las estrellas te faculta para actuar en armonía con su energía.

Para mí, la astrología se ha convertido en una parte tan habitual de mi vida cotidiana como la electricidad que da energía a nuestros hogares. Al igual que la electricidad, la utilizo porque me aporta luz y energía cuando las necesito. Y la comparto porque creo que este lenguaje de las estrellas trasciende las clases sociales, las etnias, el estatus y, lo más importante, el ego. Cualquiera puede utilizarla, y eso me gusta.

Con la astrología dinámica quería crear un método que muestre cómo utilizar la astrología por tu cuenta, sin necesidad de que un astrólogo contratado determine todas tus decisiones. Mi objetivo es reforzar la intuición de los demás. Todos somos intuitivos en mayor o menor medida, pero, a menudo, nuestra intuición está tan envuelta en la lógica que acabamos limitados a una perspectiva unidimensional.

En ocasiones, la astrología parece más compleja de lo que es. Es cierto que, a primera vista, una carta astral completa puede parecer muy complicada e incluso abrumadora, y algunos términos requieren algún tiempo para acostumbrarse a ellos, pero yo simplifiqué el proceso para hacerla plenamente asequible y, gracias al trabajo con mis clientes, sé que la astrología no tiene que ser tan difícil. De hecho, es un poco como aprender una lengua extranjera: vas reuniendo fragmentos, unas cuantas palabras y frases aquí y allá, hilvanas la conversación y entonces, con la práctica y con paciencia, empiezas a hablar la lengua. O, en este caso, aprendes a «astrocharlar», como me gusta llamarlo.

La astrología dinámica te da pistas y te convierte en el detective encargado de tu propio caso. Te alinea con tu alma (o, si lo prefieres, con tu mente), en contraposición a la seductora pero nociva trampa de nuestro ego. Creo que el alma (o la mente) es infinita: nunca muere. De hecho, continúa creando vidas futuras, motivo por el cual nuestra carta astral nos indica los puntos fuertes que hay que asumir y los problemas que hay que resolver en esta vida para poder pasar al siguiente nivel. Nada es inamovible y todo es modificable. Con conciencia y con una visión honesta de tus propias pautas de conducta, siempre tienes elección, y crear un futuro mejor depende de ti.

VERSIÓN POSITIVA
FRENTE A
VERSIÓN NEGATIVA

Los años de trabajo con mis inteligentes, triunfadores y exigentísimos clientes, y la observación de cómo determinados patrones astrales se relacionan estrechamente con sus experiencias, comportamiento y características, me han dejado claro que cualquier rasgo asociado con cualquier aspecto de la astrología puede ser tanto bueno como malo. A esto lo denomino «versión positiva» frente a «versión negativa», y nos encontramos con esa dualidad constantemente.

En esencia, la astrología dinámica es la práctica consistente en aplicar los conocimientos astrológicos de manera estratégica para aumentar los rasgos útiles («positivos») y reducir el impacto de los perjudiciales («negativos»). Puedes cambiar aquello que no te sirve o que simplemente no te gusta. La conciencia y el mayor conocimiento de ti mismo te permiten aportar más aceptación, felicidad y satisfacción espiritual a tu vida. Cuando domines nuevas formas de gestionar los rasgos que anteriormente han supuesto un calvario en tu vida, sentirás como si estuvieras en paz contigo mismo. Es una sensación de liberación total.

Un consejo: no tengas miedo de tu versión negativa, también conocida como el aterrador «lado oscuro». Al fin y al cabo, todo el mundo la tiene. Siempre ocurre que, cuando la gente lee sus versiones positivas por primera vez, veo que asiente o sonríe; entonces espero, y de repente se produce un silencio. En ese momento sé que está leyendo sus rasgos negativos y es consciente de todo. Abrirse al autoconocimiento es el primer paso hacia cualquier tipo de mejora personal. Según mi propia experiencia como estudiante, los profesores más compasivos que he tenido rara vez me dieron caramelos, regalos o verdades fáciles.

Para ilustrar el tema de las características positivas frente a las negativas, pongamos a Tauro como ejemplo. Una característica positiva de Tauro es su talento. A muchas personas de signo Tauro les encanta cultivar su propio talento, así como el ajeno. Un rasgo negativo de Tauro son los celos (que comparte con su signo opuesto, Escorpio). Eso no quiere decir que todos los Tauro sean celosos y envidiosos, pero es probable que eso aparezca en algún momento de sus vidas, porque los celos son un rasgo que los Tauro tienen que aprender a superar aquí en la Tierra. Y para contextualizar más lo positivo frente a lo negativo, he observado que una persona Tauro que trabaja realmente su propio talento rara vez sufre celos. Si los provoca en otras personas, debe esforzarse más por actuar con elegancia y humildad (palabras asociadas con Tauro).

CÓMO UTILIZAR ESTE LIBRO

Escribí *Los signos* con el objetivo de hacer que un tema complejo sea comprensible para todo el mundo, centrándome en las tres áreas principales de la astrología: los planetas, los signos y las casas. Como no podía ser de otra manera, esto significa que hay muchos temas que no puedo aspirar a cubrir, pero la astrología es tan poderosa que hasta un pequeño conocimiento sirve de mucho. Espero que este libro te sirva de guía para utilizar la astrología de manera práctica para llevar a cabo cambios reales y positivos en tu vida. Y cuando «descifres el código», podrás ayudar a otras personas que están luchando por subirse a la tabla de surf y surcar las olas de la vida.

Puedes leer este libro de dos maneras. Puedes ir directamente al capítulo correspondiente a tu signo del zodiaco y leer todo acerca de los rasgos útiles y perjudiciales («versión positiva» y «versión negativa»), y a continuación utilizar las sugerencias prácticas de «ajuste» para reducir lo negativo y aumentar lo positivo. (Por cierto, es evidente que puedes hacer lo mismo para conocer más a fondo el comportamiento de otras personas. Es divertido y, en ocasiones, asombrosamente preciso. ¡Prueba a buscar el signo de tu pareja o el de un colega y comprueba si sus rasgos arrojan un poco de luz sobre algo que te desconcierta o te molesta!)

La segunda manera, si así lo prefieres, consiste en profundizar un poco más y utilizar este libro para aprender a leer cartas astrales y hacer tus propias interpretaciones.

Una carta astral (o natal) es una foto instantánea de la alineación de las estrellas y los planetas en el momento de tu nacimiento. Aprender a interpretar tu carta descifrando el papel de tu signo astral, tu signo lunar y tu ascendente, así como la alineación de los planetas y las ubicaciones de las casas, es ilustrativo y enriquecedor. Por ejemplo, la identificación de tu signo ascendente (el signo en tu primera casa en el momento en que naciste) te ayuda a comprender cómo te perciben los demás y abre la puerta al autodescubrimiento. Si conoces tu signo lunar (el signo en que estaba la Luna cuando naciste), puedes descubrir cómo ocuparte más de tu bienestar emocional, lo que a su vez mejorará tu inteligencia emocional. Conocer el signo lunar de tu pareja o de tu hijo/a te ayudará a nutrirlos a nivel emocional. (¡Mi hijo tiene la Luna en Tauro, y Tauro se asocia a un apetito saludable por la buena comida, por lo que siempre le doy de comer antes de abordar cualquier problema emocional que pueda tener con él!)

No me cansaré nunca de observar cómo mis clientes hacen un clic mental cuando se hace patente algún aspecto de su personalidad o de su experiencia personal. Esos momentos reveladores les resultan profundamente satisfactorios, y eso también puede pasarte a ti. Cuando entiendes tu carta y las de las personas clave en tu vida, adquieres una perspectiva inestimable. Te vuelves más compasivo, tienes más facilidad para alcanzar tus objetivos personales y profesionales, y la vida cotidiana se vuelve menos estruendosa y más melodiosa. Dejas de luchar contra la corriente y te dejas llevar por el curso y los tiempos de la vida. Todo, desde el bienestar físico y emocional hasta los objetivos profesionales y las relaciones anteriormente tensas, puede, de repente, parecer mucho más relajado. No estoy diciendo que todo vaya a cambiar de la noche a la mañana. Requiere un poco de esfuerzo y, no nos engañemos, algunas personas seguirán molestándonos, pero podemos controlar cómo reaccionamos pulsando el botón de pausa y analizando la raíz de su comportamiento y, por supuesto, nuestras reacciones.

Imagínate que estás en un aeropuerto únicamente con tu pasaporte y un mapa en la mano. Te espera un avión privado. No estás demasiado seguro de adónde vas, pero intuyes que te espera algo que mejorará tu vida. Te estoy mostrando la puerta al autodescubrimiento. El mapa te proporcionará las pistas para ayudarte a encontrar tu propio cofre del tesoro, pero tienes que realizar tu propia travesía y asumir la responsabilidad de tus decisiones.

Sé por mi propio conocimiento de la astrología y por los éxitos de mis clientes que es posible que sucedan cosas maravillosas. Recuerda que tu carta astral solamente está esbozada en lápiz: realmente depende de ti que quieras coger el bolígrafo y dejar tu marca permanente. Olvídate de cómo eras en el pasado. Vive en este preciso instante y sintoniza con tu máximo potencial.

El futuro está en tus manos.

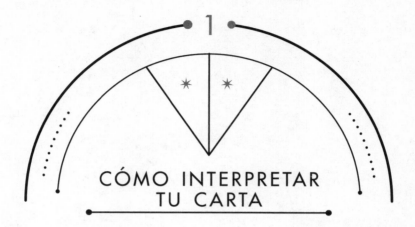

CÓMO INTERPRETAR
TU CARTA

La astrología dinámica se basa en el estudio y la interpretación de las cartas astrales y en el uso de estrategias prácticas para mejorar los rasgos que no nos benefician e impulsar las conductas favorables.

Una carta astral es una instantánea del cielo; es como un garabato energético que se dibuja en el espacio en el momento en que uno nace. La fecha, la hora y el lugar de nacimiento se utilizan para calcular la posición del Sol, la Luna y otros planetas, así como para determinar cómo se corresponden con los signos y las casas. (No te preocupes, porque hay instrucciones claras sobre cómo elaborar tu propia carta más adelante en este capítulo.)

Este capítulo te muestra cómo trabajar con todos los fundamentos que necesitas para interpretar tu propia carta y, a continuación, cuando sepas ya cómo funciona, puedes pasar a interpretar las cartas de otras personas. ¡Es entonces cuando la cosa se pone realmente divertida!

Nos ocuparemos de las tres áreas principales: los planetas, los signos y las casas (recuerda que en la astrología dinámica todo funciona en tríadas). Cuando domines los fundamentos de esas tres áreas, ya estarás en el buen camino para descifrar las pistas que se encuentran en tu carta y decodificar el código más interesante de todos, el que hay tras el comportamiento humano.

Echa una ojeada a la carta astral del siguiente ejemplo.

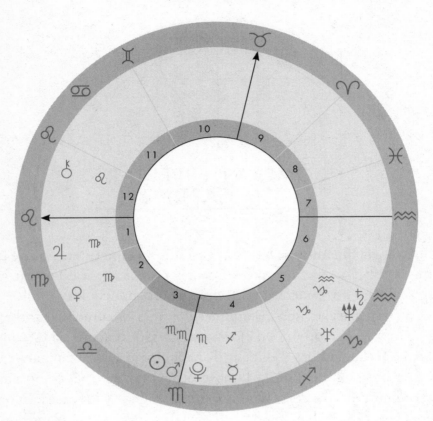

Analizaremos esta carta paso a paso, para que puedas entender el papel de los planetas, los signos y las casas y, a continuación, empieces a aplicar esos conocimientos en tu propia carta. Volveremos a esta carta ejemplo más adelante en este capítulo y la reharemos para mostrarte cómo todo se combina para crear interpretaciones.

Ahora echa una ojeada a la guía de los símbolos de los diferentes planetas y signos, y empieza a familiarizarte con ellos. Al principio, tendrás que volver a consultarlos cada vez que estudies una carta, pero no tardarás mucho en empezar a reconocerlos.

SIGNOS		PLANETAS	
♈	Aries	☉	Sol
♉	Tauro	☽	Luna
♊	Géminis	☿	Mercurio
♋	Cáncer	♀	Venus
♌	Leo	♂	Marte
♍	Virgo	♃	Júpiter
♎	Libra	♄	Saturno
♏	Escorpio	♅	Urano
♐	Sagitario	♆	Neptuno
♑	Capricornio	♇	Plutón
♒	Acuario	⚷	Quirón
♓	Piscis		

Te sugeriría que, llegados a este punto, tuvieras a mano tu propia carta para consultarla junto a los ejemplos proporcionados. (No te alarmes si todo te parece un poco abrumador. ¡Ten paciencia!)

Puedes dibujar tu propia carta en la página web en inglés *www. dynamicastrology.com*, donde deberás ir a la sección «calculators» e introducir tu fecha, hora y lugar de nacimiento. (Ten en cuenta que no serás capaz de determinar en qué casas se sitúan los planetas si no conoces tu hora de nacimiento. En ese caso, selecciona «hora desconocida» en la calculadora de la carta. Aun así, podrás trabajar con los planetas y los signos, y te prometo que obtendrás información en abundancia.) Yo imprimiría la carta y utilizaría un lápiz para tomar notas sobre los efectos de diversos elementos, pero ¡supongo que yo soy de la vieja escuela! Como alternativa, aquí tienes una carta en blanco para que elabores tu carta astral si lo deseas.

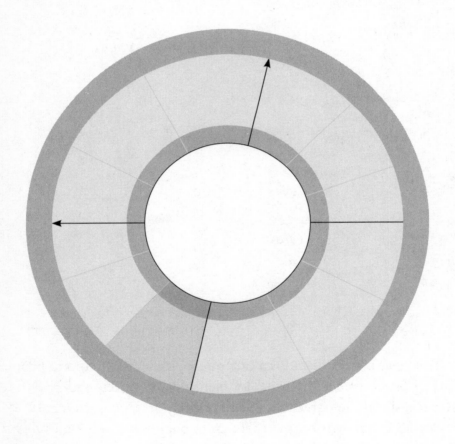

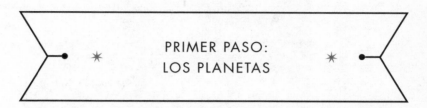

PRIMER PASO:
LOS PLANETAS

El primer paso es identificar cada uno de los diez planetas dominantes y analizar su relevancia. Empecemos por el Sol, que, como todos los planetas, se sitúa en un signo determinado en tu carta. Tu signo astral es el signo del zodiaco (Cáncer, Piscis, Leo, etcétera) en el que se encontraba el Sol en el momento de tu nacimiento. Como puedes ver en la guía de símbolos de los planetas, hay otros nueve planetas con los que trabajaremos, pero tu signo astral es el primero que hay que utilizar para iniciar tu viaje cartográfico. Después puedes avanzar para descubrir dónde se sitúan los otros planetas en tu carta. Ten en cuenta que se los conoce como «planetas dominantes», ya que cada uno de ellos está asignado a un signo. (Y, técnicamente, el Sol es una estrella, y Plutón y Quirón en realidad no son planetas, pero, para facilitar las cosas al máximo, utilizaremos el término general *planeta*; ¡no se lo digas a los astrónomos!)

A cada planeta de tu carta lo denomino el «qué», es decir, ¿qué significa ese planeta para ti?

Empecemos por identificar tu signo astral en tu propia carta. Echa una ojeada al símbolo del Sol, utilizando la tabla de los planetas que te mostré antes y esta carta ejemplo como guía.

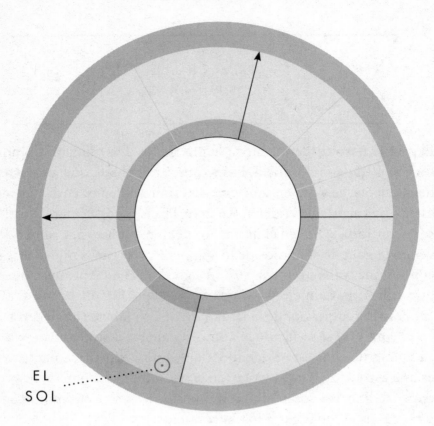

EL
SOL

¿Qué significa este planeta, el Sol, para ti? En pocas palabras, el Sol representa el ego de una persona, su propia identidad. Si consideras el signo en el que se sitúa y utilizas todas las características positivas de ese signo, brillarás con el fulgor del Sol. Sin embargo, si expresas los rasgos negativos, estarás más en línea con tu ego que con tu esplendor. Cada uno de los diez planetas con los que vamos a trabajar está asociado con un área concreta de tu personalidad y ofrece lecciones específicas que aprender.

Encontrarás explicaciones mucho más detalladas del papel que desempeña el Sol en tu carta (así como el de otros planetas) en «Los planetas» (páginas 43-111).

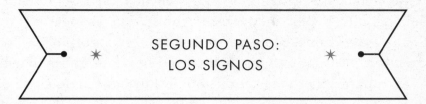

SEGUNDO PASO: LOS SIGNOS

El segundo paso es identificar y estudiar el significado y la influencia de los signos. Ya situaste el Sol en tu carta. Ahora anota el símbolo del signo del zodiaco en línea con él, hacia el centro de la carta. Ese es tu signo astral.

En nuestro ejemplo aparece el Sol, que es el planeta, en Escorpio, que es el signo.

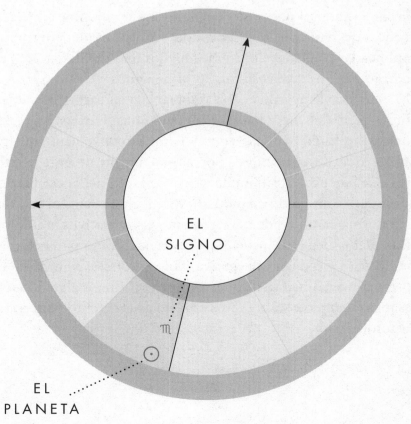

EL SIGNO

♏

EL PLANETA

¿Qué significa este signo? El signo en una carta representa el «cómo», es decir, cómo influye este signo en esta persona.

En nuestro ejemplo, esa persona tiene el Sol en Escorpio, de modo que tendría que ir al apartado de Escorpio en «Los signos» (páginas 112-310) para saber más sobre cómo influye ese signo en su ego y su identidad personal. Simplificando, para brillar, las personas Escorpio deben aprender a manejar el poder, la profundidad, la transformación y el cambio. En su versión positiva, son individuos profundos y se encuentran cómodos con su poder, el cual utilizan para empoderar a otros y realizar grandes cambios tanto interna como externamente. En su versión negativa, tienen poca fuerza de voluntad, y a menudo se vuelven manipuladores y celosos de quienes consideran más poderosos que ellos. Es posible que traten de usurpar y quitar el poder a otros de forma implacable con agravios y tácticas de manipulación. (Por supuesto, esta es una interpretación simplificada. Pueden encontrarse muchos más detalles acerca de los Escorpio y de los demás signos en «Los signos».)

Mientras vayas aprendiendo a trabajar con las cartas, irás hojeando el libro hacia delante y hacia atrás para consultar las páginas relevantes sobre cada planeta, signo y casa. Es conveniente que tomes nota de qué descripciones concuerdan intuitivamente contigo y verás que hay espacios para hacerlo a lo largo del libro. Hazlo con honestidad, sobre todo cuando interpretes tu propia carta. Encuentra la misma cantidad de rasgos positivos y negativos, anótalos y, a continuación, lee el «ajuste» para averiguar cómo potenciar la versión positiva y reducir la negativa. Solo entonces avanzarás. Tengo el firme convencimiento de que, cuando escribimos algo, lo recordamos más fácilmente y liberamos espacio en el cerebro para recopilar más información.

TERCER PASO:
LAS CASAS

El tercer paso es examinar los ámbitos de la vida que se ven afectados por cada casa, fijándonos en los planetas y signos de cada una. Deberías tener la carta enfrente de ti, haber identificado dónde se encuentra el Sol y saber en qué signo se sitúa. Si sabes a qué hora naciste, también puedes averiguar en qué casa se sitúa tu Sol. Las casas están identificadas con los números del 1 al 12 en el borde interior de tu carta.

Así pues, ¿qué significan las casas? Cada casa se asocia a diversos ámbitos de la vida, como las relaciones entre hermanos o los recursos económicos y las finanzas personales. En su conjunto, las casas conforman lo que denomino el «dónde»: ¿Dónde influirá cada planeta y su signo? ¿En qué aspecto de tu vida? ¿Qué intentan decirte?

Encontrarás información detallada sobre cada una de las casas y sus diversas asociaciones en «Las casas» (páginas 311-355), pero, en resumen, y retomando el ejemplo que nos ocupa, en la tercera casa es donde aprenderás sobre la comunicación (entre otras cosas).

En el ejemplo, el Sol está en Escorpio en la tercera casa. Esta persona tendría que aprender a comunicarse con empatía y sentimiento. (¡En Escorpio todo tiene que ver con la empatía y el sentimiento!) Debería aprender a conectarse, con su yo profundo sin ser demasiado intensa ni tan reservada que ahuyente a la gente. Tiene que averiguar cómo comunicarse de manera que se empodere a sí misma y a los demás, resistirse a los celos, la manipulación y el control, los cuales resultan perjudiciales, y tener suficiente confianza para mantener su propio poder.

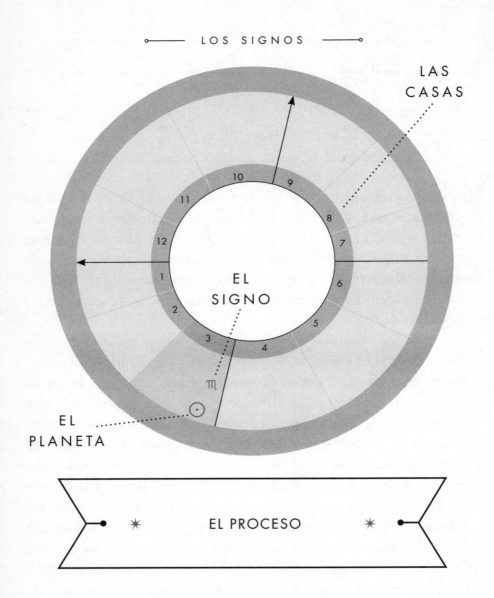

LAS CASAS

EL SIGNO

EL PLANETA

EL PROCESO

En resumen, este es el proceso que seguirás a lo largo del libro. Vas a necesitar la guía de símbolos para identificar los diez planetas. A continuación, al trabajar con cada planeta, tendrás que ir al apartado correspondiente en el capítulo «Los planetas» (páginas 43-111) y leer los comportamientos asociados con él. Utiliza tu intuición y anota los rasgos que más te llamen la atención. Después tendrás que identificar el signo que hay junto a cada planeta, como hicimos en el ejemplo del Sol en Escorpio, y pasar directamente al apartado correspondiente en «Los signos» (páginas 112-310) para repetir el ejercicio y anotar cualquier asociación positiva y negativa que te llame particularmente la atención. Por último, si conoces la hora de tu nacimiento, podrás ubicar las casas en las que se encuentran los planetas y los signos mediante los números del 1 al 12 que figuran en el borde interno. A continuación, deberás consultar el apartado correspondiente de «Las casas» (páginas 311-355) mientras tomas notas. Te sorprenderá lo rápido que lo captas, y cuando empiecen las revelaciones, ¡se convertirá en un vicio!

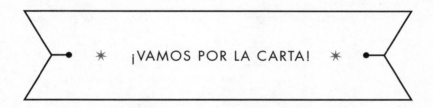

✳ ¡VAMOS POR LA CARTA! ✳

Toma tu carta astral e identifica la línea con la flecha que apunta a las nueve en punto, como si estuvieras mirando la esfera de un reloj. Esta línea indica tu signo ascendente y señala el comienzo de la primera casa de tu carta. Vas a trabajar en tu carta en sentido contrario a las manecillas del reloj, anotando qué planeta se encuentra en qué signo y en qué casa.

Volvamos al ejemplo de la persona con el Sol en Escorpio en la tercera casa. Aquí está su carta completa, la que vimos al comienzo del capítulo, con todo y el resto de planetas y sus signos repartidos en las diferentes casas. Verás que la flecha señala al símbolo de Leo en el borde externo de la carta. De modo que el signo ascendente de esa persona es Leo.

Puede que algunas de tus casas estén vacías y otras estén abarrotadas de planetas, como en la carta del ejemplo. Cuando mis clientes tienen muchos planetas en una determinada casa, siempre les digo que los planetas están intentando llamar su atención. Les están diciendo que tienen que fijarse más en ellos, en su significado y en el ámbito de la vida regido por esa casa en concreto.

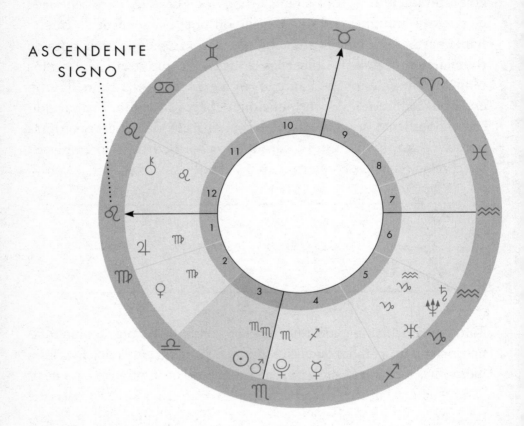

ASCENDENTE
SIGNO

Y si resulta que tienes una casa vacía, no te preocupes; no significa que no suceda nada en ese ámbito de tu vida. Eso sería imposible. Por ejemplo, si tu tercera casa está vacía, ¿significa eso que no te puedes comunicar? ¡Para nada! Todos podemos comunicarnos, pero algunas personas tienen más habilidad para hacerlo que otras. Cuando te topes con una casa vacía, identifica el signo (o signos) del borde exterior de la casa y utiliza la información que aparece en «Los signos» (páginas 112-310) para obtener más pistas sobre cómo mejorar el ámbito de la vida asociado a esa casa en particular. Al identificar las pistas (planetas y signos) presentes en la tercera casa de tu carta, por ejemplo, adquirirás más habilidad en el arte de la comunicación, en lugar de trabajar mecánicamente con los rasgos negativos asociados al signo que rige la casa.

Hago una breve pausa para ponerte un ejemplo. La segunda casa es la casa de los recursos económicos (entre otras cosas), y una de mis clientas empezó a sentir un pánico notable al ver que su segunda casa estaba vacía. Tuve que recordarle que, de hecho, estaba en situación de comprarse un equipo de futbol completo, ¡así que, en su caso, simplemente necesitaba menos pistas en esa casa que el resto de nosotros! El signo en el borde de su segunda casa era Leo, y ella había amasado su fortuna en la industria del ocio (una profesión muy «Leo»).

En mi experiencia, cualquier planeta situado por encima de la línea horizontal que pasa por el centro de la carta (de las nueve a las tres en la esfera del reloj) describe comportamientos y rasgos fácilmente apreciables por los demás, o tal vez rasgos y habilidades que la persona muestra abiertamente a los demás de manera alegre y consciente. Se dice que, en ocasiones, la actividad por debajo de esa línea indica profundidades ocultas. Frecuentemente, sin embargo, señala rasgos invisibles a los ojos inexpertos, ya sea por decisión de la persona o simplemente porque no es consciente de lo que sucede. En cualquier caso, hasta que esa persona esté preparada para ocuparse de ello o «revelarse», muchas habilidades permanecerán latentes o se mostrarán como negativas. Te corresponderá a ti, con tu capacidad decodificadora, interpretar la situación de cada carta y cada persona que examines.

Aprender a interpretar las cartas astrales requiere un poco de práctica, así que no te preocupes si necesitas algún tiempo para leer y releer este capítulo, asimilar los conceptos (hojeando los capítulos de los signos, los planetas y las casas para familiarizarte con el lenguaje) y tomar notas. No es tan complicado cuando sabes cómo hacerlo, y pronto lo sabrás. Recuerda que la astrología dinámica es un código y la carta es un mapa rebosante de pistas para revelar tu auténtico yo.

Si aprendiste a conducir un coche, sabes que, al principio, parece que hay que recordar demasiadas cosas a la vez. Piensas que nunca serás capaz de aprender ni siquiera lo fundamental, y no digamos preocuparte por los que conducen a lo loco por las carreteras. Entonces, de repente, lo entiendes y te lanzas. Aprender a navegar por tu carta astral es un poco como conducir un coche. ¡ El capítulo de Los signos te enseña la teoría para conducir tu vehículo, pero tienes que practicar en la carretera de la vida cotidiana!

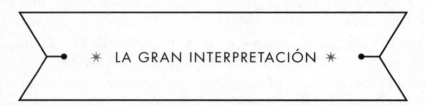

✳ LA GRAN INTERPRETACIÓN ✳

Vamos a utilizar la carta astral de Salvador Dalí para estudiar más en profundidad cómo los signos, los planetas y las casas tienen que interrelacionarse para entender qué nos está diciendo realmente la carta. Se marcó claramente para que puedas consultar y comprobar cualquier cosa de la que no tengas total seguridad.

PRIMERA CASA/SIGNO ASCENDENTE: CÁNCER

SEGUNDA CASA: LEO (VACÍA)

TERCERA CASA: VIRGO (VACÍA)

CUARTA CASA: LIBRA (VACÍA)

QUINTA CASA: ESCORPIO (VACÍA)

SEXTA CASA: SAGITARIO —
URANO EN SAGITARIO

SÉPTIMA CASA: CAPRICORNIO —
QUIRÓN EN ACUARIO

OCTAVA CASA: ACUARIO —
SATURNO EN ACUARIO

NOVENA CASA: PISCIS — LUNA EN ARIES

DÉCIMA CASA: ARIES — JÚPITER EN ARIES,
VENUS EN TAURO

ONCEAVA CASA: TAURO — SOL, MERCURIO
Y MARTE EN TAURO

DOCEAVA CASA: GÉMINIS — PLUTÓN EN GÉMINIS,
NEPTUNO EN CÁNCER

Extraje algunos elementos de la carta de Dalí y ofrezco mis interpretaciones a título de ejemplo:

SALVADOR DALÍ / VARÓN / 11 DE MAYO DE 1904, MIÉRCOLES /
8:45 AM UT +0:00 / FIGUERES, ESPAÑA

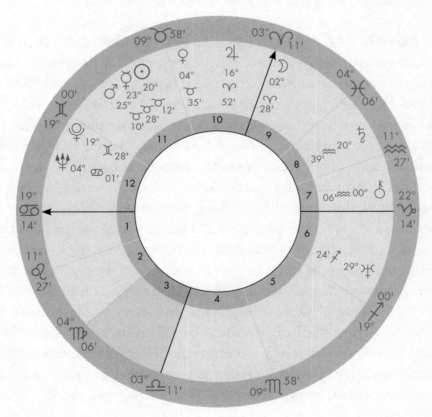

EL **SOL** EN **TAURO** EN LA **ONCEAVA CASA**

El Sol representa la propia identidad. Si desbloqueamos el potencial innato asociado al signo en el que cae, así será como estamos destinados a brillar. En Tauro todo gira en torno a aprender a cultivar el talento, y la onceava casa es la casa de las masas, es decir, todo lo que tiene que ver con las masas y los medios de comunicación. Dalí era un artista multidisciplinario con un gran talento fomentado desde muy temprana edad por sus padres. Tuvo éxito en diversas plataformas mediáticas, como la pintura, la fotografía, la escultura y el cine, y sin duda fue reconocido y apreciado por las masas. Asimismo, reconoció el talento ajeno y colaboró con grandes artistas, todos los cuales son rasgos «positivos» de Tauro.

LA **LUNA** EN **ARIES** EN LA **NOVENA CASA**

La Luna representa nuestras emociones y, con frecuencia, el signo en el que se sitúa indica cómo percibimos que es o fue nuestra madre. Dalí tenía fama de tener terribles arrebatos de carácter, lo cual es bastante habitual en este signo lunar. Aries puede explotar y tranquilizarse enseguida, lo que le lleva a preguntarse por qué todo el mundo huye. La novena casa es la casa de la cultura extranjera, los viajes internacionales, el mundo académico, la verdad y la espiritualidad (a determinados niveles), así como del fariseísmo y la ignorancia en la vertiente negativa. Dalí se metió en un lío en su escuela de arte cuando afirmó que ningún profesor era lo bastante bueno para juzgar su obra, lo cual es típico de una persona con una prodigiosa novena casa y con la Luna en un signo de fuego explosivo. La madre y el padre de Dalí eran muy espirituales, aunque tal vez de un modo enfermizo, pues llevaban al joven Dalí ante la tumba de su hermano mayor y le repetían que él era su reencarnación. Parece probable que esto tuviera un impacto significativo en él. La espiritualidad, como todo, puede ser positiva o negativa.

SATURNO EN ACUARIO EN LA OCTAVA CASA

Saturno representa la autoridad en nuestras vidas, así que tenemos que aprender pacientemente a dominar el signo en el que se sitúa. La octava casa revela nuestra actitud ante el poder, el sexo, las drogas y el *rock and roll* (entre otras cosas). El padre de Dalí influyó en su actitud ante el sexo desde muy temprana edad: le mostraba repetidamente fotografías horribles de personas afectadas por enfermedades de transmisión sexual para asustarlo y mantenerlo alejado de todo lo que tuviera que ver con el sexo. Esto le hizo adoptar una actitud bastante distante y voyerista frente al sexo (características muy típicas de los Acuario, ya que estos son también maestros en las relaciones a distancia y virtuales). Permaneció virgen hasta que se casó, le gustaba ver a su mujer manteniendo relaciones íntimas con otras personas y, aunque en su tiempo lo negó, antes de conocerla se enamoró de un hombre, lo cual es bastante habitual entre las personas con una fuerte influencia de Acuario, que a menudo se sienten atraídas por ambos sexos. Dalí era rebelde, escandaloso, excéntrico y, en mi opinión, un genio del arte, probablemente también al borde de la locura, rasgos asociados a Acuario. (Decide tú mismo los rasgos que crees que son positivos y negativos.) Dalí parecía tener también un don para la creación artística que rayaba en lo profético. Atribuyo ese hecho a su Urano en Sagitario (el signo de la Verdad, conocido en ocasiones como el Profeta) conectado con su Neptuno (el planeta de la Intuición) y Saturno y Quirón en Acuario, lo cual tiene que ver con la conciencia de una dimensión más elevada.

EJERCICIO:
LOS TRES MÁGICOS

Aquí tienes un ejercicio rápido. Te ayudará a entender mejor las cosas, y se basa en identificar e interpretar tres signos clave. Necesitarás tener a mano la guía de planetas y de símbolos de los signos, además de la carta que quieras interpretar.

Encuentra tus tres mágicos:

1. **Signo astral (Sol).** Te proporciona información acerca de tu naturaleza esencial, indica los deseos de tu ego y los rasgos positivos que has de fomentar para tu satisfacción espiritual. Fomentar lo positivo te ayudará a brillar.

   ....

   ....

2. **Signo ascendente.** Este signo te señala el camino del autodescubrimiento, ya que describe la personalidad y el carácter, y es el signo que muestras al exterior. (Necesitas conocer la hora de tu nacimiento, ya que el signo ascendente cambia cada dos horas.) Puedes identificarlo siguiendo la línea que va del centro de tu carta hasta el punto situado a las nueve en punto en el borde exterior.

   ....

   ....

3. **Signo lunar.** Indica la inteligencia emocional y da pistas acerca de cómo reaccionas ante la vida, además de mostrarte cómo satisfacer tus propias necesidades emocionales o las de otra persona. Asimismo, revela la percepción que tienes de tu madre y, si eres mujer, cómo criarás a tus hijos, en caso de que los tengas.

   ....

   ....

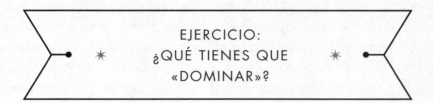

EJERCICIO:
¿QUÉ TIENES QUE
«DOMINAR»?

Otro ejercicio, si te atreves, consiste en descubrir qué signo tienes que «dominar» en esta vida, localizando a Saturno en tu carta e identificando en qué signo se encuentra.

Lee más acerca de Saturno en la página 86 y, a continuación, ve a «Los signos» (páginas 112-310) para leer sobre tu signo en Saturno. Si conoces la hora de tu nacimiento, también podrás ver en qué casa se sitúa Saturno, así que ve a «Las casas» (páginas 311-355) y lee lo que indica al respecto. Utiliza la tabla inferior para apuntar el signo y la casa en que se sitúa Saturno en tu caso. También puedes tomar notas a medida que vayas leyendo, siempre que te parezca que algo te cuadra. Después relee esas notas para ver qué interpretaciones puedes extraer tanto desde un punto de vista intuitivo como lógico.

PLANETA	SIGNO	CASA
Saturno		

....
....
....

Ahora ya puedes emprender el viaje hacia el autodescubrimiento interpretando tu propia carta y, posteriormente, las cartas de gente a la que conoces o te gustaría conocer mejor. Recuerda que no hay nada predeterminado, sino simplemente esbozado a grandes rasgos como algo posible, de modo que no juzgues a nadie únicamente en función de su carta. Es posible que haya superado sus rasgos negativos o haya decidido ignorar los positivos; nunca podremos saberlo con seguridad. Pero a medida que vayas mejorando tu capacidad de interpretar, tu propia intuición te proporcionará conocimientos que no solo te parecerá que tienen sentido, sino que te resultarán útiles en tu vida cotidiana.

Le he abierto la puerta de la astrología a mucha gente, y este libro es tu propia llave, lista para que abras con ella el código secreto de las estrellas. ¿Descifrarás el código? Creo que sí.

Este capítulo está dedicado a Alan Turing,
uno de los mayores descifradores de códigos de nuestra historia.

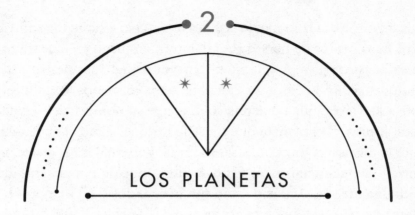

LOS PLANETAS

El primer paso de tu viaje estelar hacia el autodescubrimiento consiste en entender el papel que desempeñan los planetas en tu carta astral. En la astrología dinámica, cada planeta representa una faceta de lo que somos. Yo lo denomino el «qué», y la pregunta fundamental que formulas es: «¿Qué representa cada planeta y cómo me afecta?».

Para responder a esta pregunta, en primer lugar tienes que saber un poco sobre las áreas esenciales del carácter a las que se asocia cada planeta y, a continuación, relacionarlo con la información sobre el signo en el que se sitúa cada planeta. Recuerda que si el planeta es el «qué», el signo es el «cómo» (es decir, «¿cómo puede interpretarse esa área concreta de mi vida?»).

Por ejemplo, si quieres aprender más sobre cómo amas, primero estudia a Venus (el planeta que encarna nuestro comportamiento y nuestra actitud ante el amor romántico) y después el signo en el que se sitúa en tu caso, lo cual te dará pistas para interpretar la influencia de Venus en tu propia vida. Para ahondar más en cómo piensas y qué te interesa, estudia a Mercurio (asociado con la mente, desde el intelecto hasta la forma de tomar decisiones) y el signo en el que se sitúa en tu caso. Y así sucesivamente. (Si necesitas recordar cómo identificar los planetas y sus correspondientes signos, echa una ojeada a la carta ejemplo de la página 37, en la que explico el proceso con más detalle).

Los planetas de nuestro sistema solar reciben su nombre de los dioses de la mitología romana, los cuales tenían personalidades muy distintas. Esos rasgos de personalidad entran en juego en nuestra interpretación astrológica. Así, Júpiter, el mayor planeta de nuestro sistema solar, que, según los últimos cálculos, tenía al menos sesenta lunas, frente a la Tierra, que tiene una sola, recibe su nombre del rey de los dioses. Júpiter es el planeta que rige Sagitario, el signo al que normalmente le gusta ir a lo grande. Urano, que gobernaba los cielos, es el planeta que rige Acuario, un signo de aire conocido por generar ideas: habitualmente, los Acuario están tan avanzados a su tiempo que se sienten como si se les hubiera arrancado de los cielos. Plutón, también conocido como Hades, es el rey del inframundo y rige Escorpio, que se asocia al poder, la transformación, la profundidad y, desde un punto de vista negativo, con los ámbitos más oscuros de la vida.

Cada uno de nosotros tiene todos los planetas en algún lugar de su carta. Algunos nos van bien. Otros requieren un poco más de disciplina para ponerse a raya. Este capítulo contiene mucha información sobre ellos que te resultará útil, así como consejos prácticos que te permitirán controlar su influencia. Recuerda que el primer paso es el conocimiento. Después llegará enseguida un plan de acción.

CÓMO TRABAJAR CON LOS PLANETAS DE TU CARTA

Los planetas se asocian a un signo concreto y a una casa concreta; tienen una configuración predeterminada, por así decirlo. Cuando leas la sección de cada planeta, verás que aparece su configuración predeterminada. Se considera que el planeta es el regente, o planeta dominante, de su hogar natural. Así, por ejemplo, la Luna (asociada principalmente a las emociones y al bienestar emocional) rige Cáncer y la cuarta casa.

Para mucha gente, los planetas (o algunos de ellos) se enmarcan realmente en la configuración predeterminada de su carta astral concreta, pero no tiene por qué ser así. Por ejemplo, puede que tengas la Luna en Escorpio en la séptima casa: tendrías una necesidad emocional (Luna) de tener relaciones (séptima casa) profundas e intensas (Escorpio), con numerosas oportunidades de transformación (Escorpio de nuevo). Evitar los ligues frívolos (porque a Escorpio no le va lo superficial) favorecerá tu bienestar emocional (la Luna se relaciona estrechamente con cómo abordas tus necesidades emocionales). La Luna (y todos los demás planetas) actuará de manera muy diferente dependiendo del signo en que se encuentre y de la casa en que se ubique.

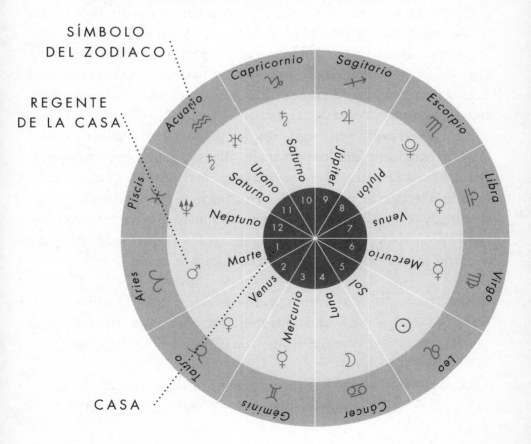

SÍMBOLO
DEL ZODIACO

REGENTE
DE LA CASA

CASA

Si te imaginas que cada elemento de tu carta (planetas, signos y casas) se posiciona como en su propia esfera del reloj, en ocasiones, esas tres esferas se superponen de manera que los elementos se quedan con los miembros de su familia, pero a menudo no es así. Cuando un planeta se sitúa en su signo natural, su influencia suele ser más poderosa. Sin embargo, es posible que en tu carta se sitúen de manera diferente. De momento, no nos compliquemos y empecemos por averiguar en qué signo y en qué casa se sitúan tus planetas.

Echa una ojeada a la carta del ejemplo anterior. En ella aparece la Luna en Cáncer en la cuarta casa; esa es su configuración predeterminada. A estas alturas, con suerte te habrás familiarizado más con el diseño de las cartas astrales, pero recuerda: los dos símbolos dentro de cada casa son los símbolos del planeta y del signo, en este caso la Luna y Cáncer. La sección interna es lo que denominamos «casa», cuyo número aparece en el borde interior (en este caso es la cuarta). Y el símbolo del signo en el borde externo de la carta indica qué signo reside en esa casa concreta.

Ahora, volviendo a tu carta, sigue los pasos que se detallan a continuación para identificar los principales planetas y sus signos en tu carta astral, para así poder empezar a interpretar las pistas que contienen. Al final de la sección de cada planeta hay un espacio para que realices anotaciones, y una tabla en la que puedes hacer un resumen personal de los rasgos positivos y negativos de cada signo según su posicionamiento en tu carta. También deberías anotar en qué casa se sitúan.

PASO UNO	Utilizando la guía de símbolos de la página 25, identifica todos los planetas de tu carta y anota el signo en el que se sitúa cada uno.
PASO DOS	Lee la información que aparece en este capítulo sobre qué representan los planetas.

Presta atención a cualquier detalle que te parezca relevante. ¡Toma notas!

PASO TRES   Ve a «Los signos» (páginas 112-310) y lee lo que se dice del signo de cada uno de tus planetas, teniendo en cuenta lo que sabes acerca de lo que representa cada planeta. Anota cualquier rasgo (positivo y negativo) que te llame la atención.

PASO CUATRO   Comprueba en qué casa se sitúa el planeta. De momento, no te preocupes demasiado por las casas. Las trataremos con más detalle en «Las casas» (páginas 311-355). Por ahora, limítate a apuntarlas.

PASO CINCO   Elabora tu propio resumen sobre la influencia de cada planeta en tu vida, rellenando las tablas con información sobre los rasgos negativos y positivos que aparentemente se dan en tu caso, según el signo en que se sitúe cada planeta. Recuerda que únicamente puedes saber si un planeta tiene efectos negativos o positivos leyendo los rasgos negativos y positivos del signo en el que se ubican en tu carta. Así, por ejemplo, la Luna representa las emociones (entre otras cosas); si se sitúa en Acuario en tu carta, tienes que estudiar a Acuario en «Los signos» (páginas 112-310), sus rasgos negativos y positivos, y ver cómo influyen en tu vida emocional. Dicho esto, los planetas despliegan sus propias energías, al margen del signo en el que se sitúen. Así que, aunque tienes que relacionar cada uno con su signo concreto para entender tu propia situación, es posible decir que, por ejemplo, cuando la Luna es negativa, tiende a ser defensiva o emotiva. Cuando es positiva, tiende a ser cariñosa y a tener inteligencia emocional. Los planetas dan pistas generales, pero requieren atención cuando los relaciones con los rasgos atribuidos a su signo. No te preocupes demasiado de esto por ahora. Limítate a empezar y todo se irá aclarando. Escucha a tu intuición: te dirá qué rasgos te influyen más personalmente.

¡REPASO RELÁMPAGO DE LOS PLANETAS!

Resumo a continuación algunos temas destacados que representan los planetas en tu carta. Ten en cuenta que no se trata de una lista exhaustiva de todos los aspectos astrológicos que pueden influir en el comportamiento y en las decisiones vitales de una persona, pero es suficiente para proporcionarte una idea muy completa de lo que tu carta trata de decirte. Y, como dije antes, técnicamente, tres de esos astros (el Sol, Plutón y Quirón) no son planetas, pero para no complicarte las cosas, mantendremos esa denominación.

EL SOL

Se asocia con la percepción del padre y la paternidad; el ego y la identidad personal; el camino espiritual.

LA LUNA

Se asocia con las características de la vida pasada (sobre todo las negativas); las emociones y necesidades emocionales; la percepción de la madre y la maternidad.

MERCURIO

Se asocia con la mente en general, incluyendo lo que te interesa a nivel intelectual; tu sentido de la oportunidad; cómo piensas y te comunicas; la inteligencia.

VENUS

Se asocia con el amor; el estilo y el aspecto físico; las expectativas; nuestro lado femenino; nuestra percepción del dinero y de los placeres terrenales.

MARTE

Se asocia con la sexualidad; la atracción; la energía física; el instinto básico y la motivación.

JÚPITER

Se asocia con las habilidades, los talentos y las capacidades; las lecciones vitales; las conductas extremas y los excesos.

SATURNO

Se asocia con el karma de la vida pasada y las lecciones vitales; la actitud ante la estabilidad y el compromiso; el madurar y envejecer.

URANO

Se asocia con la conciencia, sobre todo el autoconocimiento; el cambio y la rebelión; la inventiva.

NEPTUNO

Se asocia con el conocimiento y la intuición; nuestros miedos más profundos y la pérdida; la fe, la esperanza y los sueños; los ámbitos en que tenemos que dejarnos llevar.

PLUTÓN

Se asocia con el poder (el nuestro y nuestra relación con el de los demás); las motivaciones; la transformación, incluyendo el nacimiento, la muerte y el renacimiento.

QUIRÓN

Se asocia con las heridas profundas; la espiritualidad; la curación.

EL SOL

ASOCIADO CON LA PERCEPCIÓN DEL PADRE Y LA PATERNIDAD;

LA PREPOTENCIA; EL EGO Y LA IDENTIDAD PERSONAL; EL CAMINO ESPIRITUAL.

PLANETA REGENTE DE LEO, EL VALIENTE

CASA PREDETERMINADA: LA QUINTA

EL SOL EN VERSIÓN NEGATIVA ES ARROGANTE, EGOÍSTA, DOMINADO POR EL EGO Y NARCISISTA

EL SOL EN VERSIÓN POSITIVA ES GENEROSO, HUMILDE, CARIÑOSO, BENÉVOLO Y NOBLE

El Sol es tan inmenso que dentro de él cabrían más de 1.3 millones de planetas Tierra. Sus rayos son la fuente de energía de toda la vida en la Tierra; sin ellos no podríamos sobrevivir. Aunque el Sol se encuentra en el centro de nuestro sistema solar, la mayoría de las modalidades de astrología occidental sitúan a la Tierra en el centro y miran al Sol en el cielo para elaborar las cartas.

El Sol tarda doce meses en recorrer todos los signos. Durante ese tiempo ilumina la energía del signo en que se encuentra, dándonos la oportunidad de brillar.

Como ya hemos visto, el signo del zodiaco es el único elemento de la astrología que conoce la mayoría de la gente, y hay una razón para ello. Dado su papel absolutamente fundamental en la existencia de la vida en la Tierra, no debería sorprendernos que el Sol tenga una influencia enorme en tu carta, y en tu vida. También es tu punto de partida al empezar a profundizar más en el papel de los planetas.

ASOCIACIONES

1. PADRE Y PATERNIDAD

El Sol tiene energía masculina y puede arrojar luz sobre la relación que tenemos con nuestro padre o con cualquier figura de autoridad masculina, como un abuelo o un profesor influyente. A menudo nos indica los rasgos que hemos heredado de una figura paterna. Así, por ejemplo, si una persona tiene el Sol en Piscis, ello podría indicar la existencia de un padre artístico o espiritual muy intuitivo, o bien un padre totalmente ausente en algún sentido. (Tanto la intuición exacerbada como, en un sentido menos positivo, la tendencia a escabullirse cuando la vida se complica son rasgos muy típicos de Piscis.)

Mi propio padre espiritual, el desaparecido gran doctor Akong Tulku Rinpoche, una figura clave en la difusión del budismo tibetano en Occidente, tenía el Sol en Sagitario y era el ejemplo perfecto de Sagitario en versión positiva. Personificaba la «Verdad», uno de los rasgos definitorios de Sagitario, y era un hombre de pocas palabras, aunque, cuando decía algo, te atravesaba y te llegaba muy adentro. Dirigió proyectos sociales y programas de divulgación en todo el mundo, tantos que sus propios administradores a duras penas podían seguirle el ritmo. Cuando murió repentinamente, quedaron asombrados al descubrir el alcance de su trabajo. Y siempre ponía en práctica lo que predicaba. Cada vez que me encuentro ante una situación difícil, me pregunto: «¿Qué haría Rinpoche?», y actúo en consecuencia. No se me ocurre ninguna persona que encarne los rasgos positivos del Sol en Sagitario mejor que él.

Yo tengo al Sol en Acuario, en la octava casa, de modo que mi percepción del padre es la de alguien que trabaja en favor de la humanidad (Acuario), realizando muchas obras benéficas (Acuario), y la octava casa tiene que ver a menudo con experiencias de transformación. Puede decirse con seguridad que, en cierto sentido, Rinpoche me despertó (Acuario se asocia al despertar), me cambió la vida y me situó en un camino mucho más profundo.

2. EGO E IDENTIDAD PERSONAL

El Sol indica el ego en el sentido de quién «creemos» ser y cómo nos autodefinimos. Cuando hablo de ego, al principio la gente suele pensar en una especie de pavo real, pero el ego no solo tiene que ver con alardear y comprar coches rápidos y grandes casas. En realidad se refiere a sentirse atrapado en una realidad superficial. El ego es algo que nos aparta de nuestro potencial espiritual innato. A menudo es lo que determina cómo queremos que nos perciban los demás. Siempre digo que codiciar cosas bonitas y querer tener éxito está bien, pero ¿qué sentido tiene el éxito si no tienes gente buena con la que compartirlo? Y cuando el éxito tiene lugar a expensas de otros seres, o incluso a expensas de nuestro verdadero propósito, obsesionarse (ya sea por el estatus social, la belleza física o el dinero) ciertamente no es algo positivo.

En tu viaje al autoconocimiento y en tu evolución vital no tienes que raparte la cabeza y renunciar a todos los placeres materiales para reducir tu ego, sino que lo fundamental es mostrar la versión más auténtica de ti mismo y centrarte en lo que realmente importa. Creo que somos seres espirituales con una existencia física, y vivir una vida puramente egoísta no es vivir en absoluto.

Según mi experiencia, y la de otras personas de mi círculo, cuando el ego de una persona se infla demasiado, sucede algo que habitualmente le baja los humos. De esta manera se reduce el ego. El doctor Akong Tulku Rinpoche solía decir: «El ego es como la mala hierba: por mucho que muera, siempre vuelve a crecer». Si quieres evitar que se te bajen los humos de manera brusca, lo más inteligente es mantener la humildad, lo cual es una característica positiva del Sol.

Para aprovechar al máximo las cualidades positivas del Sol, debemos ser conscientes de qué es lo que nos retiene y nos impide crecer, y aprender más de nosotros mismos de una manera no egoísta. Por ejemplo, el Sol te muestra cómo puedes brillar en la vida aprovechando las cualidades positivas del signo en que se sitúa, e indica, además, cómo amas a los demás. Desde luego, cuando estés realmente listo para amar a otra persona, estarás preparado para anteponer su bienestar al tuyo. El amor propio es importante (lo contrario implica una falta de respeto por uno mismo que resulta indudablemente perjudicial), pero no cuando se transforma en narcisismo, lo cual es un rasgo negativo del Sol, representado por las personas obsesionadas consigo mismas que parecen actuar movidas por el ego e impulsadas por la forma en que «desean» ser percibidas.

El Sol en versión positiva da a la persona la capacidad de brillar con todos los rasgos positivos del signo en que se sitúa. Del mismo modo que la energía del Sol nos mantiene con vida, las personas con un Sol en versión positiva suelen confiar en sí mismas y ser creativas, divertidas y extraordinariamente cariñosas, al margen de su signo solar. En cuanto entran en una habitación, la iluminan y hacen que la gente se sienta más feliz gracias a su naturaleza generosa y su carácter alegre.

3. CAMINO ESPIRITUAL

Nuestro signo astral es un poderoso indicador de nuestro camino espiritual y, sea cual sea el signo en que se enmarque, nos proporcionará pistas sobre cómo cumplir nuestros objetivos más profundos en la vida. A mí me enseñaron que, para alcanzar nuestro potencial espiritual y nuestro objetivo más profundo, había que adoptar los rasgos «positivos» de nuestro signo antes de dejar esta vida. Hay «tareas» que se le encomiendan a cada uno de nuestros signos mientras estamos aquí en la Tierra. Encontrarás pistas al respecto al averiguar en qué signo se encuentra tu Sol y al leer más sobre ello en «Los signos» (páginas 112-310). Como punto de partida, cuando consultes la información acerca de tu signo astral, anota el «nombre» que se le asigna. Por ejemplo, si eres Sagitario, tienes que esforzarte por llegar a ser «la inspiración» (lógicamente, después de haber encontrado tu propia fuente).

CÓMO SE MANIFIESTA

Para que te hagas una idea más completa de cómo podría desarrollarse todo esto, fijémonos en el ejemplo de una persona con el Sol en Tauro en la segunda casa (la casa natural de Tauro, o su configuración predeterminada). La versión negativa podría implicar que la persona tiene una gran tendencia a acumular posesiones terrenales: su ego insiste en que necesita recursos económicos tangibles que la ayuden a sentirse valiosa, completa e importante. (Tauro es práctico y le encanta construir y producir cosas, pero en su versión negativa tiene tendencia a centrarse demasiado en adquirir cosas.) La lección más profunda para las personas de ese signo es comprobar qué están construyendo en la vida, concretamente cómo ganan dinero, y valorar si eso las hace sentirse productivas. Por ejemplo, alguien con ese signo astral en esa casa no se contentaría con ser un niño de papá que vive de sus rentas. Necesitaría construir algo por sí mismo en la vida que incremente la propia percepción de su valía.

Por otro lado, el Sol en Géminis, la novena casa, indica que la persona tiene potencial para brillar en el ámbito de la comunicación y que, generalmente, es inteligente, educada y culta. Su sabiduría y su capacidad para relacionarse y comunicarse con los demás pueden parecer casi proféticas. (Se trata de rasgos derivados de una combinación del Sol, Géminis y la novena casa.) Esa es la versión positiva. En la versión negativa, esa persona tiene que estudiar y evitar la ignorancia y la arrogancia para alcanzar su pleno potencial.

El Sol en Escorpio en la tercera casa indica que la persona tiene capacidad de ser poderosa y empática (Escorpio), de brillar (el Sol) en el ámbito de la comunicación (tercera casa). En su versión negativa, un individuo con esa alineación puede ser reservado, tender a no expresar sus ideas (los pensamientos y los procesos mentales se asocian a la tercera casa), y ser manipulador y controlador (todos ellos rasgos negativos típicos de Escorpio).

ESTE ES TU ESPACIO

Estudiar el signo y la ubicación de la casa en que se encuentra el Sol en tu carta puede mostrarte cómo brillar en la vida. Aprovechar la energía de tu signo astral y maximizar sus rasgos positivos alimentarán tu alma y te permitirán alejarte de las exigencias inconscientes del ego.

Una vez hayas encontrado tu Sol, dirígete al signo correspondiente en «Los signos» (páginas 112-310) y lee todo sobre sus versiones negativa y positiva, teniendo en cuenta lo que ya sabes que representa el

Sol. Utiliza el espacio que hay más adelante para anotar todo lo que te parezca destacable. Busca cosas relacionadas con la percepción que tienes de tu padre y la paternidad, cualquier cosa asociada al ego y a la manera en que has construido tu sentido de identidad, y cualquier cosa que tenga que ver con un sentimiento de objetivo espiritual. Confía en tu intuición y deja que te guíe. Ahí puedes anotar también la casa en que se ubica tu Sol, y así prepararte para profundizar en tus propias interpretaciones cuando leas «Las casas» (páginas 311-355).

Y un recordatorio más para tu aprendizaje: un Sol en versión positiva se define en términos simples como aquel que tiene más rasgos positivos que negativos del signo en que se encuentra, en relación con un aspecto concreto de tu carácter o de tu vida. No importa en qué signo se ubique, de manera que no es que el Sol en Aries sea «malo» o que el Sol en Géminis sea «genial». ¡Todos pueden ser geniales! Lo determinante es que, al estudiar detenida y honestamente tu propia carta en busca de pistas, procures identificar los rasgos negativos o positivos de ese signo concreto en relación con tu propia experiencia. Como siempre, las cosas no son blancas o negras. Eres tú quien decide lo que es negativo o positivo para ti porque eres tú quien controla la lectura e interpretación de tus signos. Se trata de una práctica intuitiva que se va volviendo más fácil cuanto más la repites y cuanta más sinceridad le pones.

SOL EN VERSIÓN NEGATIVA	SOL EN VERSIÓN POSITIVA

LA LUNA

ASOCIADA CON LAS CARACTERÍSTICAS DE LA VIDA PASADA
(SOBRE TODO LAS NEGATIVAS); LAS EMOCIONES
Y NECESIDADES EMOCIONALES; LA PERCEPCIÓN DE LA MADRE
Y LA MATERNIDAD

PLANETA REGENTE DE CÁNCER, EL GUARDIÁN

CASA PREDETERMINADA: LA CUARTA

LA LUNA EN VERSIÓN NEGATIVA ES IMPETUOSA, MEZQUINA,
DEFENSIVA Y DEMASIADO SENTIMENTAL

LA LUNA EN VERSIÓN POSITIVA ES CREATIVA, CON
INTELIGENCIA EMOCIONAL, SENSIBLE Y BONDADOSA

La Luna pasa aproximadamente dos días y medio en cada signo y se mueve alrededor de un grado cada dos horas, de manera que su ciclo completo dura menos de un mes. La Luna está relativamente cerca de la Tierra (a tan solo unos 384.400 kilómetros), razón por la que los astrólogos creen que influye profundamente en nosotros.

A lo largo de la historia y en todas las culturas se ha creído que la Luna influye en el comportamiento humano. El término *lunático* data del siglo XVI y se refería concretamente a una forma de locura que aparecía y desaparecía con la fase menguante y creciente de la luna. En muchos países asiáticos, los días en que hay luna llena y nueva, así como cuando hay eclipses, se consideran días sagrados en los que se magnifican los resultados de lo que hacemos y decimos. Por esa razón, muchos monasterios budistas hacen voto de silencio durante esas fases lunares con el fin de limitar las probabilidades de que se genere un mal karma. Hay algo que es indudable: la gravedad de la Luna provoca las mareas e influye en todas las grandes masas de agua. Y hasta sesenta por ciento de un cuerpo humano adulto está compuesto de agua. Según mi experiencia, la Luna tiene una influencia decisiva en la astrología.

◦◯◦ ASOCIACIONES ◦◯◦

1. EMOCIONES Y NECESIDADES EMOCIONALES

A lo largo de la historia, la Luna se ha asociado a la energía de las emociones y los sentimientos. Su posición en tu carta puede revelar muchísimo acerca de lo que necesitas a nivel emocional y, concretamente, lo que necesitas para sentir seguridad. No cabe duda de que examinar cómo influye la Luna en tu vida valdrá la pena, ya que impulsará tu capacidad de cuidar de ti y de los demás.

Una Luna en versión positiva (al margen del signo en que se encuentre) tiende a hacer que una persona sea emocionalmente fuerte y estable, protectora y cariñosa. Esos son los rasgos generales específicos de ese planeta, pero, recuerda, no te harás una idea completa de cómo interviene hasta que añadas la capa fundamental de rasgos del signo en que se ubica. Por supuesto, una Luna en versión negativa probablemente se manifieste de otra forma. Una Luna positiva en una carta también suele indicar que se trata de una persona amable, con gran inteligencia emocional y una fuerte intuición. Normalmente, se trata de personas equilibradas que están en sintonía con las mareas de la vida y mantienen el control de sus emociones.

2. CARACTERÍSTICAS DE LA VIDA PASADA

Algunos astrólogos opinan que tu actual signo lunar era el signo solar en la carta de tu vida pasada. Independientemente de que creas en vidas pasadas o no, puedo decirte que mi experiencia al trabajar con clientes sugiere que, efectivamente, la Luna indica tendencias de signo negativas. Así, si tu signo lunar es Acuario, por ejemplo, resulta especialmente importante que te apartes de los rasgos negativos de Acuario y utilices el recuerdo positivo de Acuario (que indudablemente estará alojado en algún lugar de tu subconsciente) en esta vida.

3. MADRES Y MATERNIDAD

La Luna muestra la experiencia con la propia madre o tutora. La primera relación que se tiene con una mujer es con la madre, y resulta prudente escuchar atentamente cuando alguien describa sus experiencias y su relación con ella: un hombre con problemas maternos no resueltos puede tener dificultades, ya que es posible que le asusten las emociones y hagan de él una persona fría o insensible, o bien alguien incapaz de controlarlas, como un niño inmaduro.

Una Luna en versión positiva revela una relación y una actitud sanas con la propia madre. Una Luna en versión negativa indica a menudo una relación complicada con la madre que puede provocar emociones descontroladas y una personalidad altamente impetuosa. Las reacciones concretas se basan en la posición exacta de la Luna, pero, por ejemplo, una mujer que acentúa exageradamente su sexualidad para llamar la atención suele estar influida por una Luna negativa. Un hombre obsesionado por los pechos suele tener problemas con su propia Luna, lo cual conlleva dependencia y expectativas poco realistas en una relación. En el caso de los hombres, su Luna puede indicar las características que buscan en una pareja.

La Luna también puede dar pistas de cómo criamos a nuestros hijos, en caso de que los tengamos. Por ejemplo, es probable que una persona con una Luna negativa en Aries lleve a sus hijos al límite y sea extremadamente competitiva, esperando de ellos que sean los primeros en todo. La clásica «madre tigresa». Si la Luna es positiva, simplemente quiere lo mejor para sus vástagos y, si se siente presionada, luchará a muerte por ellos (todo ello muy típico de Aries). Yo tengo la Luna en Capricornio y, a pesar de que me convertí en madre cuando era muy joven, los límites, la hora de dormir y la organización se impusieron enseguida en nuestro hogar (todo ello muy típico de Capricornio).

Por cierto, si te está inquietando el hecho de que nos centremos en rasgos negativos, especialmente en algunos de esos ámbitos muy importantes y emotivos, recuerda que la razón de ser de la astrología dinámica es incrementar tu conciencia y permitirte realizar cambios positivos donde quieras. ¡En las estrellas nada está escrito en piedra! Y, desde luego, no es que todo esto sea aplicable a tu caso concreto, aunque, sin duda, parte de ello lo será (¡vamos, reconócelo!).

◯— CÓMO SE MANIFIESTA —◯

Para que te hagas una idea de cómo funciona esto en general, veamos el ejemplo de una persona con la Luna en Libra en la décima casa, la del estatus social. Con frecuencia, esto significará que la persona tiene necesidad (recuerda que la Luna indica nuestras necesidades emocionales) de una relación (en Libra todo gira en torno a las relaciones, pues este signo odia sentirse solo) que le confiera honores y estatus social (todos ellos rasgos de la décima casa). Es improbable que esa persona se conforme con una relación que no le permita ascender socialmente y le cree «buena imagen» en cierta medida. (Probablemente, todos tenemos una amiga que ha tenido un montón de novios que parecían modelos con los que le encantaba dejarse ver, aunque no fueran buenos para ella. ¡Todo muy típico de una Luna en versión negativa en Libra!) El aprendizaje más profundo para alguien con esta alineación en concreto es la necesidad de afinar la relación que tiene consigo mismo y alimentar sus propias emociones sin necesidad de confirmación externa.

Una persona con la Luna en Cáncer en la cuarta casa (los tres elementos astrológicos en su configuración predeterminada), probablemente sería sensible y amable (impetuosa en su versión negativa), afectuosa y totalmente centrada en proporcionar seguridad (rasgos tanto de Cáncer como de la cuarta casa), tanto para sí misma como para su familia inmediata. La familia (fuertemente asociada a la cuarta casa) sería muy importante para esa persona, y si su familia biológica o directa se desarticulase, crearía una familia alternativa para satisfacer su necesidad emocional de tener una fuerte conexión con un «clan». Esa persona tiene una abrumadora necesidad de «pertenencia», lo cual puede ser beneficioso o perjudicial, dependiendo del tipo de personas con quien se alinee. A esta disposición la denomino «la mafia», pues todo gira en torno a la «familia».

Si no sabes en qué casa se encuentra tu Luna (o cualquiera de los planetas siguientes), no te preocupes, pues aun así puedes descubrir gran cantidad de cosas leyendo acerca del planeta y del signo en que se ubica. Por ejemplo, si una persona tiene la Luna en Aries, no necesitas conocer la posición de su casa para saber que, en su versión negativa, tendría una necesidad emocional de competir con todo el mundo y ser la mejor. Conozco a un hombre con esa ubicación y no puede soportar no ser el primero a todos los niveles. Literalmente, sufre crisis emocionales cuando pierde, aunque sea al tenis. ¡Le sugerí que dejara de practicar deportes competitivos! En su versión positiva, una persona con esa ubicación estaría impulsada por su propia necesidad emocional de crear la mejor versión de sí misma, dinámica y motivada.

ESTE ES TU ESPACIO

Estudiar el signo y la casa en que se ubica la Luna en tu carta puede proporcionarte pistas acerca de cómo ocuparte mejor de tu bienestar emocional e incrementar tu intuición visceral.

Una vez localizada tu Luna, ve al signo correspondiente en «Los signos» (páginas 112-310) y estudia los rasgos de las versiones negativa y positiva, teniendo en cuenta lo que ya sabes que representa la Luna. Utiliza este espacio para anotar todo aquello que te llame la atención. Busca cualquier cosa que tenga que ver con tu propio bienestar emocional y tus necesidades emocionales, tu experiencia con la figura materna y la maternidad, y cualquier cosa que sugiera que podría relacionarse con una asociación negativa en el pasado. También puedes anotar aquí la casa en que se ubica tu Luna.

LUNA EN VERSIÓN NEGATIVA	LUNA EN VERSIÓN POSITIVA

MERCURIO

ASOCIADO CON LA MENTE EN GENERAL, INCLUYENDO LOS PENSAMIENTOS, LO QUE TE INTERESA A NIVEL INTELECTUAL; TU SENTIDO DE LA OPORTUNIDAD; CÓMO PIENSAS Y TE COMUNICAS; LA INTELIGENCIA

PLANETA REGENTE DE GÉMINIS Y VIRGO, EL MENSAJERO

CASA PREDETERMINADA: LA TERCERA

MERCURIO EN VERSIÓN NEGATIVA ES SUPERFICIAL,
CRÍTICO, IGNORANTE E HIPÓCRITA

MERCURIO EN VERSIÓN POSITIVA ES ERUDITO, INTELIGENTE,
ANALÍTICO Y ELOCUENTE

Mercurio es el planeta más pequeño de nuestro sistema solar y el más cercano al Sol. Eso significa que en tu carta siempre se situará en el mismo signo que tu Sol o bien en los dos signos anteriores o posteriores. Mi profesor de astrología, el difunto Derek Hawkins, solía decir que Venus y Mercurio eran los secuaces del Sol. (Venus es el planeta más cercano al Sol después de Mercurio.)

Mercurio está estrechamente relacionado con los aspectos de la mente, el intelecto y los procesos mentales. La posición de Mercurio en una carta muestra cómo piensa alguien, cómo se comunica y toma decisiones. A menudo proporciona pistas sobre lo que le interesa y las preocupaciones que le invaden.

Mercurio (al que los griegos llamaban Hermes) se representaba en la mitología romana como el «mensajero de los dioses» y era conocido también como el «niño alado». Era fruto del amor entre Júpiter y una ninfa, y se movía con igual desenvoltura entre dioses y mortales. Ese hecho se interpretó como una prueba de volubilidad elemental. Quienes canalizan la vertiente negativa de Mercurio tienen tendencia a mentir y engañar, y siguen la senda del «mensajero persuasivo». Como Mercurio, son seres fluidos, libres y difíciles de intimidar, y es imposible confiar en ellos. Por otra parte, Mercurio en su versión positiva se asocia a un pensamiento flexible, un análisis agudo y un don natural para la elocuencia.

Un rápido apunte sobre el famoso «Mercurio retrógrado» antes de seguir avanzando. Tiene lugar aproximadamente tres o cuatro veces al año y en promedio dura unas cuantas semanas. A menudo se le responsabiliza de todo tipo de situaciones de caos, desde problemas en viajes hasta fallos tecnológicos y periodos de confusión mental cuando parece que no podemos poner en orden nuestras ideas.

¿Cómo es posible que un planeta tan pequeño provoque tanto trastorno? La respuesta es que no es posible.

En primer lugar, Mercurio no se mueve hacia atrás (de forma retrógrada). Se trata simplemente de una ilusión óptica. En segundo lugar, padecemos esos problemas constantemente, así que ¿por qué habríamos de culpar a Mercurio?

Esto no significa que no tenga nada que ver. Para mi profesor, esta fase era como estar atrapado en un avión cuyo despegue se retrasó. Sabes que acabará despegando, así que lo mejor que puedes hacer es tener paciencia y leer un buen libro. Estoy de acuerdo. Me da risa cuando oigo que hay gente que no firma contratos ni compra propiedades durante esta fase. Lo que quiero decir es que, sin duda, es probable que las cosas sean un poco más complicadas, pero no creo que ninguna fase astrológica deba impedirnos vivir nuestras vidas y hacer lo que tengamos que hacer cuando lo tengamos que hacer. ¡Excusas cósmicas! Tal vez lo más inteligente sería extremar las precauciones durante esas fases, adoptar una actitud paciente y destinar más tiempo a los viajes, pero si te planteas firmar un contrato sin asesoramiento legal en cualquier momento fuera del ciclo de Mercurio retrógrado, te estarás buscando problemas. Lo interesante durante estas fases sería hacer lo que consideres oportuno; simplemente hazlo con conocimiento.

⊖ ASOCIACIONES ⊖

1. SENTIDO DE LA OPORTUNIDAD

Las personas con un Mercurio en versión positiva suelen tener un gran sentido de la oportunidad. Son brillantes a la hora de expresarse y de hacerlo oportunamente, lo cual se refleja en todos los ámbitos de su vida, puntual y pertinentemente. Cuando Mercurio está en su versión negativa, la persona no suele tener sentido de la oportunidad; siempre se retrasa y con frecuencia dice cosas inadecuadas en el momento menos oportuno, ofendiendo a menudo a la gente con su mal juicio.

Si esto suena demasiado duro, te ruego que me disculpes. Lo que sucede con Mercurio es que, dado que rige algunas partes fundamentales de nuestras vidas y personalidades, las repercusiones de una manifestación negativa pueden ser bastante graves. No obstante, como todo en la astrología dinámica, hasta el Mercurio más descarriado puede amansarse, primero con conciencia y luego con paciencia y esfuerzo. A mí me gusta decir que «los hombres son de Marte y las mujeres, de Urano», en el sentido de que todos nos comunicamos y pensamos como seres de otros planetas, razón por la cual dominar tu Mercurio te ayudará sobremanera. Es posible; yo lo he hecho, y también muchos de mis clientes. ¡De vez en cuando tenemos algún desliz, pero la mayor parte del tiempo acertamos!

En Mercurio todo gira en torno al sentido de la oportunidad, así que tienes que entrenar el tuyo. Las cosas sencillas pueden marcar una gran diferencia. Si tienes tendencia a decir lo que no corresponde o a tomar decisiones impulsivas, prueba a respirar hondo antes de responder y pregúntale a tu vocecita interior (tu intuición) si deberías decir lo que tienes en mente, enviar el correo electrónico o marcharte de la fiesta. En mi experiencia, puede ser muy beneficioso bajar revoluciones y poner más atención.

2. COMUNICACIÓN

Quienes muestran la versión positiva de Mercurio son fabulosos en el ámbito de la comunicación y consideran la interacción casi como un arte. Saben qué decir y cuándo decirlo. También saben cuándo escuchar. Por tanto, mucha gente cree que su forma de hablar los convierte en buenos comunicadores, pero, en mi opinión, los mejores comunicadores son los oyentes expertos que piensan mucho antes de responder, en lugar de hablar por hablar. Además, parecen saber de manera casi instintiva cuándo plantear proyectos o cuándo pedir una cita, ¡y cuándo esperar!

La versión negativa es otra historia. En este caso hablan incesantemente de nada; tan solo sueltan un montón de banalidades frívolas y palabrería, lo cual da como resultado que su carácter alcance un mínimo histórico. Todos hemos conocido a personas así, a las que únicamente parece preocuparles la última moda o el último chisme de los famosos.

3. INTELIGENCIA

La inteligencia nunca es un asunto sencillo y, desde luego, no siempre se reduce a la puntuación de los exámenes. No es en absoluto algo que pueda darse por sentado. De hecho, puede cultivarse con el estudio y el esfuerzo. (Realmente, en esta época de libertad de información, no hay excusa para la ignorancia.) Siempre pienso que la curiosidad intelectual es el signo más importante de inteligencia; eso y no tener miedo de reconocer que desconoces algo.

Así que, en ese contexto, Mercurio en su versión positiva, se sitúe en el signo en que se sitúe, es curioso, inteligente y agudo. A las personas con esa configuración les gusta reflexionar sobre las ideas y son analíticas en sus opiniones, asegurándose de encontrar hechos que las respalden antes de compartirlas con el resto del mundo.

Por otra parte, la versión negativa de Mercurio muestra su propia ignorancia sin ni siquiera darse cuenta de ello. ¡Todo aquel que hable sin parar, sin hechos o pruebas que le respalden, no cabe duda de que está canalizando la versión negativa de Mercurio! Creo que, probablemente, todos conocemos a esa clase de personajes. He conocido a unos cuantos que tienen una opinión muy negativa sobre la astrología, por ejemplo, basada únicamente en los horóscopos diarios que se encuentran en muchas publicaciones. No saben nada acerca de la astrología individual o personal, pero eso no les impide decirme que es una tontería. Ya estoy tan acostumbrada que rara vez reacciono. Es un ejemplo clásico de la vertiente negativa de Mercurio: pocos hechos, pero opiniones contundentes.

CÓMO SE MANIFIESTA

Por ejemplo, si Mercurio está en Capricornio, suele significar que la persona en cuestión es práctica, y a menudo sumamente ambiciosa. Esas personas suelen tener una buena cabeza para los negocios y sentido común para crear estructuras y hacer que las cosas funcionen. A veces son de ideas fijas y decididas, cortesía de Capricornio. Habitualmente les interesan las cosas buenas de la vida y son personas bastante serias en cuanto a cómo se comunican y qué les interesa (a menos que estén influidas por sus vecinos más superficiales Sagitario o Acuario).

Asegurarse de que no les ciegue el éxito personal y profesional, y averiguar qué les interesa realmente en la vida, es su lección más importante, junto con la necesidad de mantener su arrogancia bajo control.

Si Mercurio está en Virgo en la sexta casa, está a medias en su configuración predeterminada (Virgo y la sexta casa) y suele referirse a una persona muy inteligente, lógica, positiva y serena en su versión positiva, todo ello cortesía de Virgo. También tienen una gran capacidad curativa, una sólida ética laboral (la sexta casa) y un fantástico sentido de la oportunidad (Mercurio). En su versión negativa se trata de personas ansiosas y preocupadas que padecen trastornos obsesivo-compulsivos, son hipocondriacas y tal vez analicen las cosas en exceso, hasta el punto de llegar a la autodestrucción. Yo les suelo cantar la canción de *Frozen:* «Let It Go» («¡Suéltalo!»).

ESTE ES TU ESPACIO

Estudiar el signo y la casa en que se encuentra Mercurio en tu carta puede indicarte cómo potenciar tu capacidad de tomar decisiones y tu sentido de la oportunidad, así como tu capacidad de comunicarte de manera eficaz. Una vez lo hayas identificado, ve al apartado correspondiente en «Los signos» (páginas 112-310) y estudia sus vertientes positiva y negativa. Utiliza este espacio para anotar todo aquello que te llame la atención. Busca algo que tenga que ver con cómo funciona tu mente, ya sea tu forma de estudiar o pensar, tu estilo a la hora de tomar decisiones o los temas que te fascinan. Toma nota rápidamente de la casa en que se sitúa Mercurio para poder volver a ella posteriormente.

MERCURIO EN VERSIÓN NEGATIVA	MERCURIO EN VERSIÓN POSITIVA

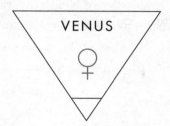

VENUS

ASOCIADO CON EL AMOR; EL ESTILO Y EL ASPECTO FÍSICO;
LAS EXPECTATIVAS; NUESTRO LADO FEMENINO; NUESTRA
PERCEPCIÓN DEL DINERO Y DE LOS PLACERES TERRENALES

PLANETA REGENTE DE LIBRA Y TAURO, EL DIPLOMÁTICO

CASA PREDETERMINADA: LA SÉPTIMA

VENUS EN VERSIÓN NEGATIVA ES VANO, SUPERFICIAL,
EXTRAVAGANTE Y MATERIALISTA

VENUS EN VERSIÓN POSITIVA ES HERMOSO, ELEGANTE,
SERVICIAL Y ARTÍSTICO

Venus tarda alrededor de 225 días en orbitar alrededor del Sol y es el planeta más caluroso de nuestro sistema solar. Se ha sugerido que antiguamente Venus tenía océanos como los nuestros, pero que se evaporaron por el calor. Tres de los principales investigadores del cambio climático han dicho recientemente que, si no luchamos contra el cambio climático, la Tierra podría convertirse en otro Venus. Sin embargo, hay que decir que alguien con un Venus en versión positiva está que arde, ¡como el planeta!

Venus era la diosa romana del amor y la belleza, el símbolo por excelencia de la feminidad. En la antigua Mesopotamia se le conocía como Ishtar, que significa literalmente «estrella brillante», lo cual tiene sentido, ya que Venus suele ser lo bastante brillante como para que podamos verlo a simple vista. Venus (o Afrodita en la mitología griega) era la diosa que provocaba luchas y competencia tanto entre dioses (como en el caso de Ares, el dios griego de la guerra, y Adonis) como entre mortales. Se dice que tuvo muchas aventuras amorosas y, fruto de ello, varios hijos. Es innegable que hay algo respecto a su poderosa asociación con todo lo que tiene que ver con el amor, la belleza y la hermosura en general que hace que su nombre siga siendo un sinónimo de intensa feminidad.

ASOCIACIONES

1. AMOR

El planeta Venus gira en torno al amor, y su posición en una carta muestra cómo una persona se expresa en las relaciones íntimas y los asuntos del corazón. Su signo proporciona pistas acerca de nuestras expectativas en las relaciones (como el matrimonio) y la manera en que afrontamos el amor en general y cómo nos comportamos cuando nos enamoramos.

También nos da pistas sobre cómo atraer a la pareja sentimental adecuada y mantener su atención y afecto. Dado que Marte y Venus representan nuestro lado masculino y femenino, nos muestran dónde es probable que nos sintamos atraídos (Marte) y atractivos (Venus). (Como todos sabemos, los polos opuestos se atraen.) Esto es así para ambos sexos. Si tienes a Venus en Cáncer, por ejemplo, resultarás atractivo a las parejas que busquen un Cáncer en versión positiva (amable, cariñoso, creativo). Si tienes a Marte en Cáncer, te sentirás atraído por alguien seguro, prudente, amable y con inteligencia emocional. Si tienes a Marte en Acuario, te sentirás atraído por algún loco; yo puedo hacer esa broma, pues ¡soy Acuario! Obviamente, todo esto también puede salir mal. Si tienes a Marte en Acuario «positivo», loco y divertido, o a Marte en Cáncer «negativo», frío como el hielo y distante, hasta que les hayas dado impulso tú mismo a los rasgos positivos, es posible que atraigas a alguien impetuoso, taciturno y emocionalmente herido.

En su versión negativa, Venus puede ser bastante egoísta. Este individuo suele enamorarse de quienes se enamoran antes de él, especialmente si le pueden ofrecer una buena vida. Sabe dar placer para conseguir adoración, y con frecuencia utilizará su cuerpo para captar la atención de su objetivo.

La paz, la armonía y el equilibrio son cualidades asociadas a Venus en versión positiva, a menos que haya un rival amoroso en la ecuación. En tal caso, Venus no tiene límites para conseguir al objeto de sus afectos y dejar al competidor fuera de juego.

2. ESTILO Y ASPECTO FÍSICO

Venus rige el estilo, la ropa y la belleza física. Muchas de las personas más atractivas físicamente, con estilo y seguras de sí mismas que conozco muestran rasgos positivos de Venus. Realmente bellas por dentro y por fuera, esas personas irradian elegancia, y con una sola palabra amable pueden hacerte sentir un ser tan hermoso como ellas. Sincera y genuina, puede saberse cuándo una persona tiene un Venus en su vertiente positiva por cómo hace que te sientas en su presencia. Incluso cuando ya se ha ido, te sigues sintiendo como si hubieras conectado con algo un tanto angelical.

Sin embargo, en su versión negativa, Venus puede manifestar autocomplacencia y vanidad, lo cual da lugar a una persona superficial y perezosa, movida por la necesidad de despertar admiración. La vanidad, en su sentido original, significa «vacío». Vacío interior y falta de profundidad son cualidades típicas de la versión negativa de Venus.

3. EXPECTATIVAS

Venus indica, en primer lugar, lo que esperamos de nosotros mismos como personas y, en segundo lugar, las expectativas que tienen de nosotros los demás. Habitualmente suele reservarse a las relaciones estrechas, pero un Venus en su vertiente negativa crea unas expectativas exageradas con respecto a todo el mundo, incluyendo sus amigos. El caso es que Venus es una diosa, así que tiene unas expectativas extremadamente elevadas. Le gustan las mejores cosas de la vida, ser adorada y mimada. ¡Todo eso puede resultar difícil si no naciste princesa en esta vida! (Trabajé con una auténtica princesa y sus expectativas eran enormes, a veces hasta extremos irracionales.)

Por ejemplo, una persona con Venus en Libra (su configuración predeterminada) tiene unas expectativas realmente altas en el terreno amoroso. Básicamente, desea ser tratada como un dios o una diosa. Aunque es evidente que no tiene nada de malo desear que te traten bien, el problema es que la tendencia de la versión negativa de Venus a centrarse en las cosas superficiales de la vida implica que una persona con esa configuración corre el riesgo de atraer a parejas superficiales interesadas únicamente en su aspecto físico. Por la misma regla de tres, Venus en Capricornio esperaría que su pareja fuera una persona de éxito y elevara de algún modo su propio estatus social.

4. EL LADO FEMENINO

Venus denota nuestro lado más tierno, tanto en hombres como en mujeres. Si canalizamos a Venus en versión positiva en, digamos, su configuración predeterminada en Libra o Tauro, podríamos dar por sentado que reinará la elegancia y la belleza. Si un hombre es muy afeminado, generalmente se debe a que sintoniza más con su signo de Venus que con su signo de Marte (el cual tiene que ver con la masculinidad). Como en todo, tiene que haber un equilibrio, de modo que si un hombre sintoniza más con su energía de Venus, puede que atraiga a parejas muy masculinas o dominantes para equilibrar las cosas, lo cual es indudablemente positivo si a ambas partes les parece bien. Según mi experiencia, sin embargo, el hombre regido por Venus a menudo necesita combinar la energía de Marte y Venus, canalizando todos sus rasgos positivos.

Cuando miro las cartas de parejas felices, a menudo veo los rasgos positivos del signo de Venus de una persona manifestarse en la pareja elegida por ella. Así, por ejemplo, si un hombre heterosexual tiene a Venus en Cáncer y está canalizando la energía positiva de Cáncer, atraerá todos los rasgos positivos de Cáncer en su mujer (amable, afectuosa, creativa y sensible).

5. DINERO Y OTROS PLACERES TERRENALES

Además de indicar, por lo general, tu actitud ante los placeres terrenales, el lujo y el dinero, tu Venus ofrece pistas concretas sobre cómo te ganarás la vida. Si tienes a Venus en su configuración predeterminada de Libra o Tauro, posiblemente te sientas atraído por el trabajo en la industria de la belleza o de la moda, o en la construcción (Tauro es el arquitecto). Si Venus está en Piscis, puede que aspires a ser diseñador o artista. Quienes tienen a Venus en Capricornio, habitualmente quieren ser sus propios jefes.

⊖ CÓMO SE MANIFIESTA ⊖

Examinemos con más detenimiento el ejemplo de Venus en Cáncer, que a menudo significará que la persona es extremadamente sensible en sus relaciones amorosas. (En general, los sentimientos de los signos de agua se hieren y malinterpretan con facilidad.) Las personas con Venus en Cáncer suelen ser muy caseras, disfrutan con las tareas del hogar y, por lo común, las impulsa la necesidad de tener seguridad en las relaciones, lo cual les hace esforzarse por conseguir el hogar, la pareja y la familia estables que necesitan. En su versión negativa, los nativos con esta configuración pueden ser susceptibles, exigentes y ansiosos. Sin embargo, en su versión positiva son empáticos, considerados y elegantes. Para ellos, la lección más profunda consiste en asegurarse de no ser retenidos por heridas o inseguridades del pasado, mantener a raya el deseo de seguridad y conservar su bondad y su espíritu de generosidad en la vida.

En cambio, si Venus está en Acuario, necesita mucha libertad y espacio en las relaciones. Si dejas la puerta abierta y les das confianza, te recompensarán con su fidelidad, pero, si los encierras, provocarán el caos. En su versión negativa se vuelven rebeldes o fríos cuando se les hiere en el amor, y, además, tienen tendencia a ser distantes y extremistas, incluso malhumorados. En la versión positiva son compasivos, intuitivos, cariñosos y extremadamente creativos. Para ellos, la lección más importante es aprender a ser compasivos y no ver el compromiso como una forma de reclusión.

—⊖ ESTE ES TU ESPACIO ⊖—

Estudiar el signo y la ubicación de la casa de Venus en tu carta puede revelar una enorme cantidad de información sobre cómo actúas en el terreno amoroso y cómo muestras tu lado femenino y lo que opinas de los placeres de la vida.

Identifica a Venus en tu carta, ve a la sección correspondiente en «Los signos» (páginas 112-310) y estudia sus rasgos negativos y positivos. Utiliza este espacio para anotar cualquier cosa que te llame la atención. Busca cualquier elemento que tenga que ver con tu vida amorosa, así como con la forma en que te creas expectativas sobre ti mismo y sobre los demás, cómo expresas tu sentido del estilo, etcétera. Como siempre, no analices en exceso; limítate a confiar en tu instinto visceral o en la primera cosa que te llame la atención para que te guíe, y trata de ser todo lo sincero que puedas.

VENUS EN VERSIÓN NEGATIVA	VENUS EN VERSIÓN POSITIVA

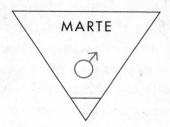

MARTE

ASOCIADO CON LA SEXUALIDAD; LA ATRACCIÓN;
LA ENERGÍA FÍSICA; EL INSTINTO BÁSICO Y LA MOTIVACIÓN

PLANETA REGENTE DE ARIES, EL PIONERO

CASA PREDETERMINADA: LA PRIMERA

MARTE EN VERSIÓN NEGATIVA ES AIRADO, AGRESIVO,
COMPETITIVO Y TEMERARIO

MARTE EN VERSIÓN POSITIVA ES VANGUARDISTA,
VALIENTE, DIRECTO E INDEPENDIENTE

Marte era el dios romano de la guerra y se refiere a la energía masculina (y posiblemente agresiva) tanto en hombres como en mujeres. El planeta tarda en torno a 687 días en orbitar alrededor del Sol y permanece aproximadamente seis semanas en cada uno de los doce signos. Cuando Marte entra en el mismo signo que tu propio signo de Marte, a esto se le conoce en círculos astrológicos como el «retorno de Marte» y te proporciona un impulso energético. Yo comparo ese tránsito con caminar kilómetros y kilómetros solo y sediento por un desierto seco y desolado y, de repente, encontrar un oasis de agua fresca y pura. Si alguna vez tu coche se queda sin gasolina y, milagrosamente, encuentras una gasolinera en la que llenar el depósito, conocerás la sensación del inesperado subidón de energía que trae consigo el retorno de Marte.

Así, por ejemplo, si tienes a Marte en Tauro en tu carta, eso significa que, cuando Marte se mueva hacia Tauro en el cielo, recibirás un importante impulso energético. Puede resultar casi eufórico cuando es positivo, pero, si es negativo, te meterás en más conflictos que de costumbre. ¡Al fin y al cabo, Marte es el dios de la guerra! Si quieres prepararte para el retorno de Marte en tu propia vida, primero tienes que identificar tu signo de Marte y, a continuación, utilizar Internet para averiguar cuándo se va a mover Marte hacia ese signo en los cielos. Te asombrarán tus elevados niveles de energía y tus poderes de atracción. Utiliza el conocimiento de manera inteligente.

En resumen, Marte tiene que ver con la competencia, la pasión, la atracción y la energía. Cuando experimentamos un subidón de Marte, solemos estar llenos de energía, nos sentimos más atraídos y atraemos más a los demás y, además, a nivel muy básico, somos propensos a anhelar encuentros físicos, ya que los niveles de virilidad son más elevados de lo normal bajo esta influencia. Marte refuerza la energía del signo hacia el que se desplaza, de modo que tenemos la oportunidad de darles impulso a las cosas cuando Marte entra en nuestro campo.

⊖ ASOCIACIONES ⊖

1. SEXUALIDAD

Marte nos proporciona energía sexual y pasión. Su ubicación nos da pistas sobre el tipo de pareja sexual por la que nos sentimos atraídos y para la que resultamos atractivos. De manera muy sencilla, una persona con Marte en Libra, por ejemplo, se sentiría atraída por un bello aspecto físico o por alguien del mundo del arte. Marte en Capricornio querría una pareja triunfadora de la cual presumir, o tal vez simplemente alguien con un gran apetito sexual.

Marte provoca esa especie de chisporroteo que se produce cuando conoces a alguien con quien eres sexualmente compatible. Si sientes atracción al instante (¡recuerda que Marte es fuego!) hacia alguien, puedes apostar que ambos tienen una conexión en Marte.

Por ejemplo, es posible que descubras que uno de ustedes tiene a Marte en Aries y el otro tiene a Marte en Libra, los cuales son signos opuestos. Con mucha frecuencia, los opuestos se atraen y se complementan mutuamente. Tener una conexión en Marte significa que están predispuestos a vivir una experiencia intensa y apasionada.

No obstante, por lo general, aconsejo a mis clientes que sean conscientes y tengan cuidado en lo que toca a Marte y el sexo. Es un factor tan poderoso que en algunas configuraciones puede ser claramente dominante. Si nos centramos demasiado en ese factor para atraer a una pareja, es poco probable que construyamos algo importante. Si buscas a alguien para mantener una relación más a largo plazo, lo inteligente sería buscar otras coincidencias astrológicas en sus cartas combinadas, ya que Marte tiende a brillar y perseguir apasionadamente, y luego a diluirse si la pasión muere o se impone la realidad. Necesitarían una conexión en Saturno para asegurarse de que los dos se esfuercen por mantener la unión y, preferiblemente, una conexión con la Luna que les ayude a trabajar juntos a nivel emocional.

2. ATRACCIÓN

Tu signo en Marte muestra el tipo de personas y situaciones que atraes. Por ejemplo, si canalizas a Marte en Géminis «negativo», atraerás batallas intelectuales con los demás. Por otra parte, es posible que atraigas a personas listas e inteligentes como amigos y como posibles parejas. Si tienes a Marte en Tauro, es probable que busques un aspecto físico agradable (Tauro está regido por Venus y ambos aprecian la belleza). Si tienes a Marte en Leo, la fidelidad y el humor serán de capital importancia.

Para saber con más claridad qué tipo de persona te atrae y aumentar tu capacidad para atraerla, estudia los rasgos negativos de tu signo de Marte. Es probable que las personas con estas características sean precisamente tu tipo y, en consecuencia, se sentirán atraídas por ti si trabajas para desarrollar dichas características.

3. ENERGÍA FÍSICA

Para mantener tus niveles de energía debes asegurarte de que estás proporcionando a Marte el combustible adecuado. Por ejemplo, Marte en Cáncer necesita seguridad y una base segura a la que retirarse. Marte en Géminis necesita estimulación intelectual y la capacidad de desconectar y calmarse. Marte en Tauro necesita ejercicio físico y comer alimentos naturales en pequeñas cantidades y a menudo. Piensa en Marte como en tu motor: tienes que saber qué combustible necesita para seguir funcionando sin problemas.

4. INSTINTO BÁSICO Y MOTIVACIÓN

Marte señala lo que nos impulsa y nos motiva, especialmente cuando buscamos una pareja o una carrera profesional. Yo tengo a Marte en Tauro, así que, aunque soy una Acuario regida por las ideas, tengo que hacer que esas ideas sean tangibles para satisfacer a mi Marte. ¡También me atraen las parejas realistas y prácticas para compensar todo el aire de mi carta! Conozco a una clienta que tiene a Marte en Piscis y, hasta que se detuvo a pensarlo, siempre atraía a la versión negativa de Piscis en sus parejas (bebedores, infieles e inestables). Cuando potenció la parte más suave de su personalidad, cambió el tipo de hombres a los que atraía, y ahora está con uno amable, que toca la guitarra y le canta cuando discuten.

En su versión positiva, Marte le da a una persona suficiente poder para afrontar cualquier cosa y ganar, suministrándole energía para triunfar y la capacidad de impulsar iniciativas con entusiasmo. Son personas difíciles de pasar por alto. Irradian una energía y una fuerza innatas, suelen ser competitivas en el buen sentido y a menudo tienen una sexualidad muy acentuada.

En su versión negativa pueden volverse adictas a la actividad física.

Una persona con Marte «negativo» será agresiva, con muy poco aguante y dispuesta a atacar a la más mínima oportunidad. En ocasiones pueden ser incluso violentas si no consiguen lo que quieren. A veces esto no se manifiesta en el comportamiento de las personas con esta configuración, sino en el comportamiento de las personas a las que atrajeron, ya sean parejas sentimentales o socios comerciales.

CÓMO SE MANIFIESTA

Por ejemplo, Marte en Aries suele indicar que la persona es extremadamente exaltada y resuelta. No se para a pensar que su comportamiento pueda causar daños, tanto a sí misma como a los demás. Habitualmente son personas muy decididas y dinámicas, y les encanta regodearse hasta cierto punto en el arte de la «guerra». Siempre están enfrascadas en batallas, y a menudo les impulsa la necesidad de vencer.

Así que la lección más importante para las personas con Marte en Aries es asegurarse de que no se están enemistando con buenas personas a causa de su mal carácter o, de hecho, atrayendo a ese tipo de personas con su comportamiento pasivo-agresivo. Deben mantener a raya su deseo de derrotar a sus contrincantes, de vencer a cualquier precio, y deben mantener también su entusiasmo lúdico por la vida y poner su pasión por luchar y ganar al servicio de causas más elevadas, no solo al servicio de sí mismas.

Para que te hagas una idea diferente de cómo puede manifestarse Marte, pongamos el ejemplo de una persona que tiene a Marte en Virgo. Atraerá (Marte atrae) todos los rasgos de Virgo a su vida, los positivos (inteligente, puro, lógico y pragmático) y los negativos (controlador, crítico e incluso cruel). Necesita organización y orden para administrar su energía de la mejor manera posible (la energía está regida por Marte) con el fin de alcanzar su potencial. Conozco a varios profesionales de la medicina con esta configuración y, dado que Virgo rige la salud y la curación, ¡tiene sentido!

ESTE ES TU ESPACIO

Estudiar el signo y en qué casa se encuentra Marte en tu carta puede indicarte cómo administrar y controlar tu energía para que fluya en la dirección adecuada y actúe para atraer más lo que quieres y menos lo que no quieres.

Identifica a Marte, averigua en qué signo se encuentra, ve al apartado correspondiente en «Los signos» (páginas 112-310) y estudia sus vertientes negativa y positiva. (Ten en cuenta que, dado que Marte representa la energía que tenemos más probabilidades de atraer, es posible que tu configuración de Marte no se manifieste en tu propio comportamiento, sino en el de otras personas en tu vida.) A continuación, anota cualquier palabra que te parezca especialmente significativa. Busca cualquier elemento que tenga relación con tu vida sexual y con la clase de acontecimientos y personas que atraes a tu vida, sobre todo si tienden a aparecer una y otra vez. Como siempre, muestra la máxima sinceridad posible y confía en tu instinto.

MARTE EN VERSIÓN NEGATIVA	MARTE EN VERSIÓN POSITIVA

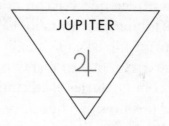

JÚPITER

ASOCIADO CON NUESTRAS HABILIDADES, TALENTOS
Y CAPACIDADES; NUESTRAS LECCIONES VITALES;
LAS CONDUCTAS EXTREMAS Y LOS EXCESOS

PLANETA REGENTE DE SAGITARIO, LA INSPIRACIÓN

CASA PREDETERMINADA: LA NOVENA

JÚPITER EN VERSIÓN NEGATIVA ES PRESUMIDO, DOGMÁTICO
Y CARENTE DE INTELIGENCIA EMOCIONAL

JÚPITER EN VERSIÓN POSITIVA ES ENTUSIASTA, INSPIRADOR,
OPTIMISTA Y DE ESPÍRITU GENEROSO

En la mitología romana, Júpiter (Zeus para los griegos) era el rey de todos los dioses. Se creía que gobernaba el reino terrenal y, por supuesto, los cielos. (Tal vez la vieja expresión «por Júpiter» proceda del hecho de que nosotros, los humanos, percibíamos los relámpagos y otras fuerzas de la naturaleza como señales del propio Júpiter.) Era crítico, dogmático y notoriamente promiscuo. Siempre comparo a Júpiter con un juez severo, aunque benévolo, al que le gusta beber mucho vino tinto, comer demasiado (¡ahora parece que hablo de Enrique VIII!) y divertirse con chicas guapas y chicos atractivos. Afortunadamente, Júpiter no siente la necesidad de cortarle la cabeza a nadie; ¡ese sería más bien un rasgo propio de Saturno!

Júpiter tarda cerca de doce años en orbitar alrededor del Sol y es el planeta más grande conocido de nuestro sistema solar. Su tamaño es más de trescientas veces superior al de la Tierra y, según el último cálculo, tenía sesenta y tres lunas.

En una carta, Júpiter tiene que ver con la expansión y el crecimiento, pero, cuidado, también fomenta los excesos. Júpiter permanece aproximadamente un año en cada uno de los signos, y durante ese tiempo puedes contar con que tu mente o tu cintura se expandan, ¡dependiendo de cómo manejes el crecimiento! Cuando el planeta Júpiter entra en el mismo signo que tu propio signo de Júpiter, esto se conoce en los círculos astrológicos como el «retorno de Júpiter» y provoca un cambio energético. Muchos astrólogos dirían que marcará el inicio de un año repleto de oportunidades, pero, según mi experiencia, se trata más de aprender lecciones, y aparte difíciles. A Júpiter lo llamo «el gran profesor», y creo que la vida nos da las lecciones más importantes durante estas fases para que ampliemos nuestros conocimientos, tanto el autoconocimiento como la sabiduría en general. Desde luego, a menudo se presentan oportunidades fabulosas, ya que Júpiter suele dar suerte, pero no puede haber mejor regalo que la sabiduría.

─◉ ASOCIACIONES ◉─

1. HABILIDADES, TALENTOS Y CAPACIDADES
Júpiter muestra nuestras habilidades en la vida. Es genial conocer este planeta. Estas habilidades son innatas y todos tenemos la capacidad de sintonizar con ellas fijándonos en los rasgos positivos asociados a nuestro signo de Júpiter de la manera más consciente que podamos. Dado que Júpiter tarda aproximadamente doce años en orbitar alrededor del Sol y permanece cerca de un año en cada signo, el signo de Júpiter es el mismo para todas las personas nacidas durante ese mismo periodo de doce meses. Así, por ejemplo, una persona con Júpiter en Virgo puede ser el asistente personal más organizado e inteligente del planeta, y otra nacida el mismo año puede ser el cirujano cerebral más centrado en los detalles. En ambos

casos exhibirán rasgos de Júpiter en Virgo. ¡Ahora tienes que encontrar los tuyos!

2. LECCIONES VITALES

Muchos astrólogos creen que tu retorno de Júpiter (cada doce años, cuando Júpiter regresa al signo en que se encontraba cuando naciste) es una época de lo más afortunada y, de hecho, puede serlo si plantaste buenas semillas en tierra fértil. Júpiter llega para espiritualizar tu vida y ayudarte a que te encamines hacia tu objetivo espiritual. Para muchas personas que llevan vidas centradas en el ego y la superficialidad, el regreso de Júpiter puede provocar realmente un cambio radical, presionándolas para que empiecen a darse cuenta de lo que es verdaderamente importante en la vida. Tuve mi primer éxito televisivo con mi retorno y mi Júpiter en Acuario (Acuario gira en torno a conectar con las masas). ¡En la vertiente negativa fui la más fanática de la astrología durante el año de mi retorno de Júpiter!

3. CONDUCTAS EXTREMAS Y EXCESOS

Por un lado, Júpiter nos muestra nuestras habilidades, pero, por otro, nos muestra la energía del signo que utilizamos cuando nos pasamos de la raya o cuando nos volvemos fanáticos (ambos rasgos de Júpiter). Tengo una clienta que tiene a Júpiter en Sagitario (su configuración predeterminada); es muy intelectual, pero carece de inteligencia emocional. A sus seres queridos y a sus colegas les parece presumida, lo cual le provoca un inmenso dolor. Para ella, oír esto fue una revelación y ahora está trabajando (¡duramente!) en ello. El problema es que acostumbra a tener razón (un rasgo muy propio de Sagitario), y aunque su signo astral es Virgo, su energía de Sagitario la hace pasarse de la raya, cosa que está aprendiendo a controlar.

Un tipo que conozco tiene a Júpiter en Géminis y, aunque es muy inteligente, no para de hablar (un rasgo negativo típico de Géminis).

¡Un día tuve que decirle que me estaba taladrando los oídos! Asimismo, conozco a una señora con Júpiter en Virgo que es obsesiva-compulsiva (creo que todos conocemos a alguien así). Es hipocondríaca, tiene todas las alergias que existen sobre la faz de la Tierra y no deja de hablar de su trabajo, de mantenerse en forma, y de la alimentación (todas ellas obsesiones propias de Virgo). Ahora bien, está claro que cuidarse está muy bien y que a la mayoría de las personas de mi círculo nos gusta hacer ejercicio, pero también nos gusta divertirnos, olvidarnos del trabajo y frecuentar los pubs y los bares de Londres, cosa que hacemos sin ella, ¡porque dice que están demasiado sucios!

Si hay una conducta, tanto si es grave como si es poco importante, que sospechas que está teniendo mucha importancia en tu vida, trata de verla desde la perspectiva de tu signo de Júpiter. ¡Prácticamente te puedo garantizar que lo encontrarás revelador!

CÓMO SE MANIFIESTA

Por ejemplo, tener a Júpiter en la versión positiva de Acuario indicará a menudo que la persona es muy amigable y sociable, y que está aprendiendo sobre la humanidad en general, y sobre la compasión y la conciencia en particular. Aunque esas personas suelen ser muy conscientes, deben aprender a manejarlo y a utilizarlo bien. Quienes se muestran fanáticos en relación con sus creencias (Júpiter también tiene mucho que ver con las creencias) son peligrosos y no les gusta guardarse sus creencias para sí mismos. Con frecuencia quieren convertir a los demás y recurren a medidas extremas para hacerlo.

A nivel más terrenal, mucha gente que conozco con esta configuración trabaja en organizaciones que incorporan una idea de futuro, como organizaciones benéficas, causas nobles, activismo, periodismo y, desde luego, la industria de los medios de comunicación en su conjunto. (No, la telerrealidad no cuenta en este contexto.)

Estudiar el signo y la casa en que se ubica Júpiter en tu carta puede resultar absolutamente fascinante, ya que guarda relación con muchos ámbitos que responden realmente bien a una atención especial. Cuando te haces más consciente de la influencia de Júpiter, aprendes lecciones vitales muy importantes, refrenas tus excesos e incrementas tus habilidades innatas.

En primer lugar, identifica a Júpiter en tu carta, encuentra el signo en el que se sitúa, ve al apartado correspondiente en «Los signos» (páginas 112-310) y estudia los rasgos negativos y positivos del signo. Luego anota cualquier cosa que te parezca especialmente relevante, que tenga que ver con las habilidades que tienes (o que te gustaría desarrollar), así como con cualquier ámbito que muestre excesos que harías bien en frenar y cualquier pista sobre las lecciones vitales que tienes que aprender. Algunas de estas cosas pueden resultar incómodas, pero trabajar con Júpiter puede ser un profundo catalizador del cambio: procura soportar cualquier incomodidad y confía en que la búsqueda valdrá la pena.

JÚPITER EN VERSIÓN NEGATIVA	JÚPITER EN VERSIÓN POSITIVA

SATURNO

ASOCIADO CON EL KARMA DE LA VIDA PASADA
Y LAS LECCIONES VITALES; LA ACTITUD ANTE LA ESTABILIDAD
Y EL COMPROMISO; MADURAR Y ENVEJECER

PLANETA REGENTE DE CAPRICORNIO, EL MAESTRO

CASA PREDETERMINADA: LA DÉCIMA

SATURNO EN VERSIÓN NEGATIVA ES FRÍO, CALCULADOR,
EMOCIONALMENTE LIMITADO, AUTORITARIO, IMPLACABLE

SATURNO EN VERSIÓN POSITIVA ES DISCIPLINADO,
INFLUYENTE, DOMINANTE, PODEROSO

Según la mitología romana, Saturno, también conocido como Cronos, hijo de Urano y Gaya, era el padre de Júpiter y Venus. Saturno y unos cuantos de sus hermanos castraron a su padre, que en aquel momento era el rey del universo, para arrebatarle el poder. Del caos que surgió a continuación salió la diosa del amor, Venus. En cierto modo, esta historia me ha atraído siempre, ya que tiene pleno sentido. Cualquiera que haya estado enamorado alguna vez puede dar fe de que, a menudo, el amor nace y, sin duda, se crea a partir del caos.

Saturno tarda veintinueve años en orbitar alrededor del Sol y permanece unos dos años en cada uno de los signos, de modo que todos los nacidos con hasta dos años de diferencia tienen la misma ubicación del signo de Saturno. Posiblemente, el signo no varíe demasiado entre un individuo y otro, pero la ubicación de la casa sigue variando enormemente, así que vale la pena que tomes nota de ello para prestar especial atención a la ubicación de la casa de Saturno (y de todos los planetas que permanecen aún más tiempo y que vienen después) cuando consultes «Las casas» (páginas 311-355).

El planeta Saturno tiene una atmósfera congelada, lo cual concuerda con el efecto astrológico de Saturno en una carta. El lugar donde se ubica tu signo de Saturno muestra el ámbito en que te has visto limitado desde una edad temprana y, dependiendo del signo en que se encuentre, indica lo que debes dominar en esta vida para tener éxito y satisfacción.

En círculos astrológicos, a Saturno se le conoce como «el viejo padre tiempo» y, efectivamente, se ocupa del tiempo (de madurar y envejecer en general). Sin embargo, yo le cambié el nombre hace algunos años. Ahora es de género femenino y la llamo «la reina Saturno». Gobierna a sus súbditos, teniendo siempre en cuenta las normas, presidiendo imperios y preocupándose siempre por el estatus social, la tradición y el establecimiento del orden.

En su versión positiva, Saturno (recuerda que puede ser positivo o negativo al margen del signo en que se encuentre) da a la persona estabilidad y madurez, incluso a una edad temprana. Las personas con Saturno «positivo» construyen una estructura a partir del caos y disciernen lo que funcionará en la práctica en contraposición a lo que les gustaría que funcionase en un mundo ideal. Son prácticas, disciplinadas, lógicas y honestas, con un gran olfato para los negocios.

Las personas con Saturno «negativo» pueden parecer figuras paternas autoritarias en el mejor de los casos, y frías, excesivamente serias e implacables en el peor.

ASOCIACIONES

1. EL KARMA DE LA VIDA PASADA Y LAS LECCIONES VITALES

En mi opinión, Saturno indica a menudo el karma de la vida pasada, el resultado de nuestras acciones en el pasado. Tenemos que superar los resultados de esas acciones y cambiar los patrones de conducta negativos profundamente arraigados en esta vida. Tanto si crees en vidas pasadas como si no, la mayoría de los astrólogos está de acuerdo en que Saturno da pistas sobre los ámbitos que debemos dominar. Si una persona tiene a Saturno en Géminis, por ejemplo, es posible que necesite profundidad, tal vez la profundidad del conocimiento. Puede que ese tipo de personas necesiten aprender a estudiar los temas en profundidad y no limitarse a informarse por encima o a formarse una opinión demasiado rápido.

Si una persona tiene a Saturno en Capricornio, las lecciones que debe aprender se relacionan por lo común con el compromiso y con la necesidad de evitar ser implacablemente ambiciosa. Los Capricornio tienen tendencia a pisotear a los demás para triunfar. También corren el riesgo de repetir viejos patrones sin avanzar.

En su versión positiva, Saturno, sea cual sea el signo del que hablemos, muestra a alguien comprometido con aprender, crecer y convertirse en mejor persona.

2. ACTITUD ANTE LA ESTABILIDAD Y EL COMPROMISO

En positivo, Saturno muestra a una persona a la que no le asusta comprometerse con proyectos, gente o creencias. Son estables e influyentes, y no tienen ningún problema a la hora de conseguir que otras personas trabajen para ellos y para lograr sus objetivos. A Saturno lo llamo «el jefe», y un buen jefe siempre trabajará con los aspectos positivos de este planeta. Si Saturno se encuentra en su configuración predeterminada en Capricornio, la persona tiene un gran potencial para triunfar, siempre y cuando actúe de manera consciente e íntegra.

Como sucede siempre en la astrología dinámica, lo que puede resultar útil en algunos contextos puede ser perjudicial en otros. En su versión negativa, Saturno se manifiesta a menudo como una tendencia a la frialdad o a las conductas autoritarias, pero puede mostrarse también como un exagerado sentido de la responsabilidad, una especie de compromiso dogmático, incluso en situaciones nada saludables. En una ocasión conocí a una mujer con Saturno situado justo en su signo ascendente (la línea de las nueve en punto en la carta, que indica el signo que rige la personalidad) que sacrificó su trayectoria personal para dedicar toda su vida a su ingrata familia. Dejó pasar oportunidades amorosas y se sentía desgraciada por ello. Traté de recordarle que tenía que lograr un equilibrio entre el sentido de responsabilidad saturnal hacia sus padres y hermanos, y su compromiso consigo misma. Decidió no escucharme.

3. MADURAR Y ENVEJECER

Aquellos con Saturno en versión positiva son maduros desde muy temprana edad. Permanecen firmes incluso cuando son demasiado jóvenes para ello. Asimismo, mantienen una actitud sana y sostenible ante el hecho de envejecer y prefieren ser considerados sabios que aparentar tener diez años menos de los que tienen realmente. A quienes tienen un Saturno en versión negativa les aterroriza envejecer y harán todo lo posible por detener el proceso; probablemente sabes de quién hablo, con una cara nueva y una sonrisa petrificada. Poder vivir y envejecer es una bendición que no todo el mundo recibe, y quienes tienen un Saturno «positivo» aceptan el proceso y las canas que conlleva la experiencia.

─⊖ CÓMO SE MANIFIESTA ⊖─

Si tienes a Saturno en Géminis, por ejemplo, necesitarás dominar el arte de la comunicación (estrechamente relacionado con Géminis). A veces, a esta configuración la denomino «la sombra». Puede resultar extremadamente molesta para quienes la tienen, puesto que cada vez que surge un pensamiento positivo en la mente de la persona, entra en acción un jurado que delibera y lo hace trizas. Las personas con esta configuración tienen que aprender a dominar sus pensamientos negativos y volverse más expertas en el arte de la comunicación, en la cual se incluye la forma en que se hablan a sí mismas.

Si tienes a Saturno en Sagitario, tendrás que aprender a respaldar tus creencias con grandes dosis de conocimientos y hechos incontrovertibles. Sagitario tiene una gran tendencia a buscar y decir la verdad, lo cual es altamente beneficioso en muchos contextos. Pero en su versión negativa, tiende a ser un sabelotodo que realmente sabe muy poco, a darse aires de superioridad, y a ser ignorante y pomposo. En su versión positiva, esta configuración es excelente: se trata de personas honradas (incluso aunque las pueda perjudicar), inteligentes, lógicas y decentes. Son personas con una gran frescura, como un vaso de limonada helada recién exprimida en un día muy caluroso. Saben cómo hacer limonada con los limones más amargos de la vida, y lo hacen con optimismo y con una actitud positiva.

⊖ ESTE ES TU ESPACIO ⊖

Estudiar el signo y en qué casa se ubica Saturno en tu carta puede parecer una tarea un tanto abrumadora. Saturno puede ser un profesor estricto y severo en cuanto a las lecciones que hay que aprender, que están relacionadas con el hecho de envejecer, lo cual, desde luego, es algo que ninguno de nosotros queremos afrontar. Las lecciones que debe aprender Saturno pueden ser particularmente profundas, ya que suelen estar vinculadas a asuntos del pasado. Pero si prestas mucha atención a las pistas que te da Saturno, tienes la oportunidad de eliminar mucha negatividad de tu vida al controlar tu propio comportamiento y asumir personalmente tu responsabilidad, lo cual conlleva enormes avances.

Saturno recompensa tu diligencia con pistas acerca de cómo puedes incorporar más autoridad y autodisciplina a tu vida. En lugar de considerarlo un padre censurador y aguafiestas, lo veo como un medio de poner en marcha tu poder y autoridad, y aprender a utilizarlos bien.

Una vez hayas identificado a Saturno y al signo en que se ubica, ve a «Los signos» (páginas 112-310) y estudia sus rasgos negativos y positivos. Recuerda que Saturno se asocia al aprendizaje, así que tómate tu tiempo y céntrate realmente en extraer las lecciones. A continuación, como siempre, anota todas las palabras que te parezcan significativas. Busca cualquier cosa que tenga que ver con el karma de tu vida pasada o con lecciones que tienes que aprender, así como con ámbitos de tu vida que sabes que tienes que dominar y con el envejecimiento en general.

SATURNO EN VERSIÓN NEGATIVA	SATURNO EN VERSIÓN POSITIVA

URANO

ASOCIADO CON LA CONCIENCIA, SOBRE TODO EL AUTOCONOCIMIENTO; EL CAMBIO, LA REVOLUCIÓN Y LA REBELIÓN; LA INVENTIVA

PLANETA REGENTE DE ACUARIO, EL CONECTOR

CASA PREDETERMINADA: LA ONCEAVA

URANO EN VERSIÓN NEGATIVA ES FANÁTICO,
REBELDE SIN CAUSA Y EXTREMISTA

URANO EN VERSIÓN POSITIVA ES INCONFORMISTA,
IDEALISTA, INVENTIVO

Urano, o Ouranos, como también se le llamaba, era el padre del cielo y el marido de la diosa Tierra (o Gaya). En la mitología griega se le conocía como el hijo de Gaya que luego se convirtió en su marido, lo cual resulta extraño, pero ¿quiénes somos nosotros para cuestionar la mitología? Urano tuvo doce hijos con Gaya, conocidos como «los titanes». Algunos astrólogos han sugerido que esa fue la génesis de los signos del zodiaco. En cualquier caso, la relación familiar no era buena, ya que todos se odiaban entre sí, y uno de los titanes, Saturno, decidió arrebatarle a su padre su poder inmortal (véase la página 86). A veces, a Saturno se le describe en los mitos como el máximo creador y fundador del universo, con el poder de crear una fuerza vital que ningún otro dios podía igualar.

El planeta Urano tarda aproximadamente ochenta y cuatro años en orbitar alrededor del Sol y lo hace con un extraño movimiento giratorio muy distinto de la órbita del resto de los planetas y estrellas que se portan bien. Fue descubierto por un astrónomo aficionado en 1781, aproximadamente en la misma época en que estaban empezando varias revoluciones. Francia y Estados Unidos estaban sumidos en un caos absoluto, y la Revolución Industrial, que empezó en Gran Bretaña a finales del siglo XVIII, estaba a punto de dar inicio a la fabulosa era de las fábricas contaminantes y la producción en masa.

Urano influye en la revolución, el cambio y la rebelión, y es conocido como «el gran despertador» por su capacidad para hacernos ver cosas de las que debemos ser conscientes. Cuando prestamos atención a lo que nos dice Urano, nos hacemos más conscientes y nos liberamos de las restricciones que nos imponemos a nosotros mismos.

Un apunte sobre cómo profundizar en el conocimiento sobre Urano: dado que es un planeta que se mueve lentamente, tarda mucho tiempo en orbitar alrededor del Sol y, por tanto, permanece aproximadamente siete años en cada signo. Es el primero de los planetas lentos (los otros son Neptuno y Plutón), que en astrología se conocen como «planetas generacionales». De manera que, aunque puedes recabar información a partir del signo en que se ubica, es probable que obtengas como mínimo las mismas pistas a partir de la casa en que está situado.

ASOCIACIONES

1. CONCIENCIA, SOBRE TODO EL AUTOCONOCIMIENTO

En su versión positiva, Urano muestra a una persona decidida a mejorar a través del autoconocimiento y de una mayor conciencia de las causas importantes. Urano ocupa un lugar prominente en las cartas astrales de la mayoría de quienes han marcado la diferencia en el ámbito de los derechos humanos. Nelson Mandela y Rosa Parks, por ejemplo, compartían la ubicación de Urano en Acuario (su configuración predeterminada, lo cual lo hace especialmente poderoso), y Parks, a quien considera «la madre del movimiento por los derechos civiles» en Estados Unidos, tenía además su signo astral en Acuario. En su versión positiva son individuos humildes, observadores y están siempre dispuestos a reconocer que pueden estar equivocados.

La versión negativa de Urano es harina de otro costal. Se trata de personas que carecen por completo de conciencia de sí mismas y que pueden estar completamente dormidas en el oficio de vivir. ¡Las luces están encendidas, pero no hay nadie en casa!

2. CAMBIO Y REBELIÓN

Si Urano se sitúa en su configuración predeterminada de la onceava casa, es más que probable que la persona sea algún tipo de activista o rebelde, o alguien que marque la diferencia. Algunas personas con una marcada influencia de Urano se mueven a lo largo de la fina línea que separa la genialidad de la locura. En su vertiente positiva se trata de activistas que se rebelan contra las costumbres o el poder establecido para lograr que se produzcan cambios y avances de manera ingeniosa. Son personas extraordinariamente inteligentes e inventivas, llenas de soluciones a los complejos problemas a los que se enfrenta la humanidad. En su vertiente negativa tienden al fanatismo y al extremismo.

De hecho, una persona con Urano en versión negativa puede estar al borde de la locura y ser muy difícil de tratar. Con mentes discursivas y patrones de pensamiento que tienden a caer en divagaciones, se rebelan sin motivo y siempre tratan de granjearse fama de «diferentes». Yo suelo pensar que las personas que son genuinamente diferentes no necesitan intentar serlo, pues es algo innato y no se puede fingir. Y, por supuesto, fingirlo requiere una gran cantidad de energía que podría dedicarse a una causa mejor. En definitiva, es agotador.

3. INVENTIVA

La excepcionalidad y la capacidad de pensar diferente son cualidades absolutamente características de quienes muestran un Urano positivo. Es casi como si para ellas no hubiera límites de pensamiento. ¡Urano rige todo el amplio cielo! Algunas de esas personas rayan en la genialidad. Siempre creativas, tienen destellos de agudeza y se les ocurren numerosas ideas gracias a las que a menudo ganan mucho dinero. Algunas no dan importancia a lo material y prefieren soltar pequeños destellos de ingenio para que los recoja el resto de la humanidad.

En una ocasión trabajé con un tipo realmente genial que tenía a Urano situado justo en su primera casa (la casa del ego y la expresión personal), y tenía destellos de agudeza que nos dejaban a todos sobrecogidos. Saca ideas de la mente como si fuera un mago, dirige una empresa innovadora de extraordinario éxito y parece tener el don del rey Midas, ¡pero admitirá de buena gana que su realista mujer Virgo lo mantiene en contacto con la realidad y le impide volverse loco! Tú también puedes conectar con tu inventiva interna si estudias tu Urano.

CÓMO SE MANIFIESTA

Por tanto, aunque la de Urano es una ubicación generacional, lo que significa que afecta a todo un grupo de personas al mismo tiempo, puedes obtener mucha información de la ubicación de Urano en tu carta. Te enseña cómo ser más consciente adoptando los rasgos positivos del signo en el que se encuentra. Y la conciencia, como espero que ya hayas aprendido, es realmente la clave para trabajar con éxito con la astrología dinámica en todos los ámbitos.

Así que imagina que tienes a Urano en Escorpio. Esto suele indicar que debes asumir poder en cierto modo (preferiblemente por el bien común) y aprender acerca de la empatía, que son conductas positivas asociadas a Escorpio. Asimismo, indica que seas consciente de tu sexualidad y de cómo utilizarla. En su versión negativa, una persona puede utilizar el sexo para conseguir lo que quiere en la vida o encerrar por completo su sexualidad, lo cual podría provocar que aflorara de un modo inadecuado. Aquí la cuestión es que, sea cual sea el signo en que se ubique Urano, su energía te empujará a explorar ese signo y la ubicación de su casa todo lo posible para profundizar no solo en tu conciencia sobre el papel que desempeña Urano, sino también en tu propia conciencia en general.

ESTE ES TU ESPACIO

Estudiar el signo y la casa en que se ubica Urano en tu carta te proporcionará conocimientos importantes si lo haces con honestidad, atención y paciencia. Cuando te centras en la influencia de Urano, estás desarrollando habilidades en torno a la (auto)conciencia, uno de los ámbitos clave que sustenta toda la práctica de la astrología.

Localiza a Urano en tu carta, identifica el signo en que se ubica y, a continuación, ve al apartado correspondiente en «Los signos» (páginas 112-310) y estudia sus rasgos negativos y positivos. Busca cualquier cosa que tenga que ver con la rebelión y la revolución, y, en general, reúne pistas que te muestren el modo de ser más consciente. Si tienes algún momento revelador, confía en él. Prestar atención a cualquier cosa que te preocupe dará frutos.

URANO EN VERSIÓN NEGATIVA	URANO EN VERSIÓN POSITIVA

NEPTUNO

ASOCIADO CON EL CONOCIMIENTO Y LA INTUICIÓN, NUESTROS SUEÑOS Y MIEDOS MÁS PROFUNDOS, Y LA PÉRDIDA (EN ALGUNOS ÁMBITOS, DEPENDIENDO DE LA CASA EN QUE SE UBIQUE), LA ESPIRITUALIDAD EN GENERAL, INCLUYENDO LA ESPERANZA, LA FE Y LOS SUEÑOS; LOS ÁMBITOS EN QUE TENEMOS QUE DEJARNOS LLEVAR Y AQUELLOS EN LOS QUE ES POSIBLE QUE NOS TENGAMOS QUE SACRIFICAR PARA ALCANZAR NUESTROS SUEÑOS

PLANETA REGENTE DE PISCIS, LA VISIÓN

CASA PREDETERMINADA: LA DOCEAVA

NEPTUNO EN VERSIÓN NEGATIVA ES CRÉDULO, FALSO, EVASIVO Y POCO CONFIABLE

NEPTUNO EN VERSIÓN POSITIVA ES MUY INTUITIVO,
SENSIBLE, AFECTUOSO, ALTRUISTA E INSPIRADOR

Neptuno es otro de los planetas que se mueven lentamente. Tarda 164 años en orbitar alrededor del Sol. Permanece en cada signo aproximadamente 14 años, de modo que, como sucede con Urano, tiene una influencia generacional en un gran número de personas. Dado que la ubicación de la casa puede ser especialmente importante en el caso de estos planetas que permanecen tanto tiempo, tal vez quieras ir al apartado «Repaso relámpago a las casas» de la página 320 para darte una idea de las asociaciones de la casa en la que se ubica Neptuno en tu caso.

Neptuno (conocido por los griegos como Poseidón) era el rey de los océanos y los mares, y solía golpear el suelo con su tridente para crear una enorme ola de destrucción si las personas le molestaban o perturbaban su vida submarina. Hace muchas lunas, la gente le rezaba para que le concediera una travesía segura en alta mar, y los naufragios se atribuían a su ira.

En nuestra carta, Neptuno muestra el poder de la intuición y el flujo de los instintos. Sus asociaciones acuáticas ejercen una influencia especialmente profunda en los signos de agua (Cáncer, Escorpio y Piscis), pero nos afectan a todos en mayor o menor medida. El suave murmullo del agua es tranquilizador de forma casi universal y puede ayudarnos a relajar nuestras frenéticas mentes y a alinearnos de nuevo con nuestra intuición.

ASOCIACIONES

1. CONOCIMIENTO E INTUICIÓN

En su versión positiva, Neptuno suele dar un gran sentido de la intuición y la capacidad de ver y sentir cosas que a menudo escapan al resto de las personas. Sin embargo, también puede volverlas soñadoras, provocándoles tal confusión mental que nunca produzcan nada tangible. Dependiendo de la casa en que se ubique, tendrán que reforzar su intuición en ese ámbito para alcanzar sus sueños. Así, por ejemplo, si tienes a Neptuno en la quinta casa, probablemente deberías utilizar tu intuición en los ámbitos del amor, la creatividad y los niños.

2. NUESTROS MIEDOS MÁS PROFUNDOS Y LA PÉRDIDA

Neptuno puede indicar nuestros mayores temores. Por ejemplo, si una persona tiene a Neptuno en la quinta casa, la de los niños, la creatividad, el juego y la diversión, es posible que sus temores tengan que ver con los niños o incluso que hayan sufrido pérdidas. Tal vez hayan tenido que hacer grandes sacrificios por sus hijos. (¡Yo tengo a Neptuno en la quinta casa y fui una madre adolescente, así que, en cierto modo, sacrifiqué mis años de adolescencia por la persona que actualmente es mi ser humano preferido en este planeta!) Neptuno en la segunda casa indicaría tal vez que alguien perdió activos económicos y tuvo que recuperarlos para alcanzar sus valiosos sueños (todo ello muy propio de Neptuno en la segunda casa).

3. FE, ESPERANZA Y SUEÑOS

En su versión positiva, Neptuno muestra a una persona con un sentido innato de la espiritualidad y de la ética en la vida. En ese caso, la persona es casi etérea, espiritual y bondadosa, con un sentido sobrenatural de la intuición, en ocasiones asombroso. Muchas de ellas tienen sueños proféticos impulsados por Neptuno.

Los niños nacidos a partir de 2012 (y los que nacerán durante los próximos trece o catorce años) poseen una capacidad especial para sintonizar con esas cualidades, ya que tienen a Neptuno en Piscis (su configuración predeterminada). He estudiado varias cartas astrales de esos niños para satisfacer la curiosidad de sus padres y todos han mostrado una capacidad espectacular para ver y sentir cosas que a otras personas les resultan invisibles. Muchos son sensibles a los estados de ánimo y la energía de los demás. Notan cuándo la gente lo pasa mal. Esto presiona a los padres para que los doten de herramientas que les permitan gestionar su elevada conciencia. Una niña pequeña tuvo un sueño en el que conversaba con su difunta abuela (a la que no llegó a conocer) y posteriormente describió muchas cosas que podrían calificarse de «sobrenaturales». Pero todos nosotros, si estamos alineados con nuestro Neptuno, tenemos fe en una visión más elevada y esperanza en un futuro mejor.

4.   LOS ÁMBITOS EN QUE TENEMOS QUE DEJARNOS LLEVAR
Neptuno muestra también los ámbitos de la vida en que debemos dejarnos llevar y tener un poco más de fe. En la primera casa, Neptuno suele mostrar a una persona muy intuitiva, inspiradora, artística y espiritual, pero en su versión negativa representa a individuos soñadores que no son confiables y corren el riesgo de no lograr nunca nada. En la tercera casa, Neptuno mostraría a una persona que se comunica de manera intuitiva (versión positiva) o a alguien que se pierde fácilmente en sus propios pensamientos. En la quinta casa, Neptuno mostraría a una persona que tiene que soltar su ego (versión negativa) y que tiene que profesar amor a todos (¡versión positiva!).

⊖ CÓMO SE MANIFIESTA ⊖

Aunque mucha gente tendrá a Neptuno en el mismo signo, porque permanece en cada signo alrededor de catorce años, puedes averiguar muchas cosas estudiando el signo y la casa en que se ubica, ya que te enseña a entender tus miedos y los rasgos negativos que tienes que abandonar especialmente.

Por ejemplo, los nacidos entre 1970 y 1984 tienen a Neptuno en Sagitario. Deben confiar en su propia verdad y tener fe en una visión más elevada, lecciones ambas muy típicas de Sagitario. Tienen que encontrar su propio camino fuera de las religiones organizadas tradicionales y aprender a buscar la inspiración en su interior.

Si naciste entre 1984 y 1998, tienes a Neptuno en Capricornio. Eso suele indicar la necesidad de abandonar cualquier ambición dañina y egoísta, y de renunciar a la necesidad de controlarlo todo, rasgos negativos típicos de Capricornio. Las personas con esta configuración pueden ser arrogantes, altivas y unas sabelotodo de cuidado, aunque en su versión positiva son críticas, sensatas, confiables, decididas a alcanzar sus objetivos y extremadamente brillantes.

Si Neptuno está situado en la primera casa, la del «ego», en su versión positiva es muy probable que esa persona se convierta en un ser humano bastante inspirador en algún sentido. A menudo les resulta fácil motivar y consolar a los demás. Las personas con una configuración positiva de Neptuno son los sanadores naturales del zodiaco y a menudo trabajan de enfermeros o cuidadores. En resumen, quienes tienen tendencia a ayudar a los demás tendrán una versión positiva de Neptuno en sus cartas astrales. En su versión negativa son grandes soñadores con tendencia a perderse en un mundo de fantasía de su invención.

Marilyn Monroe, que tenía a Neptuno en Leo en la primera casa, se crio con varios padres adoptivos que la enviaban al cine para sacarla de casa. Empezó a soñar con convertirse en actriz a la edad de cinco años y, aunque tuvo una vida trágica, continúa intrigando e inspirando a la gente años después de su muerte. Era idealista en lo tocante al amor (Neptuno = ideales, Leo = amor) y sufrió mucho en ese ámbito. Acabó cayendo en la adicción a las drogas para escapar de la realidad (lo cual es muy neptuniano).

Neptuno en Piscis (su configuración predeterminada, donde su influencia es especialmente fuerte) tiene una visión más elevada y ayuda a cambiar la vibración del planeta a una que esté más en sintonía con la parte más compasiva y espiritual de nuestra naturaleza.

(Por supuesto, en la versión negativa, esas personas encarnan todo lo malo de Piscis: ¡sueñan a lo grande, pero no se centran!)

—⊖— ESTE ES TU ESPACIO —⊖—

Al estudiar el signo y la casa en que se ubica Neptuno en tu carta, te estás sumergiendo en algunos temas realmente importantes: la pérdida, el miedo, la fe, la esperanza y los sueños. Sobre todo estás conectando con tu propia intuición y focalizando tus conocimientos.

En primer lugar, localiza a Neptuno en tu carta, identifica el signo en el que se ubica y, a continuación, ve al apartado correspondiente en «Los signos» (páginas 112-310) y estudia los rasgos negativos y positivos. Luego apunta todas las palabras que te resulten especialmente significativas. Busca cosas que tengan que ver con tus preocupaciones y pesares, tu sentido religioso o tus sueños más profundos. Como Urano, Neptuno se asocia firmemente a los conocimientos y la intuición, así que libérate de la necesidad de que te expliquen las cosas con todo lujo de detalles y da rienda suelta a tus ideas. Toma tantas notas como necesites, y recuerda que podría ser útil comprobar las bases de la ubicación de las casas.

NEPTUNO EN VERSIÓN NEGATIVA	NEPTUNO EN VERSIÓN POSITIVA

PLUTÓN

ASOCIADO CON EL PODER (EL NUESTRO Y NUESTRA RELACIÓN
CON EL DE LOS DEMÁS); LAS MOTIVACIONES; LA TRANSFORMACIÓN,
INCLUYENDO EL NACIMIENTO, LA MUERTE Y EL RENACIMIENTO

PLANETA REGENTE DE ESCORPIO, EL PODER

CASA PREDETERMINADA: LA OCTAVA

PLUTÓN EN VERSIÓN NEGATIVA ES ÁVIDO DE PODER,
MANIPULADOR Y CONTROLADOR

PLUTÓN EN VERSIÓN POSITIVA ES TRANSFORMADOR,
SEDUCTOR, INFLUYENTE

Según la ciencia, Plutón es demasiado pequeño para ser un planeta. Ha perdido su estatus hace poco y se reclasificó como «planeta enano». (La página web de la NASA dice que es más pequeño que la luna de la Tierra.) Tarda aproximadamente 248 años en orbitar alrededor del Sol y permanece en cada signo entre catorce y treinta años, de modo que se trata de un planeta que está presente mucho tiempo, un verdadero motor generacional.

En la mitología, Plutón es conocido también como Hades, el rey del inframundo y la Parca. Mucha gente cree que la muerte es una fuerza maligna, pero no es mi caso: simplemente es otra oportunidad de transformación, una asociación muy poderosa de Plutón que deriva de la famosa historia en que Hades raptó a la diosa Perséfone y, por tanto, la oscuridad robó la luz. Tras hacer un trato con los otros dioses, accedió a mantenerla en su reino del inframundo de los muertos durante unos cuantos meses para luego dejarla salir cada año para que florecieran los capullos, lo cual marcaba el inicio de la primavera, cuando la oscuridad se convierte de nuevo luz.

Si te estás preguntando cómo un simple planeta enano, una formación rocosa tan relativamente pequeña, puede ostentar tanto poder, permíteme que te diga que Plutón tiene que ver con el poder (para bien y para mal). Como alguien que ha estudiado sus tránsitos (su impacto sobre nosotros en la Tierra), ¡sé que no está para tonterías! Por ejemplo, en un momento determinado de finales de nuestra treintena, el Plutón del cielo conecta con el Plutón en nuestra carta astral. A esto se denomina «Plutón en tránsito en cuadratura a Plutón», y empecé a darme cuenta de que muchos clientes nuevos estaban bajo su influencia. Puede resultar devastador: las personas dejan sus trabajos y a sus parejas en una apuesta desesperada por la transformación.

Plutón es como la apisonadora del zodiaco y aplastará todo lo que se haya quedado estancado. He visto sus poderosos efectos una y otra vez. Habitualmente, les pido a las personas que se transformen internamente antes de tomar cualquier decisión trascendente bajo este tránsito. ¡Recientemente le pedí a una clienta que no cambiase su coche por un Porsche, ni a su marido por un jovencito, hasta haber trabajado en su interior!

Plutón tiene que ver con el nacimiento, la muerte, el renacimiento, la transformación y el cambio. No te dejes engañar: puede que Plutón haya sido relegado, pero eso no significa en absoluto que su poder haya disminuido.

ASOCIACIONES

1. PODER

Si te topas con personas que tienen una habilidad asombrosa para leer la mente de los demás y luego utilizan lo que han aprendido para manipularlos y tergiversar las situaciones en beneficio propio, puedes apostar a que están canalizando la energía de Plutón. También son manipuladoras y controladoras, y únicamente se mueven para conseguir más poder o arrebatárselo a alguien. Si ves a gente que hace un mal uso del poder, ese es un clásico rasgo de Plutón en su versión negativa. Puedes obtener mucha información acerca de cómo tratar con esa gente si logras descubrir en qué signo se ubica Plutón.

En su versión positiva, Plutón se encuentra cómodo con el poder y tiene la capacidad de mejorar la vida de la gente. Conozco a un millonario que invierte en quienes considera que marcan la diferencia en el planeta. Le he presentado a unas cuantas personas y es increíble ver cómo utiliza su poder como un medio para hacer el bien. El poder corrompe a los débiles, pero quienes se encuentran a gusto con él se mantienen puros y nos hacen avanzar a todos.

¡Encuentra tu propio poder y mantenlo a toda costa!

2. MOTIVACIONES

Una vez le hice una pregunta a mi maestro y me contestó con una frase que me cambió la vida. (¡Con el tiempo he acumulado una buena colección de esas frases!) Me dijo: «Pregúntate cuál es tu motivación en todo lo que hagas y digas». Esa frase ha permanecido conmigo desde que la dijo, hace más de diez años. Interpreté que significaba que, si somos honestos, sabremos cuándo estamos actuando desde la sinceridad y cuándo no. A veces lo que revela nuestra auténtica motivación no es tanto qué hacemos o decimos como la actitud que hay detrás (o el objetivo hacia el que tratamos de avanzar). Y a veces esa motivación no es tan buena ni tan pura.

Plutón en versión positiva tiene la capacidad de atravesar la superficie de nuestros miedos y de motivar y consolar a los demás fácilmente.

3. TRANSFORMACIÓN

Si te enfrentas a situaciones que literalmente te despojan del ego y te obligan a renovarte, puedes apostar tranquilamente todo tu dinero a que Plutón te está influyendo. No es que Plutón sea negativo, ni mucho menos: su influjo nos ayuda a liberarnos de cualquier rutina en la que hayamos caído. Se nos muestran unas cuantas banderas rojas y, si pasamos por alto esas señales de alerta, llega Plutón y derriba la actual infraestructura obsoleta para construir otra nueva, algo mejor, cimentado en la humildad y no en el ego. Por regla general, a Plutón no le gusta demasiado el ego.

⊖ CÓMO SE MANIFIESTA ⊖

Dado que Plutón tarda tanto tiempo en orbitar alrededor del Sol, se pasa años en cada signo, de manera que existen menos variaciones en los signos de las cartas de diferentes personas que en el caso de muchos otros planetas. Sin embargo, como sucede con otros planetas generacionales, hay espacio para la interpretación individual en el marco de la ubicación de la casa. Por ejemplo, si Plutón se sitúa en la novena casa, la de los viajes y las culturas extranjeras, es probable que el poder de esa persona esté en el extranjero. Me viene a la mente el caso de dos clientes increíbles en los que se cumple esta afirmación: uno cuya fulgurante carrera cinematográfica empezó literalmente a brillar en cuanto salió de su ciudad natal en Brasil, y otro que estaba a la sombra de su famoso padre y que conoció a una mujer estadounidense, a los pocos meses se casaron, se mudó a vivir con ella y construyó su propio imperio artístico.

Quienes hayan nacido entre 1939 y 1957 tienen a Plutón en Leo y ostentan el poder del amor. En su versión negativa muestran un total egoísmo.

Quienes hayan nacido entre 1957 y 1971 tienen a Plutón en Virgo, y poseen un poderoso sentido del discernimiento. En su versión negativa son personas negativas y críticas que utilizan su poder para hacer daño.

Los nacidos entre 1971 y 1984 tienen a Plutón en Libra, y encontrarán un gran poder al aunar fuerzas con otros y procurar la paz. En su versión negativa son gente inflexible.

Quienes hayan nacido entre 1984 y 1995 tendrán a Plutón en Escorpio; son personas muy intuitivas y tienen el potencial de ejercer mucho poder, ya que Plutón rige Escorpio, ¡así que les viene por partida doble! También se les conoce como *milennials*, una generación que llegó para cambiar las cosas.

Los nacidos entre 1995 y 2008 tienen a Plutón en Sagitario y, por tanto, les motiva la verdad y pueden inspirar cambios positivos e incluso transformar la sociedad.

En noviembre de 2008, Plutón entró en Capricornio; ¡esta gente no está para tonterías y es increíblemente ambiciosa! Tiene el poder de instaurar un nuevo orden y desterrar las estructuras y reglas que ya no son válidas para todo el mundo.

Plutón va a permanecer en Capricornio hasta 2023 y después se desplazará a Acuario, donde permanecerá hasta 2043.

ESTE ES TU ESPACIO

El signo y la ubicación de la casa de Plutón dicen mucho de cómo influir en tu poder y utilizarlo en beneficio propio y ajeno. El efecto de Plutón puede parecer muy poco sutil (ahí llega otra vez la apisonadora), pero su impacto puede resultar transformador. En cierto modo es el planeta de las crisis, ¡pero eso no hace más que darte aún más motivos para lidiar con ello!

Por tanto, primero identifica a Plutón en tu carta (o puedes limitarte a buscar tu año de nacimiento en la lista anterior) y después ve al apartado correspondiente en «Los signos» (páginas 112-310) y estudia los rasgos negativos y positivos. Como siempre, anota cualquier palabra que te resulte especialmente significativa. Busca cualquier cosa que tenga que ver con el poder o la transformación, incluyendo la muerte y el renacimiento. Recuerda abrir tu mente en este sentido, ya que el nacimiento o la muerte en cuestión no tienen por qué ser necesariamente literales.

PLUTÓN EN VERSIÓN NEGATIVA	PLUTÓN EN VERSIÓN POSITIVA

QUIRÓN

ASOCIADO CON PROFUNDAS HERIDAS KÁRMICAS;
LA ESPIRITUALIDAD; LA SANACIÓN

CORREGENTE DE VIRGO Y PISCIS

CASA PREDETERMINADA: LA SEXTA Y LA DOCEAVA

QUIRÓN EN VERSIÓN NEGATIVA ES REGIDO POR HERIDAS
PASADAS; UN MÁRTIR; CARENTE DE ESPIRITUALIDAD

QUIRÓN EN VERSIÓN POSITIVA ES SANADOR,
ESPIRITUAL Y ALTRUISTA

Quirón tiene un periodo orbital de alrededor de cincuenta años y, por lo que sé, es un tanto enigmático. Fue descubierto en 1977, aunque sus imágenes se remontan a 1896, y al principio fue clasificado por los astrónomos como un asteroide y, posteriormente, como un planeta menor, aunque muestra un comportamiento muy extraño parecido al de un cometa.

En astrología, a Quirón se le conoce como «el sanador herido» por el papel que interpretaba en el mito de Prometeo. El centauro Quirón se convirtió en un profeta mitológico, un astrólogo y un gran maestro. Antaño era inmortal, pero sacrificó su inmortalidad para salvar a Prometeo, condenado por los dioses a sufrir tormento eterno por haber revelado el secreto del fuego al ingrato reino de los hombres. Quirón fue herido por una flecha envenenada con sangre de la Hidra, una herida que nunca se curaría, pero que le convirtió en un poderoso sanador de los demás.

Existe una gran controversia en torno a la pregunta de en qué signo influye más, pero, según mi experiencia, se trata de Virgo y Piscis. Sin embargo, su ubicación nos afecta a todos profundamente, ya que indica dónde nos han herido a cada uno, de modo que la conciencia puede ayudarnos a sanar. Mi profesor de astrología, el difunto Derek Hawkins, solía decir que entender a Quirón era la clave para encontrar aquello que le falta a alguien en su vida.

ASOCIACIONES

1. HERIDAS PROFUNDAS

La ubicación de Quirón en tu carta muestra dónde se encuentran las heridas profundas y cómo puedes curarlas aprendiendo más sobre el signo y la casa en que se ubica. Estudiar los rasgos de tu signo de Quirón revelará muchas cosas sobre tus puntos débiles y, si examinas su casa, empezarás a ver dónde tienden a manifestarse esos puntos débiles. Por ejemplo, una persona con Quirón junto a su Sol puede tener una herida profunda relacionada con su propia identidad y tal vez una experiencia profundamente perturbadora con su padre u otra figura paterna; por otro lado, es posible que haya tenido una experiencia especialmente sanadora con su propio padre (o figura paterna) y que, por tanto, haya heredado de él habilidades curativas. En cualquier caso, el herido puede reconocer las heridas de los demás y pasar a convertirse en sanador de quienes padecen heridas parecidas.

2. ESPIRITUALIDAD

Quirón muestra el potencial de una persona para la espiritualidad a lo largo de su vida y, de hecho, cómo convertirse en mejor persona. Alguien realmente espiritual no es ningún pelele: ostenta su poder y aplica cuidadosamente sus capacidades sanadoras cuando y donde haga falta, sin sentir la necesidad de alardear de sus logros. En mi experiencia, hay gran cantidad de gurús entre nosotros, pero son humildes, no se jactan de ello.

Las personas con Quirón en versión positiva enseñan generosamente lo que han aprendido y comparten sus habilidades sin temor a que los demás se aprovechen de ellas. Los auténticos agentes espirituales saben que el ojo del karma nunca duerme: en la vida, ninguna buena acción queda jamás en el olvido. Queda registrada y depositada en el banco de buenas acciones de tu karma. Dar esperando una recompensa no es dar, ni es un acto puro; es simplemente una transacción más. Las personas que tienen la impresión de que nunca se ven recompensadas por sus buenas obras y su bondad en general tienen que trabajar más para depurar sus propias motivaciones y expectativas. Así de sencillo. Todos tenemos que dar más generosamente y esperar menos a cambio.

3. SANACIÓN

Quienes tienen la versión positiva de Quirón suelen ser héroes olvidados: los bomberos que arriesgan su vida para salvar a otros (es probable que muchos tengan a Quirón en Aries, pues Aries es fuego), los que se presentan como voluntarios para ayudar a quienes lo necesitan (animales, niños y adultos necesitados) y lo hacen porque se sienten impulsados a ello, no para obtener reconocimiento. Hace mucho que creo que Jesús personifica el Quirón en su vertiente positiva, ya que era un poderoso sanador que se ponía manos a la obra, ayudando cuando y donde podía. El amigo o compañero que te escucha y te consuela cuando te golpea la noche oscura del alma, sin juzgarte ni esperar nada a cambio, exhibe la versión positiva de Quirón.

⊖——— CÓMO SE MANIFIESTA ———⊖

Echemos un vistazo a algunos ejemplos. Si tienes a Quirón en Cáncer, llevas contigo una herida (o, si lo prefieres, un punto débil) en el ámbito de las relaciones familiares o en tu sentido de la seguridad. Tienes que trabajar para sanar tu sensibilidad, tu inseguridad y tus problemas familiares. En su versión negativa, Quirón en Cáncer es impetuoso y está decidido a hacer lo que haga falta para encontrar seguridad en tu mundo inestable. En su versión positiva es un ser creativo que sigue siendo bondadoso, sincero y generoso, independientemente de lo que le depare la vida.

Si tienes a Quirón en Aries, tu herida se encuentra en el ámbito de la reafirmación personal. Tengo un cliente que tiene a Quirón en Aries en la cuarta casa, así que suele arremeter contra su familia (la cuarta casa tiene que ver con la familia) y lo que él considera familia. Tengo otra clienta con la misma configuración, pero ella es famosa por su actitud pasivo-agresiva, así que, una vez más, se manifiesta de formas diferentes.

Quirón en la décima casa indica que existe una herida en el ámbito del compromiso y la carrera profesional y, en mi experiencia, quienes tienen a Quirón en la séptima casa, la de las relaciones, son vulnerables en ese ámbito. Tienen que sanar la relación consigo mismos antes de embarcarse en un vínculo serio con alguien.

—○— ESTE ES TU ESPACIO —○—

El signo y la casa en que se ubica Quirón están repletos de lecciones sobre cómo sanar tus heridas más profundas y aliviar tu peor dolor. Al hacer este trabajo —que puede ser muy arduo— no solo te curas a ti mismo, sino que te transformas en un sanador que puede aliviar a otros con problemas parecidos.

Por tanto, en primer lugar, identifica a Quirón en tu carta y en qué signo se ubica, y después ve al apartado correspondiente en «Los signos» (páginas 112-310) y estudia los rasgos negativos y positivos. Si puedes, echa también una ojeada a la casa asociada. Toma nota de todo lo que te parezca especialmente relevante. Busca elementos que concuerden con los acontecimientos más hirientes y los episodios dolorosos más profundos de tu vida; aunque pueda resultarte difícil, vale realmente la pena. Cuando lo hayas hecho, te parecerá especialmente liberador.

QUIRÓN EN VERSIÓN NEGATIVA	QUIRÓN EN VERSIÓN POSITIVA

LOS SIGNOS

En este capítulo encontrarás todo lo que necesitas saber sobre los doce signos del zodiaco (y puede que algo más). Tal vez hayas llegado aquí directamente desde la «Introducción» para echar un vistazo a tu propio signo y con la idea de dejarlo ahí. Si es así, ¡te doy la bienvenida! Mi intención en todo momento es que puedas usar este libro como quieras, y no me cabe duda de que aprenderás mucho acerca de tu propio signo o de los signos de las personas de las que te interesa saber más.

Dicho esto, si quieres profundizar un poco, hay mucho más por descubrir. Recuerda que, aparte del Sol, que indica tu signo astral (o solar), tienes un montón de planetas más que descubrir en tu carta, todos ellos con interesantes pistas que darte. De modo que si tienes un planeta distinto al Sol en un signo determinado, todo lo que leas acerca de las características de ese signo servirá para las áreas de tu personalidad indicadas por ese planeta.

Los signos se presentan en su orden natural, empezando por el primero, Aries, y acabando por el decimosegundo, Piscis. Cada apartado es un minirretrato del signo: ¡el bueno, el feo y el malo! Se pone atención en las características negativas y positivas de cada signo y en cómo influyen en tu vida. Aparte de las secciones sobre el amor, el trabajo y la salud, lo que tal vez encontrarás más útil será un resumen de consejos y sugerencias prácticas sobre cómo aumentar la energía positiva del signo y reducir la negativa. A esas secciones las llamo «El ajuste de…».

Puedes leer toda la sección de, digamos, Virgo y apuntar las partes que te llamen la atención, o ir directamente al final y leer «El ajuste de Virgo» para saber cuál es la mejor manera de gestionar su impacto y maximizar su potencial.

Como ya sabrás si has llegado hasta aquí tras leer los dos capítulos anteriores, todos tenemos un poco (¡o mucho!) de cada uno de los doce signos en nuestra carta astral, así que vale la pena leer acerca de todos ellos para ver cuáles te «resuenan» más. Sorprendentemente, es posible que en realidad no sea el tuyo. Si ese es tu caso, significa que otro signo está desempeñando un papel más destacado en tu carta. Puede que, por ejemplo, tengas a Júpiter (el planeta que representa nuestras habilidades y talentos, así como hacia dónde vamos al extremo) en el inteligente pero controlador Virgo. En tal caso, aunque nunca le hayas prestado demasiada atención a Virgo porque tu signo astral es Leo, no cabe duda de que descubrirás que muchos rasgos de Virgo te suenan mucho. En la mayoría de los casos, el signo que más te guste o te disguste en los demás será uno de los que destaque especialmente en tu propia carta. Entonces la trama se complica.

Y si estás hojeando este capítulo a la par que comienzas a interpretar tu carta astral completa, haciendo una referencia cruzada entre los planetas y los signos en que se ubican, entonces acabarás leyendo cada signo del capítulo, escudriñándolos en busca de pistas. La cosa puede volverse muy adictiva a medida que empieces a encontrarlas. Si algo acerca de un signo te llama la atención, ya sea sobre ti o sobre alguien que conozcas, puedes apostar con seguridad que el signo en cuestión ocupa un lugar destacado en tu (o su) carta. Solía hacer apuestas al respecto cuando vivía en Estados Unidos y nunca perdía. Resultará que Aries te fascina porque es tu signo ascendente (el que representa tu personalidad), o Cáncer, porque tu novio tiene la Luna (vida emocional) en Cáncer (hogar y familia), lo

cual explica por qué es una persona hogareña, amante de la comodidad y la seguridad.

Tanto si estás analizando, hojeando o profundizando en este capítulo, su principal objetivo es dotarte de información sobre los rasgos
positivos y negativos de los signos. Te recuerdo que los signos representan el «cómo» en tu carta, es decir, cómo se manifiesta un planeta
concreto. En realidad, los signos solo pueden interpretarse en relación con el planeta que opera en su interior. Solamente tú puedes
responder a preguntas del tipo: «¿Estoy potenciando al máximo el
increíble poder de Júpiter de la manera más positiva?». Y para ello
tienes que conocer el signo en que se ubica en tu caso.

La astrología dinámica te ayuda a entender cómo los planetas, los
signos y las casas se combinan en tu carta completa y a utilizar ese
conocimiento para ajustar tus comportamientos de forma que
aumentes la energía positiva y minimices la negativa. ¡Se trata de
aceptar y reducir el lado oscuro y dejar salir tu luz!

— ARIES —
EL PIONERO

SIGNO DE FUEGO

OPUESTO A LIBRA

PRIMER SIGNO DEL ZODIACO

PRIMERA CASA

REGIDO POR MARTE

En su versión positiva, Aries es, probablemente, el signo más dinámico y fascinante de todos. Los individuos nacidos bajo el signo de

Aries no tienen reparos a la hora de adentrarse en territorios inexplorados, abrir nuevos caminos y, en general, hacer que sucedan cosas originales, dejándonos al resto envueltos en el polvo que levantan alegremente al pasar.

Billie Holiday, icónica intérprete, cantante y compositora de jazz, nació bajo el signo de Aries, y su vida refleja una gran cantidad de rasgos y asociaciones propios de dicho signo. Alcanzó la cima de su popularidad en una época en la que imperaba la segregación y el racismo era algo ampliamente asumido. A los músicos negros se les exigía que usaran la puerta de atrás y el ascensor de servicio en los hoteles en los que actuaban, incluso aunque fueran las estrellas del espectáculo. Así que convertir un poema «controvertido para su época», titulado «Strange Fruit» («Fruta extraña»), que hablaba de linchamientos, en un enorme éxito popular no solo fue un acto de genialidad creativa, sino también un paso valiente. Billie fue una pionera y luchó contra viento y marea por su pasión, lo cual es un rasgo positivo típico de Aries. Aries está a menudo enzarzado en batallas (lo rige Marte, el dios de la guerra), y encontrar la paz interior es una de las lecciones de vida que debe aprender (la cual comparte con su signo opuesto, Libra). Durante su infancia, Billie disfrutó de muy poca paz y tuvo que enfrentarse a problemas y adversidades hasta que por fin encontró una pasión (lo cual es clave para Aries). Se unió a una banda cuando tenía catorce años y empezó a canalizar su enorme energía hacia la música. Se decía de ella que era un «genio de la improvisación del jazz». Puede que no haya sido la mejor cantante de su época, pero, si la has oído cantar alguna vez, seguramente estarás de acuerdo en que su cautivadora voz capta tu atención y la retiene hasta que acaba contigo.

El lado negativo de Aries es que también pueden ser demasiado rápidos, demasiado furiosos, demasiado airados, impulsados por su necesidad de nuevas experiencias, e incluso lisa y llanamente agresivos. Los nativos de Aries tienen mucho que aprender de la paz y el progreso: su energía tiene el poder de cambiar las reglas del juego cuando están en paz consigo mismos, en sintonía con su pasión y siguiendo su propio camino. Tienen que aprender formas de canalizar su poderosa energía hacia un cambio positivo, y tendrán que cultivar la fidelidad y la integridad para ser felices a nivel espiritual.

ARIES
EN VERSIÓN NEGATIVA

AGRESIVO

Las personas con terribles problemas de ira siempre tienen un planeta en Aries en su versión negativa en algún lugar de su carta. La ira de Aries puede ser extraordinariamente destructiva. Muestran tendencia a las rabietas explosivas: como si fueran demonios de Tasmania, provocan un caos absoluto y después se preguntan por qué se ha ido todo el mundo, o por qué están ardiendo los puentes. Suelen atraer las actitudes agresivas y pasivo-agresivas, incluso aunque no se comporten así. Los más cobardes no logran asumir su potencial innato para el dinamismo y, por tanto, hacen infelices a todos los demás, ya que, en el fondo, saben que no van a alcanzarlo. Esto hace que sean personas explosivas, ya sea por dentro o por fuera. Aries tiende a ser impetuoso y beligerante, si no a la cara de los demás, a sus espaldas. Declararán la guerra a quienes perciban como sus enemigos. Cualquier batalla servirá, siempre que les evite tener que mirarse larga y detenidamente a sí mismos.

EL APRENDIZAJE

Si tienes una fuerte influencia de Aries en tu carta, probablemente ya seas consciente del daño que puede provocar tu temperamento, pues casi con toda seguridad habrás experimentado su efecto en tus relaciones, ya sea con tu familia o en el trabajo. Una de las principales lecciones que debes aprender tiene que ver con la paz en todos los sentidos: cómo valorarla, cultivarla y practicarla, por tu bien y el de todos los demás. El primer paso para vivir en un estado de paz consiste en darte cuenta de que empieza en tu interior. Tienes que dejarte de prisas, sentarte y escuchar tu voz interior. Podría ayudarte el hecho de ponerte en contacto con un maestro espiritual u otra fuente de tranquilidad: prueba la meditación o el yoga. No será fácil, pero, como sucede con todo en la astrología dinámica, el primer paso es reconocer que algo tiene que cambiar. Las soluciones llegarán en seguida. La ira puede controlarse, como todo, pero para ello se requiere honestidad, esfuerzo y autoaceptación. El primer paso, el más fundamental, es preguntarte qué está alimentando tu ira. La astrología dinámica puede ser realmente útil en este sentido porque implica examinar honestamente los rasgos negativos que forman tu lado oscuro, tanto si se trata de una tendencia a la ira como a la culpa, la competitividad, el resentimiento o lo que sea.

A continuación, tienes que aprender a manejar cualquier energía reprimida. No interiorices nada, ya que ello da como resultado una reacción pasivo-agresiva y te convierte en una olla de presión lista para explotar en cualquier momento. El ejercicio físico intenso resulta muy eficaz, ya que con él apagas parte de ese fuego. Podría ser una clase de *spinning* en el gimnasio, un partido de futbol de salón o correr por la mañana, ¡lo que más te convenga mientras se trate de una actividad realmente enérgica! También existen muchas técnicas para manejar la ira, y muchas de ellas te proporcionarán las herramientas necesarias para controlar las abrasadoras llamas.

Una técnica muy sencilla para controlar tu temperamento consiste en hacer una pausa y respirar muy hondo (asegúrate de que las inspiraciones sean profundas, ya que ello activa el nervio vago y propicia la calma). Puede ser útil establecer pausas en las que te apartes de una persona o situación difícil. Practicar la meditación es sumamente eficaz, ya que entrena la mente, aunque es una estrategia a más largo plazo y requiere paciencia. Si eres principiante, una sesión con alguien que practica la meditación podría ser un buen punto de partida, o podrías buscar en tu localidad un centro en el que inscribirte. También existen algunas *apps* eficaces para teléfonos móviles si prefieres investigar por tu cuenta. Una que me gusta especialmente es Headspace. Su fundador se formó con monjes budistas. Su objetivo final es poder meditar solo, en cualquier momento y lugar. No hay soluciones rápidas, pero todo ayuda. También tienes que practicar cada día, pensando antes de hablar y respirando hondo hasta que tu ira empiece a desaparecer. Con el tiempo se convertirá en algo inconsciente.

Si vives o trabajas con un Aries, es posible que seas objeto de algunos ataques bastante hostiles y desagradables. Una mujer que conozco, que tiene a Mercurio en Aries (Mercurio representa la mente y la forma en que nos comunicamos), tiene un temperamento terrible. Aunque le insisto en que debe asumir su responsabilidad y aprender a controlarlo (si no lo hace, corre el riesgo de acabar sola), también les he sugerido a las personas que la quieren que no se pongan en su línea de fuego cuando estalle la rabia; esta suele ser rápida e intensa, pero dura poco. Cuando se enfada, más vale alejarse de ella hasta que, como si fuera una niña, aprenda a dejar de hacerles daño.

Si te encuentras ante una persona así, no eches más leña al fuego. Si permitimos que venza la ira, no hay ganadores. Habla con ella cuando esté tranquila y sea más capaz de asumir la responsabilidad por cómo te hacen sentir sus arrebatos. No le eches la culpa. Al contrario, muéstrate amable y firme. Evita tenerle miedo, aunque, si te sientes amenazado, deberías alejarte de esa persona. Más tarde, llámala o escríbele una carta o un correo electrónico. Mantén clara tu motivación: no utilices sus problemas para tener ventaja sobre ella en ningún caso. Ayúdala a mejorar de manera consciente. Nadie es perfecto.

EGOCÉNTRICO Y COMPETITIVO

Los Aries pueden ser extremadamente egoístas y egocéntricos, sin detenerse jamás a pensar en las consecuencias de sus actos. También pueden ser unos mercenarios, luchando a favor del mejor postor o poniéndose del lado de quien creen que tiene más probabilidades de ganar. Movidos por sus deseos y pasiones, actúan para satisfacer sus deseos sin pensar si con ello perjudican a alguien. Aries es un líder nato y, por esa razón, puedes engañarte a ti mismo pensando que no necesitas a nadie, pero los humanos somos animales sociales y todos necesitamos tener a buenas personas en nuestra vida. Las personas egoístas rara vez atraen a gente auténtica que permanezca a su lado mucho tiempo. ¿Por qué iban a hacerlo?

También necesitan ganar a toda costa, lo cual no hace más que provocar batallas inútiles y alejar a toda la buena gente que tanta energía han gastado en atraer. La incesante competitividad les impide disfrutar del éxito incluso cuando ganan. El Aries en versión negativa siempre pasa a lo siguiente, sin importarle si alguien sale perjudicado por el camino.

EL APRENDIZAJE
Si tienes una fuerte influencia de Aries en tu carta, tienes que bajar el ritmo lo suficiente para empezar a atisbar lo perjudicial que pueden resultar tus prisas para ti mismo y para los demás. Si eres sincero contigo mismo, sabrás que puedes ser egocéntrico e interesado, así que levántate y haz algo al respecto. Haz un esfuerzo por escu-

char a quienes tienes alrededor; no descartes los problemas de los demás por considerarlos triviales. Tienes que aprender a avanzar en la vida, porque el avance te conecta con tu verdadero objetivo espiritual. Pon las necesidades de los demás por delante de las tuyas sin esperar reconocimiento. Intenta hacer algún pequeño gesto desinteresado cada día: deja que alguien gane o diga la última palabra; dale comida a una persona sin hogar; deja a un lado las prisas y párate a ayudar a alguien que pueda necesitar apoyo, una palabra amable o tan solo un poco de tiempo valioso. Tu recompensa será el sentimiento de satisfacción y la alegría de servir a la comunidad.

Tienes que aprovechar tu vena competitiva para competir con quien eras ayer y ser mejor persona hoy. ¡No te pongas trascendental y ríete de ti mismo; en cuanto te pones demasiado serio se va todo al traste y tu lado negativo gana la partida! Tienes que reconocer la parte de mérito de los demás en tus éxitos. Ignorar su papel es de mal gusto y realmente inadmisible si quieres modelar tu carácter. Cualquier recompensa que obtengas será superficial y efímera.

Si estás lidiando con este comportamiento negativo de Aries en el trabajo, probablemente proceda de un jefe o colega muy competitivo que te quiere pasar por encima. Hay varias formas de gestionarlo, dependiendo de los resultados a que aspires y de cuánto riesgo estés dispuesto a asumir. Tienes que evitar entrar en una guerra; limítate a confiar en tus capacidades. Procura apelar a la mente superior de esa persona (¡todos tenemos una!), responde amablemente y evita disgustarte o utilizar tácticas de victimización. También puedes intentar hacerle preguntas para sondearla con el fin de despertar su conciencia. Sobre todo ten compasión de ella; es obvio que eres una persona a la que desea emular.

Tengo una amiga que muestra conductas propias de la versión negativa de Aries, y a menudo recurro al humor para calmar la situación. Digo algo así como «¡De acuerdo, ya está bien de hablar de ti, volvamos a hablar de mí!». Ella se ríe y fluyen las disculpas. Pero si eso no es conveniente, ten en mente el objetivo de despertar su conciencia, y cuando tome una decisión egoísta, pregúntale: «De acuerdo, ¿qué opina el equipo?» o «¿debería notificarle eso a Fulano?». No te muestres nunca agresivo ni recurras a otros miembros del equipo para que te apoyen, pues para un Aries en su versión negativa eso es como una declaración pública de guerra y empezará a formar un ejército y a alinear las bombas antes de que hayas acabado de comer. Es posible que pierdas tu empleo si el responsable es un alto directivo, pero puede ser bueno afrontar esto con valentía en beneficio de tu propio crecimiento, tu integridad y tus lecciones vitales.

Si trabajas, vives o tienes una relación amorosa con un Aries, empieza siempre diciendo: «Estoy seguro/a de que no lo pretendías, pero...». Los Aries se limitan a actuar, y a menudo no tienen ni idea de que te están afectando de un modo tan negativo. Tienes que ayudarles a que se den cuenta con amor y amabilidad si quieres evitar que suceda.

Haz todo lo posible por abordar cualquier problema de manera abierta y tranquila, absteniéndote de hacer acusaciones directas, pues es probable que Aries explote ante su simple mención. Pídele que tenga en cuenta tus necesidades y, a continuación, explícale cómo te quedas cuando no actúa o cuando no hace lo que le pides. Asegúrate de que tu motivación sea pura y de que con tus actos quieras ayudar a crecer a la persona en cuestión. Entonces puedes mantenerte firme y defenderte.

IMPACIENTE

Aries tiene una inmensa energía, y le gusta que se hagan las cosas. Sin embargo, puede aburrirse fácilmente, así que a menudo empieza cosas y luego las abandona para que otros las acaben. Aries es genial a la hora de motivar a la gente y poner las cosas en marcha; de hecho, al principio es realmente diligente. Sin embargo, en su versión negativa, casi nunca acaba nada.

EL APRENDIZAJE

Si tienes una fuerte influencia de Aries en tu carta, tienes que aprender a acabar lo que empiezas y a cultivar la paz y la tranquilidad, como ya hemos visto. En este contexto me parece útil comparar a Aries con su signo opuesto, Libra. Libra también tiene que aprender sobre la paz y la tranquilidad, pero desde el punto de vista contrario. Libra a menudo cede demasiado para mantener la paz y luego se resiente si sus necesidades no se cumplen o son ignoradas. Aries no suele pensar en sus acciones lo suficiente para que reine la paz: o estalla en un berrinche, o bien se va en busca del siguiente proyecto, la siguiente persona o el siguiente reto.

Si ese es tu caso, puedes beneficiarte de cualquier cosa que consuma la energía de alto octanaje generada por Aries. El deporte suele ser la solución, y los entrenamientos intensos pueden resolver muchos problemas. Se ha demostrado que el ejercicio físico produce una sensación de energía tranquila, por lo que supone un doble beneficio para Aries, ya que te ayudará a ser menos impetuoso y explosivo.

También te resultará útil desarrollar tu capacidad de permanecer en una situación o de dedicarte a una tarea después incluso de sentir el deseo de pasar a otra, lo cual es típico de Aries. No es que siempre seas de los que, por naturaleza, llegan hasta el final de las cosas, pero a veces todos tenemos que obligarnos a trabajar en algo hasta su conclusión por nuestra propia satisfacción de haberlo logrado. La clave es ser consciente de esos rasgos y trabajar poco a poco en tu determinación de llegar al final.

Si vives o trabajas con un Aries inquieto, trata de ayudarle a calmarse el tiempo suficiente para que entienda lo que está haciendo. Ayúdalo yendo a correr con él y luego haciéndole consciente de lo relajado que se siente. Es conveniente ayudarle a descubrir formas de relajarse, y podrían probar juntos varios métodos como el ejercicio físico, la meditación, tocar o escuchar música, cocinar, etcétera. Si trabajas con un Aries, ayúdale a adquirir el hábito de tachar de la lista las tareas realizadas, lo cual le animará a acabarlas. Si es realmente brillante y productivo en otros ámbitos, tal vez podrías asignar a alguien para que le apoye. Prueba con un colega en cuya carta tenga una gran influencia Tauro.

ARIES
EN VERSIÓN POSITIVA

DINÁMICO

En su versión positiva, Aries es apasionado, comprometido, fascinante e inspirador. ¡Son emprendedores y superdinámicos, sumamente atractivos y atractivamente apasionados, rebosantes de entusiasmo y estilo, absolutamente irresistibles! Rápidos e intensos, dinámicos y eficaces: aquellos de ustedes que son conscientes saben que, si aminoran el paso el tiempo suficiente para contemplar la visión de conjunto, pueden suceder grandes cosas..., ¡y realmente suceden!

EL APRENDIZAJE

Tienes que aprender que, si bien la velocidad y la agilidad son a veces fundamentales, bajar el ritmo lo suficiente para que llegue la inspiración y tener en cuenta los detalles es igual de importante. Y cuidado con la propensión a sufrir accidentes. ¡Tu tendencia a moverte de un lado a otro a toda velocidad puede hacer que acabes en el hospital si no tienes cuidado!

INNOVADOR

Tienes la habilidad de poner en marcha proyectos y empresas, y sueles sentirte cómodo empezando cualquier cosa de cero o respaldando algo nuevo e innovador. Tienes muchas ideas y trabajas con una actitud natural progresista que puede motivar a la gente a unirse a ti. ¡Y se te suele dar muy bien que la gente haga exactamente lo que quieres!

EL APRENDIZAJE

Los Aries nacieron para innovar y ser pioneros, pero tienen que trabajar en proyectos que valgan la pena y centrarse en mantener dichos proyectos y tener relaciones sanas con los demás durante largos periodos de tiempo. La enseñanza más valiosa que pueden extraer es aprender a canalizar su inmensa energía hacia proyectos que ayuden a los demás aparte de a ustedes mismos.

VALIENTE

Sin miedo a salir en defensa de los desvalidos, Aries es valeroso y batallador. Forman alianzas temibles y son amigos, compañeros y líderes fuertes, valientes y audaces. Habitualmente, se sienten cómodos ante el riesgo, no tienen miedo a rebelarse contra las costumbres y combaten los regímenes obsoletos o las normas estúpidas con una sonrisa, un equipo y un plan.

EL APRENDIZAJE

Los Aries pueden ser grandes líderes, pero solo si dominan el arte de «liderar con el ejemplo», así que ser consciente de las necesidades y opiniones de los demás es un aprendizaje de por vida que les permitirá lograr cosas aún más importantes.

Tomemos como ejemplo al fundador de Facebook, Mark Zuckerberg. Tiene a Mercurio (la mente y la manera de comunicarse) en Aries y una vena competitiva muy importante. Nunca se duerme en sus laureles. Trata constantemente de traspasar los límites en el ámbito digital y se esfuerza siempre por mejorar Facebook. También es célebre por poner por delante a su equipo, lo cual indica que se trata de una persona que lidera desde el frente. En el lado no tan positivo, Aries puede tener tendencia a ir a la guerra y luchar por el puesto de mandamás. Desde que se inventó Facebook, Zuckerberg se ha visto inmerso en batallas legales con los gemelos Winklevoss, que afirman que la idea fue suya. Cuando Eduardo Saverin, cofundador e inversionista original de Facebook, no consiguió más inversiones, fue puesto de patitas en la calle y decidió interponer una demanda. La Luna de Saverin está en Escorpio, y no es probable que Escorpio se rinda sin luchar. Ahora es un multimillonario que renunció a la ciudadanía estadounidense en un gesto que fue considerado una forma de eludir el pago de impuestos, acusación que él niega. Zuckerberg no es célebre por compartir fácilmente el puesto de mandamás. Podría decirse que Aries es supercompetitivo y que le gusta luchar, pero también provoca la competencia y la lucha en los demás.

AMOR

En versión positiva, un Aries enamorado es simplemente fabuloso. Haces que tu pareja se sienta tu prioridad, pones sus necesidades por encima de todo y te libras encantado de cualquier competencia. Eres fascinante y espontáneo, siempre dispuesto a salir volando a explorar la selva o a sumergirte en el mar. Eres generoso y te gusta cubrir a tu pareja de atenciones y regalos que le encanten.

Las personas nacidas bajo el signo de Aries suelen tener un fuerte apetito sexual y un gran poderío físico. Son unos amantes fantásticos y audaces, y cuando su pareja se adapta a su energía, son indudablemente leales y fieles. Sin embargo, también puede ser conveniente que se calmen en este ámbito. Traten de incorporar paciencia y sensualidad si son muy rápidos y apasionados.

Aries tiende a perseguir ardientemente al principio, pero en su versión negativa puede convertirse en alguien difícil de conservar, porque se aburre muy rápido. Muestran tendencia a apreciar lo nuevo y descartar lo viejo una vez pasada la atracción inicial. Huyen en cuanto se requiere algún tipo de esfuerzo, o bien actúan de tal manera que hacen que su pareja los abandone, para reducir así su sentimiento de culpa. La forma de abordar esto es atraer a una pareja polifacética que sea profunda y, siempre que sea posible, profundizar en los vínculos establecidos, en lugar de permitir que se estanquen. Es inteligente saber que en la vida hay lecciones que aprender y recordar que, si te aburres o inquietas, la hierba no siempre es necesariamente más verde al otro lado de la valla. Intenta regar la hierba que tienes. Hablen con sus parejas y procuren encontrar soluciones en lugar de escabullirse.

Una de mis clientas, con el Sol, Mercurio y Venus en Aries, se casó con un Géminis e, indudablemente, lo trae de cabeza (¡cosa necesaria!) con su inteligencia e ingenio. Él es fiel, está comprometido con ella, y su pasión hace que ella mantenga también el interés. Ya ves, ambos signos tienen que lidiar con la maldición del aburrimiento, así que la combinación funciona.

Si tienes una relación sentimental con un Aries, tienes que estar seguro de poder estar a la altura a todos los niveles. Les encanta sentirse cazadores y ganar un gran premio, así que no te muestres demasiado fácil o es posible que pierdan el interés. Si alguien parece valer la pena, se aferrarán a esa persona y lucharán por la relación; si una persona les parece superficial, no se preocuparán por ella o se aburrirán enseguida y se cerrarán, o incluso le serán infieles. Puedes contrarrestar esto manteniendo abiertas las líneas de comunicación, planeando actividades intensas que realizar juntos o centrándote en mantener viva la pasión entre ustedes.

TRABAJO

En el trabajo, un Aries en versión positiva es muy dinámico y poderosamente persuasivo. Pueden hacer que sucedan cosas con las que otros únicamente sueñan. Los Aries más felices suelen trabajar como autónomos o, como mínimo, en un entorno progresista. A menudo se sienten atraídos por la gestión de proyectos. Les gusta marcar nuevas tendencias y cumplir objetivos. Ambiciosos y resueltos, quieren ganar y están dispuestos a asumir los riesgos calculados que les aseguren que van a «arrasar». Su lema podría ser «tienes que ir por todas» o «la suerte está de tu lado».

En general, Aries necesita independencia y autonomía, y por el hecho de ser tan buenos emprendedores, habitualmente les va mejor un trabajo en el que tengan libertad, la oportunidad de innovar y el potencial de liderar con el ejemplo. Si las circunstancias de la vida les impiden seguir este camino y se sienten frustrados, busquen otra cosa al margen y construyan poco a poco un nuevo proyecto, ya sea una empresa, una marca o una idea.

Hablando de liderazgo, siempre están en busca de nuevos retos y proyectos, inspirando y motivando a otra gente por el camino. Habitualmente, son líderes intrépidos que prefieren que se les dé rienda suelta para hacer lo que consideran necesario para avanzar en lo personal y hacer avanzar a la empresa.

Por otro lado, su instinto agresivo puede ser desastroso para su propia trayectoria profesional y una pesadilla para todos los que trabajan con ellos. En su versión negativa son muy malos perdedores y pisotean a la gente sin pensarlo. Siempre están dispuestos a batallar con presuntos enemigos y no les interesa la paz, que a fin de cuentas no es productiva. Si no son capaces de liderar, pueden adoptar una actitud pasivo-agresiva.

Un cliente con el que trabajé siempre estaba en guerra con alguien. Cuando empecé a trabajar con él, advertí sus batallas internas y le sugerí que pusiera paz en su vida. Todo eso le venía del hecho de haberse sentido indefenso cuando era pequeño por culpa de un padre autoritario, así que ahora, utilizando su posición y su dinero, demanda a todo aquel que se interpone en su camino y es agresivo a más no poder: soltero, sin hijos y carente de un grupo de amigos sinceros, sigue siendo infeliz. Intenté ayudarle a darse cuenta de que ese tipo de batallas siempre empiezan en el interior y que, en ocasiones, hay que ceder, confiar en el universo y avanzar. Rompió por la mitad la última factura de mis honorarios y me dejó de hablar. Dejé que se fuera. Esa es la versión negativa de Aries.

Otro cliente y gran amigo Aries es una verdadera superestrella: un galardonado director y realizador de televisión que nunca ha tenido miedo al riesgo. Invierte su propio dinero para encontrar, crear y financiar proyectos, y luego intenta vender sus trascendentales películas a personas trajeadas que son quienes tienen el dinero. Después de muchos años de portazos, por fin llegó su momento y está ganando premios a diestra y siniestra. Los dos nos reímos cuando la gente le recuerda la suerte que tiene. ¿Suerte? Yo lo llamo tenacidad, valor para ir tras su pasión, visión, y las agallas suficientes para correr riesgos, hacer sacrificios y negarse amablemente a aceptar un «no» por respuesta. Es un Aries en su versión absolutamente positiva, y eso se ve reflejado en su trabajo.

SALUD

En su versión negativa, Aries tiene que bajar el ritmo. Siempre vas al límite, tanto mental como físicamente, y corres el riesgo de que un día te pases de la raya, lo cual puede acarrear graves consecuencias. Si tienes la suerte de no haber sufrido problemas de salud hasta la fecha, ello suele indicar que tienes una gran actividad de la Tierra o de un signo de agua en tu carta, lo cual calma las aguas, por así decirlo. Pero no confíes en que vaya a ser siempre así.

Puedes ser impetuoso y propenso a sufrir accidentes. De nuevo, eso significa que tienes que bajar el ritmo y pensar antes de actuar. Tu impulsividad te desconecta de la voz de la razón y la estrategia, y hace que tu comportamiento sea exclusivamente reactivo, cosa que, a la larga, no beneficia a nadie.

En tu versión positiva te gustan las actividades que mantienen tu forma física al más alto nivel, pero también sabes que tienes que bajar el ritmo, así que practicas juegos de estrategia como el ajedrez y pasatiempos mentales como el sudoku. El deporte de competición te atrae, por supuesto, pero el Aries en versión positiva es deportista y disfruta con la emoción de cualquier competición, juego o torneo.

La meditación es buena para todo el mundo, pero es especialmente importante para los signos de fuego como Aries, que necesitan más Tierra en sus vidas, a través de la calma, la estabilidad y la coherencia.

EL AJUSTE DE ARIES

1. **Baja el ritmo.** Tienes que hacer sitio en tu agenda y en tu cerebro para pensar en los pasos que estás dando. ¡Cuidado con la superficialidad de una vida ocupada!

2. **Haz ejercicio con regularidad** y practica deportes intensos o competitivos como el *spinning*, el tenis, el futbol de salón, el *netball* o las artes marciales.

3. **Aprende a relajarte.** Aprende a meditar y relájate aunque no estés agotado. Sé más amable contigo mismo: si siempre vas a toda velocidad, te pierdes la magia del momento.

4. **Descubre tu pasión** y ve tras ella, pero no la conviertas en otra competición. No tienes que ser la próxima Billie Holiday, pero hacer algo positivo que te emocione te ayudará a canalizar tu energía de maneras que te resulten de utilidad.

5. **Céntrate en acabar las cosas.** Esto fortalecerá tu aura (el campo protector energético que te rodea) y hará que te sientas más realizado.

6. **Administra tu energía.** Si tienes ataques de rabia, haz algo antes de que eso arruine tu experiencia vital y aleje de ti a la gente buena. Hay muchas maneras de hacerlo, pero ser honesto es siempre el primer paso. Asimismo, no llegues al punto del agotamiento, ya que esto crea un hábito muy malo y puede ser perjudicial para tu salud a largo plazo.

— TAURO —
EL ARQUITECTO

SIGNO FIJO DE TIERRA

OPUESTO A ESCORPIO

SEGUNDO SIGNO DEL ZODIACO

SEGUNDA CASA

REGIDO POR VENUS

En su versión positiva, Tauro es elegante, tenaz, realista, y uno de los seres de mayor talento de la Tierra. Tienen una tremenda habilidad para encontrar soluciones, arreglar y confeccionar cosas, y atraer recursos. Todas las personas polifacéticas que conozco tienen a Tauro ocupando un lugar destacado en sus cartas.

No puede haber mejor ejemplo de esto que Leonardo da Vinci, famoso por haber sido uno de los seres con más diversas habilidades y múltiples talentos que jamás haya existido. Es célebre principalmente por sus obras pictóricas, como la *Mona Lisa* y *La última cena*, pero sus cuadernos contienen dibujos científicos intrincados y exquisitos que se adelantaron a su época, y se le atribuye la «invención» del tanque, el helicóptero y el paracaídas. Da Vinci también contribuyó a la formación de muchos estudiantes a lo largo de su vida, lo cual es típico de la versión positiva de Tauro. Muestran tendencia a sentirse cómodos con su talento y, además, apoyan y fomentan el ajeno. ¡Rasgos muy típicos de Tauro!

Pero también pueden ser individuos testarudos, materialistas, avariciosos, posesivos y tan desconectados de ustedes mismos que no se dan cuenta de su profundo anhelo espiritual de gozar de experiencias reales y rodearse de personas sinceras y auténticas.

Tauro tiene una profunda conexión con la naturaleza, y algunos astrólogos creen que tienen la misión de actuar como guardianes y custodios de la Tierra. Sea cual sea tu creencia personal al respecto, según mi experiencia, las personas nacidas bajo el signo de Tauro suelen encontrar en la naturaleza una gran fuente de sanación. La Madre Tierra es una de las claves para que Tauro encuentre la verdadera felicidad. Y rodearse de autenticidad es esencial para el crecimiento personal de Tauro.

Algunos creen que Buda era Tauro. Renunció a los vínculos terrenales para encontrar soluciones al sufrimiento y buscar el sentido de la vida. Buda se sintió tan desilusionado por la pompa superficial que le rodeaba en el palacio real de sus padres que lo abandonó y emprendió una búsqueda de la causa del sufrimiento humano. Llegó a la conclusión de que la iluminación era la única forma de trascender al sufrimiento, así que se sentó obstinadamente bajo un árbol y meditó hasta que por fin le llegaron las respuestas.

Antes de sumergirnos en los rasgos negativos y positivos de Tauro, recordemos rápidamente cómo interpretarlos. Puede que no expreses todos los rasgos negativos en tu propio carácter (ni los positivos, ¡aunque la gente suele adjudicárselos mucho más rápido!), sino que más bien estés atrayendo esos problemas de otras personas. En cualquier caso, las características negativas son tu lado oscuro, y reconocerlas te ayudará a avanzar hacia las positivas. Como suelo decir, el lado oscuro no me da miedo. Todo el mundo tiene uno. ¡Muéstrale la luz!

TAURO
EN VERSIÓN NEGATIVA

AVARICIOSO Y MATERIALISTA

A los nativos de Tauro les encantan las experiencias placenteras y disfrutan de las cosas buenas de la vida. Quizá pienses que eso no tiene nada de malo, y realmente es así, pero, si un Tauro carece de perspectiva, ello puede tener un par de consecuencias desafortunadas. La primera es bastante leve, pero aun así puede resultar problemática: no te gusta mucho compartir, así que preferirías que la gente no utilice tus dispositivos, no tome prestada tu ropa o no pique de tu comida. Tauro a menudo se apega mucho a sus cosas y, más en serio, a sus relaciones. (Habitualmente, prevalece tu naturaleza generosa, y a menudo acabas comprándole a alguien su propio dispositivo para, de esta manera, no tener que compartir el tuyo.)

El problema se agrava un poco cuando tu necesidad de tener más de todo te impulsa a asociar el valor (el tuyo propio y el de los demás) con las posesiones. Por lo general, la versión negativa de Tauro es avariciosa, y esperas equivocadamente que un exceso de comida, bebida y cosas materiales te haga feliz. Esta actitud puede impedirte acceder a tu verdadero yo y reduce tu potencial para atraer a buenas personas y experiencias felices a tu vida. Lo mejor para Tauro es la simplicidad. Esta tendencia también puede volverte superficial, hasta el punto de resultar una persona sosa o aburrida. En el peor de los casos, corres el riesgo de vivir una vida vacía impulsada por el materialismo y los celos. No hace falta decir que esto puede alejar a los demás.

EL APRENDIZAJE

Si tienes una fuerte influencia de Tauro en tu carta, en lugar de ceder a las ansias de tener los últimos dispositivos y la ropa y los zapatos más caros, harías bien en ir a pasear descalzo por tu jardín o por un parque. ¡Es una manera mucho más sana de alegrar tu corazón! Recuerda que tu mayor aprendizaje tiene que ver con la auténtica experiencia y el poder de la naturaleza para conectar con tu máxima energía. Sal y aléjate del asfalto. Ve al campo, cuanto más agreste mejor. Incluso el parque local a la hora del almuerzo hará que te sientas mucho mejor.

Si vives o trabajas con un Tauro, su inclinación a ser un poco avaricioso, a no compartir y a priorizar las ganancias materiales por encima de todo lo demás puede ponerte tenso o hacerte llorar, dependiendo de tu propio contexto astrológico. Pero puedes hacer muchas cosas para ayudarte a ti mismo y al nativo de Tauro al que aprecias.

La mayoría de los Tauro sienten una fuerte atracción por la Madre Tierra. A veces, simplemente necesitan algo que les recuerde que hay todo un mundo hermoso, natural (¡y gratis!) por explorar, más allá de los restaurantes, los coches rápidos o las compras por Internet con un solo clic. Acompáñalos en esos paseos por el campo.

Una vez trabajé con un hombre que era muy materialista. Tenía a Júpiter en Tauro (Júpiter muestra qué signo tendemos a llevar al extremo). Era un tipo realmente estupendo, pero estaba muy condicionado por su amor por los dispositivos electrónicos y los coches que consumen mucha gasolina. Solía enseñarle las estadísticas sobre el cambio climático, pero nunca me hacía caso. Entonces, tras el nacimiento de su primer hijo, le enseñé las últimas estadísticas sobre el tema. Su mujer me contó, años después, que cambió los coches familiares por vehículos híbridos. «Tenemos que poner nuestro granito de arena», le dijo a su mujer. ¡Tuvieron que pasar algunos años, pero al final entró en razón! Así es como funcionan a menudo los nativos de Tauro: tienes que plantar las semillas y tener paciencia. ¡No presiones!

Si ya se impuso la parte negativa y se convirtió en envidia de las vidas y posesiones de otras personas, has de tener mucha paciencia y grandes dosis de inteligencia. Los Tauro son personas testarudas, pero les encanta solucionar problemas, así que tu primer paso es que reconozcan la cuestión como un problema y, a continuación, trabajar con ellos para encontrar la solución. A partir de ahí, es cuestión de aprovechar su sensibilidad realista para encontrar soluciones que les funcionen.

⊖ EGOÍSTA Y DESCORTÉS ⊖

Tauro valora la comodidad, el placer, la belleza y las cosas refinadas, como cabría esperar de un signo regido por Venus, aunque eso puede llevarlo a engaño. Quienes solo valoran la belleza superficial o los bienes materiales en sus parejas sentimentales y sexuales, por ejemplo, suelen acabar atrayendo únicamente la superficialidad, impidiéndoles conectar con el verdadero y estimulante potencial del camino de Tauro. Luchan con la autoestima, malinterpretan lo que es realmente valioso y pueden ser extremadamente descorteses. Aquellos que creen que cuanto más tengan, más felices serán, a menudo acaban perdiéndose pequeñas muestras de bondad y pisoteando las esperanzas y los sueños de los demás. Tauro puede ser como un toro furioso en una cristalería en su intento egoísta de lograr que se cumplan sus deseos a corto plazo. Movidos por una inconsciente necesidad de acumular sus propios recursos para compensar la falta de autoestima, a menudo se equivocan enormemente.

EL APRENDIZAJE
Si tienes una fuerte influencia de Tauro en tu carta, tienes que mantener tus deseos bajo control para liberar espacio para experiencias vitales más profundas y significativas. La incesante necesidad de

búsqueda de bienes y placer es algo que tendrás que controlar siempre que la sientas, tanto en ti mismo como en tus seres queridos o en tus socios comerciales. Procura centrarte en encontrar el placer en las cosas sencillas, en la humanidad y bondad de la buena gente. Apoya a los demás y sitúate en segundo plano, como la casa a la que se asocia tu signo.

Si vives o trabajas con un Tauro, procura respetar sus límites, pero explícale que compartir y ayudar a los demás también le hará sentirse bien. Asegúrate de mostrar reconocimiento cuando lo haga y recuérdale lo bien que eso les hace sentir a ti, a la familia, al equipo y a su propio ser.

IMPLACABLE Y OBSTINADO

Tauro puede guardar rencor durante muchas vidas, volviéndose inflexible cuando le llevan la contraria y culpando a los demás de cualquier adversidad a la que se enfrente. Como sucede con las personas fuertemente influidas por Escorpio (el signo opuesto a Tauro), pueden obsesionarse por cómo los demás los han perjudicado. Esto es peligroso, ya que provoca una acumulación de resentimiento, lo cual puede hacer que sea desagradable tratar con los nativos de Tauro. Y lo que es peor, puede obstaculizar gravemente su felicidad y su capacidad de crecer.

EL APRENDIZAJE

Si tienes una fuerte influencia de Tauro en tu carta, harías bien en recordar que *transformación* es una palabra clave para Tauro (igual que para Escorpio). Escorpio la provoca y Tauro tiene que asumirla. La ignorancia puede dejar a Tauro sumido en toda una vida de rencor cimentada en el resentimiento, la envidia y los celos, todo ello motivado por la falta de autoestima y por el hecho de valorar lo que no debes. Quienes se aferran a percepciones y juicios limitados y tienen una mente cerrada, corren el riesgo de que sus cuerpos también se cierren. La tensión en el cuello y en los hombros son dolencias habituales en los nativos de Tauro que actúan así.

Conozco a un hombre que tiene a Saturno en Tauro (Saturno y el signo en que se ubica indican la energía de qué signo tenemos que esforzarnos por controlar; véase «Los signos», páginas 112-310) y que solía echarle la culpa a todo el mundo de todo lo que iba mal en su vida. Gritaba a los demás conductores en la calle y se pasaba la vida acumulando listas de quejas. Además, sufría terribles molestias en el cuello y la espalda. Un día, su nieta de cinco años fue a visitarlo y cuando él le dijo que la había echado de menos, ella respondió inocentemente: «Pero es que estás siempre tan enojado que prefiero quedarme jugando con mis muñecas». Aquello lo despertó. A nadie le gusta estar rodeado de negatividad, y la culpa es un juego de perdedores que aleja de nosotros a nuestros seres queridos.

Tienes que aprender a deshacerte del rencor y asumir la responsabilidad de tus propios errores. Es mucho mejor tener compasión de quienes te han perjudicado y recordar que cada mala acción o cada palabra desagradable genera un karma negativo del que no hay escapatoria. (¡Esto vale tanto para tu propio rencor obstinado como para los comportamientos de los demás!) Perdonarte a ti mismo y a los demás te liberará para que puedas dedicarte a mejorar cultivando la honestidad, y te hará más feliz.

Tu obstinación tiene que transformarse en tenacidad, un rasgo muy valioso en cualquier situación, y especialmente gratificante si te esfuerzas en alcanzar objetivos complicados aunque positivos, tales como una visión más elevada o una causa noble.

Si vives o trabajas con un Tauro, lo principal es entender que no actúa así a propósito, sino que está en su esencia. No es que la ignorancia sea una excusa para el mal comportamiento, pero sí debería despertar tu compasión y paciencia. Si tratas con un Tauro que es implacable y guarda rencor, puedes ayudarle. Recuérdale que eso no solo es desagradable, sino que es gravemente perjudicial para su persona. Con determinación es posible perdonar, incluso en las más terribles circunstancias. A veces les pido a clientes a los que les cuesta perdonar que se centren en el ejemplo de Nelson Mandela. Cuando por fin fue liberado después de pasar veintisiete años en la cárcel, un periodista le dijo: «Debe de sentir odio hacia los responsables de su encarcelamiento». Él respondió: «No, no siento odio, porque, si lo sintiera, seguiría en la cárcel».

ENVIDIOSO Y CELOSO

Tauro lucha con estas dos plagas. Como le sucede a su signo opuesto, Escorpio, en su versión negativa, Tauro se ve acosado a menudo por el embate de los celos. Pero, por desgracia, también tienes que lidiar con la envidia. Los Tauro no solo son propensos a sentir celos en sus relaciones y a mostrarse posesivos con el tiempo, el afecto y la atención de sus parejas, sino que tienden a envidiar lo que otras personas han logrado o adquirido.

Recuerda que aunque la envidia y los celos no se manifiesten a través de tu propio comportamiento, puede que los atraigas de otras personas. Casi con toda seguridad tendrás que afrontarlos en algún momento, y posiblemente, a lo largo de tu vida. Uno de los principales aprendizajes vitales es aprender a transformarlos.

EL APRENDIZAJE

Si tienes una fuerte influencia de Tauro en tu carta, es posible que se te presenten muchas oportunidades de aprender a transformar la envidia y los celos mediante el poder de la aceptación, la autoestima y el amor al prójimo.

Si sufres envidia, debes apartarte de la persona o la situación que la provoca y trabajar seriamente al respecto. Unos cuantos signos se ponen celosos (Leo y tu signo opuesto, Escorpio), pero en tu caso se manifiesta como resentimiento. Tienes que empezar por ser honesto contigo mismo y responsabilizarte de tu vida. No compares lo que tienes con lo que tienen los demás. Siempre habrá personas más triunfadoras, más hermosas y más afortunadas; eso forma parte de su buen karma, e incluso aunque parezcan no merecerlo, no te corresponde a ti juzgarlo. Lo mejor es que corrijas tu actitud y te alegres por ellas, además de agradecer lo que ya tienes.

Si vives o trabajas con un Tauro atenazado por la envidia o el resentimiento, puede ser muy difícil tratar con él. Una pareja celosa y posesiva es especialmente complicada. Según mi experiencia, esto se debe al hecho de que ellas mismas no son dignas de confianza y, por tanto, te acusan para librarse de la culpa, o bien a que son profundamente inseguras. En cualquier caso, no caigas en la tentación de convertirte en su terapeuta. En lugar de eso, anímalas a que afronten su conducta y obtengan ayuda profesional imparcial. Esos dos defectos destruyen vidas, así que tómatelos en serio. La clave fundamental para superarlos es la honestidad.

Otras situaciones son menos graves, aunque no por eso dejan de ser desagradables. Procura ser paciente. ¡Casi siempre vale la pena! Intenta animar al nativo de Tauro para que despierte, dándole la oportunidad de hablar honestamente y sin juzgarlo.

Yo tuve un amigo Tauro que, para sus adentros, tenía muchos celos de mí, y yo provocaba al monstruo celoso que llevaba en su interior porque era joven, estaba harta de su comportamiento y era traviesa. Pero ¡esa no es la manera de actuar! Lo mejor es preguntarle directamente si quiere lo que tú tienes y tratar de animarle a encontrar algo parecido (¡obviamente, esto no funcionará si quiere a tu pareja!). En cualquier caso, no aceptes su comportamiento, sino afróntalo con amabilidad, con amor.

TAURO
EN VERSIÓN POSITIVA

TALENTOSO Y SERVICIAL

Tauro tiene que ver con el talento. Puedes hacer la mayoría de las cosas y tienes una habilidad especial para solucionar problemas y arreglar aquello que se ha roto. Los más exitosos entre ustedes parecen tener un don para reconocer el talento en los demás, el cual fomentan generosamente, a menudo ofreciéndoles orientación, estructura, apoyo y recursos valiosos.

La combinación de practicidad, fiabilidad, paciencia e ingenio de Tauro los convierte en la mejor fuente de apoyo para amistades, familiares, amantes y colegas. Tauro es el amigo de por vida de nuestros sueños: genuinamente motivado para ayudar y fiel hasta el extremo. Escuchan a los demás pacientemente durante horas y, a continuación, les proponen una solución genial y práctica.

Siempre me siento atraída por personas con la Luna en Tauro, ya que son mis mejores apoyos, ¡y suelen tener una fantástica mano para la cocina! También tengo un amigo que tiene a Júpiter en Tauro y es una de las personas con más talento que conozco: compone música, monta los vídeos que la acompañan y es el mejor estilista que he visto en mi vida. Mis amigas y yo tenemos que atraerlo a nuestras casas con comida casera y rogarle que nos corte el pelo.

EL APRENDIZAJE

Es importante que cultiven su talento, ya que ello es garantía de que aumentará su satisfacción en la vida. Si no eres lo bastante afortunado para utilizarlo en el trabajo, trata de que se haga realidad de alguna otra forma. Si eres un gran cocinero, organiza cenas e invita a buenos amigos; si compones música, súbela a Internet y compártela gratuitamente. Alimentar el talento ajeno te hace sentir bien a muchos niveles y deposita enormes cantidades de crédito kármico en tu banco personal, así que ¡manos a la obra!

—○ INGENIOSO Y PRÁCTICO ○—

Los Tauro son productores por naturaleza, y dan lo mejor de sí a la hora de hacer realidad sueños e ideas, tanto propios como de otras personas. Habitualmente, les hacen sentir más cómodos los proyectos prácticos que las ideas elevadas: si no ven el valor de algo, suelen negarse a ir tras ello. Sin embargo, cuando apoyan una idea, resisten hasta el final, contra viento y marea, para acabar la tarea que tenéis entre manos o cumplir sus promesas. (¡Esa famosa obstinación de los Tauro resulta realmente útil cuando se transforma en tenacidad!) Dotados de gran habilidad en cuestiones prácticas, los nativos de Tauro también tienen muy desarrollado el sentido de la estética, así que hacen bello lo que construyen. Su mejor versión surge cuando construyen cosas lentamente, pero teniendo muy presente el disfrute: de ahí el título de «el arquitecto».

EL APRENDIZAJE

Necesitas un plan firme antes de poder convertir algo en realidad. Explícaselo a la gente y pídele que cumpla. Cuando creas o construyes algo, habitualmente durará, ya que se asienta sobre cimientos firmes. Las cosas que requieren tiempo normalmente se te dan bien: si algo es flor de un día, no te satisface.

⊖─ PROTECTORES DE LA VIDA, LA ENERGÍA ─⊖
Y EL MEDIO AMBIENTE

Cuando los nativos de Tauro son conscientes de cómo utilizan su energía, son unos de los mejores protectores del zodiaco. Muchos se dedican pacientemente a cultivar semillas con deleite, a menudo en sentido literal, ya que la jardinería es una actividad muy típica de Tauro. La tierra en sus manos es como el maná del cielo, mientras que la paciencia y el amor necesarios para crear y mantener un jardín se asocian a la versión positiva de Tauro. Aun cuando no dispongan de mucho espacio al aire libre, pueden tener plantas de interior o cultivar hierbas aromáticas en el alféizar de la ventana.

EL APRENDIZAJE

Tauro está en la Tierra para defender la naturaleza, cuidarla y aprovechar su poder. Las personas nacidas bajo el signo de Tauro, o aquellas con gran influencia de Tauro en su carta, tienen que salir al exterior con regularidad para restablecer y aumentar su energía terrenal. Erróneamente, muchas se rodean de cemento o se bombardean con corrientes eléctricas procedentes de los dispositivos y artilugios más caros, los cuales nunca les proporcionarán verdadera comodidad y acabarán por hacer que se sientan resentidos, irritables y profundamente infelices.

Quienes no se sientan atraídos por la jardinería tienen que encontrar otra actividad que les permita crear algo desde cero. Podría ser cualquier cosa, desde una escultura hasta ritmos para un tema musical, una espectacular obra arquitectónica o un exquisito plato de comida. El viejo proverbio de «hasta la más larga caminata empieza por un pequeño paso» describe perfectamente a Tauro. Quienes contribuyen a proteger el planeta y a otros seres irradian una energía capaz de atraer todo lo que necesitan.

AMOR

En su versión positiva, Tauro es una pareja en la que se puede confiar, fiel, generosa y comprometida, que permanece al lado de su amor en cualquier circunstancia. Valoran las necesidades de su media naranja por encima de las propias y son el signo más comprensivo de todos. Tienen todos los ingredientes necesarios para formar una unión duradera basada en el respeto y la confianza. Los Tauro son unos amantes fantásticos y efusivos, que rezuman sensualidad y la aprecian. Atentos, sensuales y dulces, gozan del placer, tanto del suyo como el de su pareja.

Los Tauro prefieren solucionar los problemas de una relación antes que admitir una derrota. En su versión positiva, un Tauro será normalmente el último hombre o la última mujer que quedará en pie, tal es su determinación de afrontar el problema y seguir adelante. Tauro valora la tradición y los valores morales sólidos. Las relaciones inestables no les motivan y la mayoría se comportan como compañeros, amantes y padres comprometidos.

De hecho, las relaciones esporádicas no son algo especialmente bueno para Tauro. Tienen que dar forma a la relación poco a poco y con seguridad sobre una base sólida. Por esa razón, cuando mejor les va es cuando conocen bien a una pareja potencial antes de contraer un compromiso a largo plazo o hacer promesas que tal vez no se cumplan; odian incumplir las promesas.

Su tendencia a la rigidez puede hacer que surjan problemas. Cuando no se cumplen sus expectativas, pueden volverse obstinados, complicados y resentidos con su media naranja. Y el peor escenario posible es, sin duda, muy desagradable. Los Tauro pueden ser las parejas más celosas y posesivas, realmente terribles a la hora de compartir. Tienen envidia de las amistades de su pareja, e incluso abren una brecha entre ella y sus amistades si se sienten amenazados. Todo esto deriva de su falta de autoestima.

Una de mis clientas y su expareja son Tauro. Se amaban y se peleaban con pasión. Ella pertenecía a una familia muy adinerada y él había crecido en la pobreza. Ella tenía muchos amigos y él, muy pocos. Estuvieron juntos y enamorados durante años y ella trató repetidamente de apoyarlo, hasta que la falta de autoestima de él y su inseguridad provocada por el círculo social de ella y sus diferentes orígenes le hicieron volverse tan agresivo, celoso y posesivo que aquello acabó con su amor e hizo que ella se alejara de él. Si él hubiera trabajado para controlar sus celos, podrían haber tenido una oportunidad. Era un ejemplo paradigmático de la versión negativa de un Tauro enamorado.

Debes aprender a forjar tu propia autoestima; trabaja en lo que no te gusta de ti para crear un conjunto de valores sólidos. Aprende a tomarte las cosas con calma en las relaciones y asegúrate de que no te vuelvas una persona posesiva. Si confías en ti mismo y en los demás, todo irá bien. Si alguien traiciona esa confianza, puede que signifique simplemente que existe alguien mucho mejor para ti: abre tu corazón en todo momento y escucha a tu intuición en lugar de a la paranoia. Si tu pareja está provocando sentimientos de posesión, díselo, y dale la oportunidad de explicarse y de modificar su comportamiento (siempre que tu petición sea razonable, haya sido realizada con una motivación sincera y no sea fruto de unos celos inútiles).

Si tienes una relación sentimental con un Tauro, tienes que darle mucho afecto. Necesita contacto físico y sensualidad por parte de su pareja, especialmente si tiene a Venus o a Marte en Tauro.

Si se vuelve una persona obstinada, utiliza amablemente el humor y la razón para sacarla de ese hábito. Lo peor que puedes hacer es presionar a tu pareja, lo cual probablemente solo hará que se obstine. En lugar de ello, deberías plantar las semillas, dejarlo en paz y permitir que las cosas se desarrollen a su ritmo. Hablando de ritmo, los Tauro necesitan tiempo para adaptarse al cambio, así que lo mejor para todo el mundo es respetar eso.

Por último, en caso de duda, ¡dale de comer! Necesitan alimentarse y nutrirse bien. Si haces todo esto, la persona de signo Tauro te recompensará con una fidelidad que supera la prueba del tiempo.

TRABAJO

Tauro es el signo más talentoso, servicial e ingenioso, y en su versión positiva, los Tauro habitualmente pueden garantizar que cualquier idea se convierta en realidad. Son pacientes, comprometidos y extremadamente ingeniosos, y buenos a la hora de seleccionar a los expertos adecuados para un trabajo si no tienen la habilidad para hacerlo. Desglosan las cosas en pequeños pasos y son tan prácticos que casi pueden ver los problemas antes de que surjan. No están contentos hasta haber solucionado un problema, lo cual hace que destaquen en cualquier ámbito en el que se requiera concentración y verdadera tenacidad.

Uno de mis clientes es un productor musical de gran talento y muy humilde, que tiene en su haber muchos discos de platino. Trabaja tanto con grupos como con artistas que necesitan desarrollar su carrera musical, así como con ritmos y arreglos. Le ví trabajar en un buen disco hasta hacerlo absolutamente extraordinario. No desperdicia nada: conduce el mismo coche de hace diez años y prefiere emplear su capital en producir a artistas y perfeccionar temas existentes. Esta es la versión positiva de Tauro: utiliza su talento y sus recursos al máximo de sus posibilidades y nunca desperdicia nada, siendo así respetuoso con el planeta.

En el trabajo, la versión negativa de Tauro es una pesadilla. No tienen paciencia y son irritables e irritantes. Muchos de ustedes sufren por los celos y se oponen neciamente a cualquier idea nueva o cambio. Pueden complicarle la vida a cualquiera que parezca tener más talento que ustedes si sienten amenazados por él. También pueden ser acosadores.

Si te comportas así, tienes que asumir tu responsabilidad e intentar cambiar. Antes de obstinarte, pregúntate cuál es tu motivación: ¿el proyecto?, ¿proteger a tu cliente o a tu empresa?, ¿o te mueven tus propias necesidades? La conciencia es siempre el primer paso, pero, sea cual sea la causa, tienes que recurrir a tus rasgos positivos para utilizar diferentes energías.

SALUD

Tauro necesita trabajar con el cuerpo, y debe cuidarse el cuello, la espalda y los hombros. Llevan el peso del mundo sobre sus hombros, y a menudo están tan sobrecargados de estrés que el cuerpo se rebela.

Les encanta la comida, pero deberían comer poco y a menudo. Procuren que los ingredientes sean lo más nutritivos y naturales posible para alimentar a su yo sensible con abundantes nutrientes saludables. Su nivel de energía y estado de ánimo son una manifestación directa de lo que ingieren.

La comodidad es algo que ansían, y Tauro necesita belleza para recargarse. Sin embargo, el tipo de combustible que necesitan únicamente se puede encontrar fuera de las construcciones realizadas por el hombre. El ejercicio físico es importante para todos los signos, pero Tauro tiene que asegurarse de conectar con la naturaleza:

deberían caminar, correr y, por supuesto, meditar como Buda. ¡Preferiblemente bajo un árbol!

EL AJUSTE DE TAURO

1. **Sal al exterior.** Sal de las casas, las oficinas, los coches, los trenes, los autobuses y los aviones, y dedica tiempo a caminar. Siéntate a comer en el parque y sintoniza con la Madre Naturaleza, la cual sanará tu corazón y renovará tu energía.

2. **Perdona y acepta.** Perdonar no significa que tengas que permitir a los responsables entrar de nuevo en tu vida; hacerlo te permitirá avanzar y liberarte a ti mismo y a ellos de una vida de estancamiento llena de negatividad y malos sentimientos que no son buenos para nadie. Asume lo que ha sucedido y acepta lo que tenga que venir. ¡Actúa con buena actitud!

3. **Construye cosas.** No tienes que ser arquitecto para hacerlo: todo lo que puedas crear desde cero te curará de manera extraordinaria. Cocina alimentos frescos y cultiva semillas.

4. **Combate los celos.** Si eres una persona celosa, afróntalo e intenta encontrar la causa; después aumenta tu empatía adoptando una actitud positiva y reconoce que, hasta cierto punto, los demás merecen la buena suerte. Si te enfrentas a personas celosas, sé amable, pero intenta que busquen ayuda si es posible.

5. **Come bien.** Tienes que comer poco y a menudo, e ingerir alimentos no procesados. Las comidas pesadas y los ingredientes indigestos perjudican tu salud y te quitan energía, lo cual hace que te vuelvas irritable e impaciente.

6. **Comprueba tus valores.** No concedas demasiada importancia a cosas que no la tienen. ¿Qué importa realmente? El amor, la salud, la familia y los amigos, no los objetos inanimados ni las tonterías materiales.

— GÉMINIS —
EL MENSAJERO

SIGNO DE AIRE

OPUESTO A SAGITARIO

TERCER SIGNO DEL ZODIACO

RESIDENTE EN LA TERCERA CASA

REGIDO POR MERCURIO

En su versión positiva, los Géminis son, probablemente, las personas más interesantes del zodiaco. Buscan constantemente experiencias y conocimientos, y son auténticos pensadores y filósofos, pero también son divertidos, y es fácil y agradable estar a su lado. Tienen mentes perspicaces y una increíble habilidad en el ámbito de las comunicaciones. También son estrategas y negociadores natos, capaces de vender arena en el desierto. Estar cerca de nativos de Géminis puede ser como recibir una inyección de entusiasmo absoluto para nosotros, pobres y aburridos mortales, y no es de extrañar que los Géminis se rodeen a menudo de fervientes admiradores. Son capaces de realizar múltiples tareas, poseen una inteligencia rapidísima y son los reyes de los comentarios ingeniosos y los debates animados. En definitiva, son bastante deslumbrantes.

No puede haber un mejor ejemplo de la brillantez y popularidad de los Géminis que John F. Kennedy, cuyo carisma es legendario. En su época, la gente lo adoraba, y sigue siendo uno de los presidentes estadounidenses más populares hoy en día, más de cincuenta años después de su prematura y trágica muerte. JFK se pasó la mayor parte de su corto mandato negociando con la Unión Soviética para frenar la amenaza de una guerra nuclear, y también debatió y batalló en el Congreso para promulgar la Ley de Derechos Civiles, aprobada finalmente en 1964, un año después de su muerte.

Desgraciadamente, en su versión negativa, Géminis tiende a aburrirse con rapidez y tiene propensión a la frivolidad y a decir mentiras. El ejemplo de JFK es revelador también en este sentido: hasta el director del FBI tuvo que intervenir cuando las aventuras extramatrimoniales del presidente se convirtieron en un importante problema público, concretamente su presunta aventura con Marilyn Monroe (la cual, por cierto, también nació bajo el signo de Géminis).

GÉMINIS
EN VERSIÓN NEGATIVA

IGNORANTE, DESPISTADO Y SUPERFICIAL

El lado oscuro de Géminis es lo opuesto al chispeante ingenio, las discusiones fundamentadas y la habilidad negociadora. La versión negativa de Géminis es chismosa, sumamente ignorante e incluso intolerante. Suena realmente duro, pero la he visto manifestarse demasiadas veces como para no mencionarlo: cuando los Géminis no actúan desde la versión positiva de su signo, se cierran a todo ese potencial para brillar y se conforman con opiniones vagas y prejuicios elementales.

En su versión negativa, Géminis es superficial y carece de capacidad de concentración. No es que no tengan grandes ideas, sino que se aburren rápidamente. Tienden a iniciar proyectos interminables, aunque habitualmente no los concluyen. Cuando sus ideas no se hacen realidad, pueden comportarse de forma maliciosa y hostil con cualquiera que tenga éxito y termine las cosas.

Conozco a una mujer que trabaja para una agencia de publicidad. Tiene a Marte (energía e impulso) en Géminis, y nunca le faltaron ideas para las marcas de los clientes, pero su mayor deseo era escribir un libro. Años más tarde, todavía no lo ha hecho. Intento animarla, pero cada pocos meses tiene una idea diferente para el libro y solo logra escribir unos cuantos capítulos antes de perder impulso. Por suerte no se ha convertido en la persona maliciosa típica de la versión negativa de Géminis, pero su dispersión le impide cumplir su sueño, lo cual es una pena.

Géminis hará lo que sea por evitar una verdad inconveniente. (Piensa en un vendedor inmobiliario, que te dirá lo que haga falta para cerrar el trato, ¡aunque la madera de la casa esté podrida!) Te niegas a formarte y consumes únicamente revistas del corazón, *reality shows* y programas de entrevistas. No te preocupan los acontecimientos ni la humanidad. Investigas lo menos posible, examinas superficialmente cualquier razonamiento y haces una afirmación desordenada basada en trivialidades y en tu opinión personal, y te rodeas de gente que actúa con el mismo grado de superficialidad. Por consiguiente, se te suelen escapar cosas, incluyendo cualquier tipo de sutileza o profundidad. Es como si te negaras obstinadamente a aceptar cualquier sentido en tu vida por miedo a que ello te estimule a profundizar más allá de tus opiniones limitadas y tus percepciones miopes. ¿Y qué es lo más trágico? Que es una oportunidad perdida. Se te encomendó la tarea de ser el comunicador del zodiaco, así que tienes que esforzarte un poco por alcanzar tu deslumbrante potencial.

EL APRENDIZAJE

Si tienes una fuerte influencia de Géminis en tu carta y reconoces alguno de estos rasgos negativos, recuerda que ello no supone un ataque a tu integridad. No eres una persona terrible por el simple hecho de presentar algunos rasgos complicados de Géminis y, en cualquier caso, ¡estoy segura de que no los tienes todos! Sin embargo, tienes que dominar los que sí tienes si quieres cambiar tus experiencias aquí en la Tierra, básicamente por tu propio bien.

A menudo pienso que al Géminis «negativo» le asusta su propia inteligencia y potencial, así que toma el camino más fácil. No obstante, una vez empieces a sumergirte bajo la superficie y a formarte, descubrirás que tienes curiosidad y unas increíbles aptitudes para el aprendizaje que ni siquiera sabías que estaban ahí.

Te creces con la información, así que asegúrate de que esta sea inspiradora y esté basada en la realidad. Como decía el político y estadista Daniel «Pat» Moynihan, «todo el mundo tiene derecho a su propia opinión, pero no a su propia realidad». (Tenía el Sol en Piscis con Géminis como ascendente.) En esta época caracterizada por la libertad de información, cualquiera puede formarse de manera autodidacta a través de Internet, o encontrar un profesor que le ayude a desplegar su potencial. Encuentra a alguien que despierte tu curiosidad y empieza. En poco tiempo (re)descubrirás que el aprendizaje te alegra el corazón.

Si vives o trabajas con un Géminis, y te está volviendo loco con su negativa a investigar los hechos, a revisar los documentos que le enviaste para una reunión, o a leer la letra pequeña de un contrato, intenta despertar su conciencia mencionando las palabras *superficial* y *trivialidades*. Explícale que está reduciendo su considerable inteligencia con su negativa a profundizar, aprender y crecer. Si se muestra abierto, haz que se siente, expón tus argumentos de manera lógica y plantéale una solución.

CHISMOSO Y TESTARUDO

No cabe duda de que los Géminis tienen el don de la palabra, pero en su versión negativa, eso se traduce en un afán por los chismes, que influye negativamente en su nivel de energía y en el humor de la persona que, para su desgracia, los esté escuchando. Si es tu caso, también eres un charlatán al que le encanta el sonido de su propia voz y nunca deja intervenir a nadie. Bla, bla, bla... Aquí vienen las charlas interminables y las elevadas facturas telefónicas.

¿Discutir? Oh, al lado negativo de Géminis le encanta discutir. Debatir es para los inteligentes; discutir es para la versión negativa de Géminis. Todos conocemos a esa clase de personajes: devoran las revistas de chismes y se convierten en jueces y jurado.

Un Géminis «negativo» tiene que contar las veces que queda en ridículo y hacer algo positivo para evitarlo.

EL APRENDIZAJE

Si tienes una fuerte influencia de Géminis en tu carta, tienes que aprender a aplazar las discusiones y la formación de opiniones hasta haber investigado lo suficiente para no parecer ignorante. Como dije antes, abandonar las revistas del corazón y encontrar algo que te interese más que las trivialidades te ayudará a dar rienda suelta a tu agilidad mental propia de la versión positiva de Géminis.

También tienes que redescubrir tu capacidad de escuchar además de hablar, así que acostúmbrate a detenerte a pensar antes de hablar y a hacer preguntas a tu interlocutor en lugar de interrumpirle.

Descubrirás que, si tu mente está abierta a crecer, atraerás a personas que tienen mucho que enseñarte. La gente más inteligente es consciente de lo poco que sabe. Además, la gente inteligente se rodea de gente más lista y culta que ella.

Si vives o trabajas con un Géminis, y es del tipo atolondrado, chismoso y gritón, no discutas. Aunque se le expongan hechos, razones y argumentos lógicos, no podrás hacer que cambie de opinión. Es mejor decir amablemente: «Nunca nos pondremos de acuerdo en esto, ya que es evidente que estás convencido y no quisiera cambiar eso». Si te presiona, expón los hechos y, cada vez que reaccione, recuérdale que pidió tu opinión.

Si surgen chismorreos, cambia rápido de tema o simplemente pon fin a la conversación. Los chismorreos hacen disminuir la energía del planeta, así que nos afectan a todos. Yo suelo decir: «Uf, el nivel bajó mucho. Subámoslo». Si no eres tan directo, simplemente cambia de tema. Si lo haces con suficiente frecuencia, captan el mensaje. ¡Al final, todo se reduce a comunicar!

◦— MENTIROSO —◦

En su versión negativa, a Géminis no le importa demasiado la verdad. No hay una manera agradable de decirlo: un Géminis en su versión plenamente negativa miente con facilidad y, a menudo, es hipócrita y terco. Son los que conversan con alguien en una fiesta hasta que llega una persona más interesante o influyente. Son verdaderamente «flexibles» y se alinean con cualquiera o con cualquier cosa que crean que les pueda beneficiar. Me imagino al Géminis «negativo» como un vendedor al que no le importa demasiado el planeta, la humanidad o la persona a la que le está vendiendo. Lo que importa es la venta, el trato y, por supuesto, el dinero. Las personas Géminis en su versión negativa llenan sus vidas de tonterías superficiales y pueden ser estafadoras carentes de sinceridad.

EL APRENDIZAJE

Si tienes una fuerte influencia de Géminis en tu carta y esto te resuena, ser consciente de ello es algo excelente, ya que ¡puedes usar este toque de atención para crecer y mejorar! Habitualmente, son tu velocidad de réplica o tu miedo lo que provoca las mentiras, así que pon el freno y acostúmbrate a admitir que no sabes algo en lugar de inventar. Y si esto hace que te sientas un poco mejor, no son lo mismo las mentiras maliciosas y dañinas que las medias verdades que pueden hacer que la vida sea un poco más divertida. ¿Por qué dejar que la verdad estropee una buena historia? Simplemente tienes que limitar tus mentiras (piadosas) y transformarlas en anécdotas estrambóticas, en lugar de soltar invenciones absolutas que dañan tu credibilidad y destruyen la fe y la confianza de la gente en ti.

¿Y qué hay de las mentiras maliciosas? Pues son realmente tóxicas. Hace algunos años estaba charlando con una señora anciana que necesitaba ayuda con sus compras. Me preguntó la edad, y cuando se la dije, me contestó que había sido su edad favorita, pues era lo suficientemente madura para saber qué estaba haciendo y lo suficientemente joven para que no le importara. Así que le pregunté qué había cambiado desde que tenía mi edad. Nunca olvidaré lo que me dijo: «Hoy en día, mentir es lo habitual, pero en mi juventud, un mentiroso era un paria y a la gente le horrorizaba realmente».

Si vives o trabajas con un Géminis y estás harto de su tendencia a eludir la verdad, siéntate y pídele que te hable con franqueza. Pregúntale si siente la necesidad de inventarse cosas o evitar la verdad. Dile que te parece lo suficientemente interesante tal como es, y ten preparados ejemplos para respaldar esa afirmación. Si no quieres abordar el tema directamente, dale pistas que le permitan saber que eres consciente de sus falsedades y exageraciones.

Si se trata de tu pareja, recálcale que la quieres y que estás dispuesto a buscar una solución si llegan a un acuerdo. La mayoría de los Géminis aceptarán esta sugerencia si se hace de buena fe. Si no es así e incrementan sus mentiras hasta alcanzar niveles maliciosos, habrás puesto tu granito de arena por la humanidad desde un punto de vista kármico al intentar ayudarles a cambiar. Y en ese caso, si yo estuviera en tu lugar y se tratara de mi amigo o mi pareja, tendría que distanciarme de la relación si es incapaz de hacer un esfuerzo sincero por cambiar. Hay relaciones en las que la confianza es tan fundamental que una brecha constante es imposible de salvar. La confianza es difícil de crear y, si se destruye, siempre quedarán grietas. Si alguien no está dispuesto a ser sincero y te robó el corazón, quizá lo mejor sea que lo recuperes.

Donald Trump, presidente de Estados Unidos, tiene el Sol en Géminis, la Luna en Sagitario y ascendente Leo. Se trata de una combinación interesante. Bien, pues el presidente Trump es un activo negacionista del cambio climático, a pesar de que los científicos más destacados del mundo hayan confirmado una y otra vez que el problema ha sido provocado por el hombre y que la amenaza es real. ¿Tiene algo que ver que tenga múltiples inversiones en empresas de combustibles fósiles? El Géminis en su versión negativa es el vendedor al que no le importa mucho la verdad. Su signo opuesto es Sagitario, el que dice la verdad, y el hecho de que el presidente tenga la Luna en ese signo sugiere que tiene una lección muy importante que aprender. Y Leo, en su versión negativa, tiene tendencia a un comportamiento egoísta que, en casos extremos, raya en el narcisismo. Trump tiene ascendente Leo, el cual va muy unido a la personalidad.

GÉMINIS
EN VERSIÓN POSITIVA

DESPIERTO, ÁGIL Y ANALÍTICO

Los puntos fuertes de Géminis derivan de rasgos asociados a su planeta regente: son brillantes, inteligentes, unos pensadores realmente rápidos (Mercurio es el planeta que rige todo lo mental e intelectual) y unos comunicadores absolutamente fantásticos (Mercurio de nuevo, el mensajero de los dioses).

Objetivos y reflexivos, los nativos de Géminis piensan profundamente las cosas y pasan de un tema a otro con facilidad, captando la atención de quien quieren. Habitualmente, son capaces de ver las dos caras de un argumento y poner sobre la mesa lógica y racionalidad envueltas en sencillez e ingenio. Extraordinariamente interesantes e interesados en otras personas y en muchos temas, son reflexivos, inteligentes, divertidos y encantadores, son mentes sencillamente brillantes. Son, además, los estrategas del zodiaco y su misión es sacar a la luz los mensajes del universo.

Entusiastas y optimistas, se niegan a dejarse arrastrar por los detalles y siempre se fijan en la imagen global. Sus habilidades analíticas solo son comparables a las de los analíticos Virgo y los inventivos Acuario, otro signo de aire con agilidad mental e ideas. Una de mis mejores amigas es Géminis en su versión positiva, y es una auténtica pensadora, serena, educada e inteligente, a la cual no le asusta debatir con un intolerante o defender la verdad. La he visto en acción y da mil vueltas a los ignorantes que crean malestar en otras personas.

EL APRENDIZAJE

Si tienes una fuerte influencia de Géminis en tu carta, tienes que recordar que tu sed de conocimientos, tu gran memoria y tu capacidad natural para aprender pueden hacer que a los demás les resultes intimidante. Recuerda mostrar una actitud cuidadosa y considerada en tus interacciones con otras personas. Según mi experiencia, este tema puede ser especialmente problemático en el caso de los Géminis de corta edad, a cuyos profesores a veces les cuesta darles todo el apoyo que necesitan. A los niños Géminis se les tienen que proporcionar los conocimientos adecuados y tienen que educarse desde pequeños para que puedan alcanzar su máximo potencial. Así que, padres, si tienes un hijo Géminis, está alerta.

IMAGINATIVO, ORIGINAL, ELOCUENTE

Los Géminis tienen una imaginación increíblemente fértil. En la versión negativa, eso puede llevarlos a mentir, pero en la positiva, rebosan originalidad e ideas eclécticas. Son, sin duda, los mejores narradores de historias. Conozco a muchas personas creativas, pero las que realmente tienen algo especial siempre están fuertemente influidas por Géminis. Géminis, junto con Acuario, tiene la capacidad de pensar cosas que nadie piensa.

En la versión positiva, también tienen curiosidad intelectual y se han dedicado a cultivar sus dones innatos mediante el estudio y el infravalorado arte de escuchar. Dominan las artes del debate, la lógica y la razón y, con frecuencia, parecen tener respuestas reflexivas para cualquier pregunta que se les plantee.

Hábiles comunicadores, los Géminis en versión positiva escuchan tanto como hablan, absorben y procesan, y a continuación, elaboran un plan de acción para ejecutar las ideas aportadas. Géminis es el mensajero del zodiaco, destinado a lanzar mensajes que inspiren, animen o sanen al planeta y al resto de nosotros, simples mortales.

Dos de mis mejores amigas son típicas Géminis en versión positiva. Son las mejores estrategas que conozco y siempre me dan consejos extraordinarios. Piensan profundamente en todo y luego me dan su opinión razonada. Me encanta sentarme todo el día con una de ellas en concreto mientras saltamos de un tema fascinante a otro. ¡Ambas comparten sus conocimientos y me explican historias increíbles que me estimulan y me inspiran!

EL APRENDIZAJE

Si tienes una fuerte influencia de Géminis en tu carta, pule tus habilidades comunicativas y utilízalas allí donde vayan a ser más valiosas. A los Géminis se les encomendó la tarea de comunicar mensajes al resto de nosotros, y lo mejor para su espíritu sería encontrar la vía más positiva para desempeñar dicha tarea. Busquen causas que les inspiren y oportunidades de comunicar un mensaje en el que realmente crean.

Hasta los comunicadores más elocuentes pueden beneficiarse de hablar menos y escuchar más. Cuando estoy interpretando con mis clientes sus cartas y me enfrento a un tema complicado, siempre hago una pausa y me pregunto: «¿Debería decir eso?». Yo lo llamo «subir las escaleras» para pedir consejo a mi intuición. Propongo hacer un esfuerzo común para escuchar más y no caer en la tentación de llenar los silencios con palabrería nerviosa o sin sentido. Trabajo con una actriz que hacía esto después de las audiciones. Le restaba fuerza a la actuación. Detente, escucha y espera hasta que sea el momento adecuado para hablar. La clave está en volver más lentas tus respuestas y entrenar tu propia intuición.

AMOR

Los Géminis en su mejor versión son los amigos y amantes más interesantes y deslumbrantes. Se sienten verdaderamente fascinados por su pareja y están muy motivados para descubrir cómo comunicarse eficazmente con ella. Es un absoluto placer estar con ustedes y aportan una energía desenfadada, fabulosa y divertida a la relación. Una de sus grandes virtudes es que no se toman demasiado en serio, e incluso aquellos de ustedes que reconocerían ser un tanto superficiales, son tan ingeniosos y divertidos que resulta fácil perdonarlos.

Géminis necesita de alguien polifacético y animado que encienda su pasión, una pareja que estimule su mente y le active a nivel intelectual. De lo contrario, puede imponerse su lado frívolo. ¡Para continuar fieles y comprometidos necesitan a alguien que pueda mantener su atención más de lo que dura la temporada de la fresa! Pero recuerden que, como buenos Géminis, tienden a aburrirse fácilmente. Si piensan que a los demás les va mejor, recuerden que esto probablemente dice más de ustedes que de la otra persona o de su relación. Sería inteligente recuperar la curiosidad por la pareja antes de mandarlo todo al demonio demasiado rápido. De lo contrario, puede que se encuentren saltando continuamente de una relación desastrosa a otra, haciendo daño a las personas por el camino.

Los Géminis en versión negativa muestran su lado superficial de muchas maneras. A menudo les interesa más la imagen de una posible pareja ante los demás o cómo puede ayudarles a prosperar que cualquier clase de relación profunda o que valga la pena. No logran concentrarse en nadie más que en ustedes mismos el tiempo suficiente para conocer bien a esa persona. Entonces creen que se aburren y pasan a la siguiente relación insatisfactoria y breve.

Tengo una clienta Géminis que se niega a salir con nadie a menos que sea muy rico. Es sincera al respecto y resulta tan graciosa que no tienes más remedio que perdonarle su superficialidad. Desde luego, nunca ha tenido una pareja que le haya durado mucho (el promedio es un año) y en seguida sale corriendo cuando dejan de llegar los aviones privados y los zapatos Jimmy Choo.

Sin embargo, no tiene por qué ser así. Una de las parejas más inspiradoras que conozco forma una combinación fabulosa. Ella es Géminis y él, Acuario. Él estuvo años tratando de llamar su atención, y ahora que la tiene, mantiene su interés gracias a su inteligencia y su sentido del humor. Para quedarse, Géminis necesita inyecciones regulares de inteligencia y humor. Él también tiene a Júpiter en Géminis, lo cual conecta extraordinariamente con el signo zodiacal de ella. Se estimulan uno al otro y son divertidísimos, inteligentes y lo suficientemente polifacéticos como para mantener vivos el interés y la pasión. Acaban de incorporar a otro Acuario a sus vidas; hasta su hijito es graciosísimo.

Si tienes una relación sentimental con un Géminis y las cosas van bien, te sentirás la persona más importante del mundo, lo cual puede volverse adictivo. Sin embargo, mantener a Géminis interesado puede ser duro, a menos que tengas tantas capas como una cebolla. Valoran la sencillez y no les gusta la intensidad; si tiendes a tomarte la vida demasiado en serio, sería conveniente que te relajes y tranquilices (siempre y cuando te parezca bien y ello no te suponga perder tu integridad).

TRABAJO

Géminis necesita variedad en su trabajo; si no se duerme, se aburre y busca nimiedades para llenar los espacios muertos. *Variedad* es la palabra clave para Géminis en todos los ámbitos de la vida, de modo que, para ustedes los Géminis, es conveniente escoger profesiones que les permitan realizar gran cantidad de tareas eclécticas y vivir situaciones variadas, y en las cuales puedan expresar su pasión por la comunicación. Pueden ser unos escritores fantásticos, ya que su capacidad a la hora de contar historias no tiene parangón.

Los Géminis, además, son extremadamente sociables. Son encantadores, cordiales y tan sinceros que brillan como faros. Pero no tan sinceros como su signo opuesto, Sagitario, que te golpea en la cabeza con la cruda verdad como si fuera un mazo. Nada de eso. Géminis es mucho más considerado. Les preocupa cómo transmiten la información. Escuchan e investigan el tema y, a menudo, son expertos en más de un campo. También son los mejores asesores legales que hay, ya que no se les escapa absolutamente nada. Tienden a moverse cómodamente en el ámbito de las inversiones y a ganar dinero, cantidades importantes, ya que los números son amigos de Géminis.

Conozco a varios peluqueros nacidos bajo este signo y les encanta charlar y explicar historias, lo cual puede ser ameno (¡o irritante si quieres un poco de paz!). Como dije, normalmente les encanta la gente (cuantos más sean, más reirán); pero algunos muestran la otra cara de Géminis, más tranquila, incluso pensativa, como el caso del escritor que pasa demasiado tiempo solo, con plazos de entrega y café frío. Géminis influye en todo lo que tiene que ver con mensajes y comunicaciones. Tienen la habilidad de desglosar informaciones o conceptos complejos y hacer que todo sea lo bastante sencillo para que todo el mundo lo entienda.

Una de mis mejores amigas es una importante representante artística y reside en Estados Unidos. Es Géminis y desarrolló una larga carrera profesional durante la cual ha compaginado con éxito muchos proyectos, clientes y artistas. Su sentido de la oportunidad es inigualable (otro rasgo de la versión positiva de Géminis) y se mueve con soltura entre países, clientes y diferentes expresiones artísticas. ¡Vaya ojo que tiene! Los Géminis en versión positiva son capaces de compaginar muchas cosas y nunca te hacen pensar que no eres su principal prioridad.

Cuando entra en juego la versión negativa, los Géminis se saltan pasos, no profundizan y cuentan mentiras piadosas para cerrar un trato o conseguir lo que quieren. Yo aconsejaría a todo aquel que trate con un Géminis en un contexto laboral que averigüe si está exhibiendo algún rasgo negativo y compruebe todos los pequeños detalles de cualquier acuerdo personalmente. Un Géminis negativo vendería a su abuela con tal de cerrar un trato.

SALUD

En su versión positiva, Géminis es una persona tranquila, centrada y realista, con una mente rápida en un cuerpo firme. Se preocupan de la mente, la cual se ocupa de todo su ser.

Pero, a menudo, Géminis pasa demasiado tiempo corriendo de un lado a otro. Suelen trabajar demasiado y tienen que aprender a desconectar de todo. También son propensos a quedarse atascados mentalmente, como otro signo de aire, Acuario. Analizan excesivamente las cosas, hasta tal punto que pueden volverse locos con la constante reproducción de los hechos. Tienen un sistema nervioso altamente desarrollado, por lo que realmente deben encontrar formas naturales de combatir el estrés y reducir la ansiedad que los pueden acosar (igual que a Virgo, que también está regido por Mercurio). Tienen que pasar tiempo lejos de cualquier dispositivo que facilite la comunicación masiva. ¡Salgan a la naturaleza y miren al cielo!

Ustedes, más aún que la mayoría de la gente, realmente no estan diseñados para tener sobrepeso. Tienen que mantenerse delgados y ágiles o corren el riesgo de someter a mucha presión sus órganos vitales. Tienen que alimentarse de información y conocimiento, en lugar de atiborrarse de comida y vino, palabrería irritante y programas de televisión absurdos.

EL AJUSTE DE GÉMINIS

1. **Alimenta tu mente.** Lee libros que calmen tu sed de conocimiento. Estudia temas que te hagan cuestionarte tus opiniones, te den datos y estimulen tu curiosidad. Procura ir de uno en uno para que eso te ayude a tener una opinión fundamentada.

2. **Di la verdad.** Que esquives la verdad para no herir los sentimientos de alguien o para evitar la tercera guerra mundial es una cosa, pero intenta que no se convierta en una costumbre. Lo mejor es que digas la verdad o que no digas nada, lo cual fortalecerá tu carácter.

3. **Evita a las personas superficiales.** Se llevan tu optimismo y, a menudo, te provocan sentimientos de desesperación. Evita involucrarte demasiado en las discusiones o en temas políticos, pues la gente puede tratar de utilizar tus razonamientos y habilidades comunicativas para que le ayudes a ganar.

4. **Deja que brille tu luz.** Tu claridad y tu ingenio son increíbles, y te ayudan a aportar alegría y bienestar a quienes te rodean. Valora esa parte de ti, pero combínala con la sinceridad.

5. **Relaja tu mente.** Eres propenso a la sobreestimulación, lo cual puede agotarte mentalmente y consumir tu vitalidad. Prueba con la meditación o practica el Qigong.

6. **Deja de correr de un lado para otro.** Intenta pasar algunos días en casa y relajarte. Tienes que proteger tu energía, y un exceso de distracciones te impide ver la imagen global.

— CÁNCER —
EL GUARDIÁN

SIGNO DE AGUA

OPUESTO A CAPRICORNIO

CUARTO SIGNO DEL ZODIACO

CUARTA CASA

REGIDO POR LA LUNA

Cáncer es el signo más bondadoso, sensible y cariñoso de todos, con un verdadero don para la creatividad y la intuición. Para este signo de agua, regido además por la Luna, todo gira en torno a las emociones, más aún que en el caso de otros signos de agua como Piscis y Escorpio. Los Cáncer prestan una atención extraordinaria a las emociones, tanto a las suyas como a las de los demás. Además, son genuinos, sinceros y generosos hasta el extremo. La mayoría tienen un humor descarado y buen carácter, lo cual es consecuencia en gran medida de la influencia de sus signos vecinos (Géminis y Leo). Saben ser afectuosos con la gente y habitualmente les encanta serlo. Los Cáncer son también muy caseros y consideran a su hogar como un retiro del mundo. Tanto los hombres como las mujeres de signo Cáncer están muy centrados en la familia. La mayoría acostumbran tener o quieren tener hijos propios. Muestran tendencia a asegurarse de que haya niños en su vida y a prodigarles atenciones y afecto.

La versión negativa de Cáncer puede manifestarse en forma de inseguridad e hipersensibilidad. Los individuos Cáncer pueden dejarse influir fácilmente, por lo que lo principal que deben aprender es a tener autocontrol y seguridad interna, así como a armonizar sus emociones con las de los demás.

No puede haber mejor ejemplo de los rasgos típicos de Cáncer que la princesa Diana de Gales, la cual dijo en una célebre ocasión: «No sigo las reglas... Me dejo guiar por el corazón, no por la cabeza». Era adorada por millones de personas por su enorme corazón, su labor benéfica y su absoluta dedicación a sus hijos. Su vida personificaba la actitud propia de los Cáncer, «la familia es lo primero», y su genialidad instintiva a la hora de ayudar a los demás. Ella misma llevaba a los príncipes al colegio y adaptaba sus compromisos públicos en función de los horarios de sus hijos, lo cual era algo inaudito en la Casa Real de la época. Su trabajo con enfermos de SIDA tuvo una enorme influencia: abrazaba a personas afectadas por la enfermedad, reduciendo así el estigma y concientizando a la gente.

Por otra parte, no hacía falta conocerla bien para entender que actuaba movida por sus emociones (quizá hasta un extremo poco saludable). Esto puede ser bueno o malo, pero en mi opinión, cuando las emociones están al mando y muy alejadas de la lógica, las cosas pueden ir realmente mal. Así que los Cáncer deben aprender a fusionar ambas cosas. Resulta útil detenerse a pensar antes de dar pasos irreversibles.

CÁNCER
EN VERSIÓN NEGATIVA

HIPERSENSIBLE E INSEGURO

Al estar regido por la Luna, Cáncer tiene un estado de ánimo variable. Es el signo espejo del zodiaco, de modo que los nativos de Cáncer reflejan las energías y los estados de ánimo de quienes los rodean. El problema es que sienten las cosas con tanta intensidad que deben evitar rodearse de gente negativa. De lo contrario, su estado de ánimo se verá afectado y les costará salir del agujero negro en el que se sumirán. Las personas con una fuerte influencia de Cáncer se sienten a menudo bajas de ánimo porque no consiguen protegerse de las energías perjudiciales y la negatividad.

Habitualmente tienen muchas inseguridades y, por lo general, piensan que les debería ir mejor de lo que les va, lo cual no ayuda. ¡Aceptarse a uno mismo es una forma mucho más positiva de vivir la vida! También tienden a tomarse todo como algo personal y se ponen a la defensiva demasiado rápido. A menudo necesitan un reconocimiento constante y pueden ser impetuosos, explosivos y, llevados al extremo, incluso crueles o amargados, lo cual significa que se agotan a sí mismos y a todo el mundo a su alrededor.

Pueden ser muy temerosos. Todos tenemos miedo hasta cierto

punto, pero en el caso de Cáncer les puede arruinar la vida. Puede tener orígenes muy diversos, pero a menudo se manifiesta como miedo a no sentirse seguros, a no tener suficiente dinero o a no tener una red de confianza que los respalde a su alrededor.

EL APRENDIZAJE

Si tienes una fuerte influencia de Cáncer en tu carta, prestas tanta atención al sufrimiento ajeno que eres capaz de notar cuándo los demás se sienten mal, y harás todo lo posible por lograr que se sientan mejor, a menudo sacrificándote tú en gran medida. Tiendes a tomarte las cosas demasiado en serio y como algo personal. Interiorizas las cosas demasiado rápido y permites que una situación o un comentario negativo te arruinen el día. Procura recordar que la vida no te quiere fastidiar. No todo tiene que ver contigo. Siempre digo que Cáncer tiene que aprender a ver la vida como si fuera un partido de tenis, porque todo se basa en interacciones. ¡No es un deporte individual! Pídele a la gente que te aclare qué quiere decir antes de sentirte herido o ponerte a la defensiva; devuélveles la pelota.

A muchos nativos de Cáncer con los que hablo les gustaría ser menos sensibles, pero yo les digo que eso es algo bonito. Simplemente tienen que aprender a detenerse por un momento y respirar profundamente antes de interiorizar las situaciones o responder, en lugar de reaccionar de manera extrema.

Es esencial que aprendan a vivir sin miedo con el fin de alcanzar la verdadera felicidad. La seguridad es fundamental para su bienestar y no tiene nada de malo acumular un poco de dinero en el banco o cuidar los lazos familiares. Sin embargo, la lección más importante es que, por mucho que lo intenten, no pueden crear un entorno totalmente seguro. La vida no es así. De hecho, la vida cotidiana es una larga serie de riesgos, y tratar de controlarlos todos solo hará que sientan más miedo, más ansiedad, y que les resulte todo más difícil. Todo lo contrario de lo que quieren conseguir. De modo que aprendan a dejar que las cosas fluyan y a aceptarlas tal como son. Procuren relajarse y no se tomen demasiado en serio; eso facilita mucho la vida.

Si vives o trabajas con un Cáncer, intenta no tomarte su actitud agresiva, malhumorada o defensiva como algo personal. Como suele decirse (más o menos), no eres tú, son ellos. Además, su humor cambiará rápidamente y volverá a brillar el sol. Normalmente, no es que quiera tener una actitud impetuosa, simplemente está en su naturaleza, especialmente tiene baja la guardia. El comportamiento clásico de las personas de signo Cáncer consiste en reaccionar con exageración, para después pasarse los siguientes días telefoneando a la gente para disculparse y, por lo general, sintiéndose terriblemente mal por ello, lo cual resulta muy tierno.

Es cierto que tener un colega Cáncer puede ser extenuante. Sus cambios de humor y su necesidad de reconocimiento roban mucho tiempo y bajan la productividad. Los comportamientos que podrías tolerar en la persona amada suponen demasiado esfuerzo en un contexto laboral. Una vez trabajé con un consejero delegado que me dijo que había decidido ascender a una persona menos capacitada que otro candidato mejor (sobre el papel) debido a la hipersensibilidad emocional de este último. Me dijo que la persona era simplemente demasiado emotiva. El tipo se lo tomaba todo como algo personal, lo cual frenaba los avances y le costaba recursos, tiempo y dinero al consejero delegado. Por curiosidad, estudié las cartas astrales de ambos candidatos. El consejero delegado había preferido a un Capricornio que a un Cáncer.

DESCONFIADO Y RENCOROSO

Cáncer es protector consigo mismo y con los demás, lo cual va en paralelo con su necesidad de seguridad. Las personas nacidas bajo el signo de Cáncer pueden ser fuertes y duras, y soportar lo que la vida les depare. En otras ocasiones, si sus debilidades quedan al descubierto, pueden ser tan blandos como la parte inferior de un cangrejo. Todo depende de cómo se sientan en un momento dado. Son unos personajes extremadamente complejos que tardan mucho tiempo en regalarle a alguien su confianza. Si (o cuando) lo hacen, esperan recibir total fidelidad y protección de la otra persona. Si los decepciona o los deja desprotegidos, sobre todo ante un peligro o adversidad, rara vez lo perdonararán. Guardar rencor es un rasgo que comparten con otro signo de agua, Escorpio. Los Cáncer guardan rencor durante mucho mucho tiempo. Si las cosas llegan al extremo, pueden volverse duros y decididos a no permitirle a nadie acercarse de nuevo. También pueden ser vengativos, lo cual resulta terrorífico para quien es objeto de su venganza. Si alguien los molesta a ustedes, o a su «familia», entrarán en una terrible guerra guiada por la emoción.

EL APRENDIZAJE

Si tienes una fuerte influencia de Cáncer en tu carta, procura mantener tus emociones bajo control. Tienes que entender que los demás no siempre son tan sensibles como tú. A menudo van dando tumbos por la vida, inconscientes de que sus actos te hacen daño. Tienes que asumir la responsabilidad y hablar honestamente con los demás, en lugar de reprimir las cosas, lo cual no hace más que impedirles cambiar de actitud. Recuerda que interiorizar las cosas hace aflorar enfermedades. Perdona y confía. Si las personas te decepcionan, piensa que eso va a su karma, pero al menos lo habrás intentado, y mientras te comuniques con ellas, todas las partes pueden crecer y avanzar.

Una práctica especialmente eficaz que te ayuda a exteriorizar tus preocupaciones es esperar a que haya luna llena y hacer una lista de todo lo que te molesta y quemarla. Esa puede ser una gran herramienta para todos nosotros, pero, dado que tienen una gran influencia de la Luna, es especialmente útil para los Cáncer.

Si vives o trabajas con un Cáncer, procura ser comprensivo, pero dile que puede resultar extenuante para sí mismo (y para ti) estar tan a la defensiva y ser tan desconfiado. Conversa abiertamente con el nativo de Cáncer y asegúrate de que las conversaciones emanen directamente del corazón. No reacciones inmediatamente después de una situación dramática. Más vale que elijas el momento adecuado para sugerirle que encuentre formas saludables de canalizar sus emociones. La comunicación es la clave.

EXCESIVAMENTE AMBICIOSO

Cáncer, como su signo opuesto, Capricornio, es ambicioso y propenso a trabajar demasiado, hasta el punto de que le cuesta desconectar y relajarse. Esta ambición no se debe a la necesidad de alcanzar un determinado estatus social (ese sería el caso de Capricornio), sino que Cáncer necesita el éxito para tener seguridad. Su ambición está impulsada por el miedo. Necesitan la seguridad del dinero, las propiedades y los ingresos fijos. También necesitan sentir que hicieron todo lo posible asegurarse de que su familia está segura y a salvo. Por esta razón, no siempre se sienten demasiado cómodos ante el riesgo, a menos que el riesgo esté respaldado por alguien.

Como ya hemos visto, cualquier comportamiento motivado por el miedo se volverá en su contra y se manifestará de manera negativa. Si permiten que sus necesidades los lleven a gastar demasiada energía en el «éxito» de algún proyecto, nunca estarán disponibles para apreciar todo el resto de placeres que la vida les puede ofrecer. También es posible que acaben mal a causa del exceso de trabajo, y probablemente se bloqueen y vuelvan despiadados.

EL APRENDIZAJE
Si tienes una fuerte influencia de Cáncer en tu carta, tienes que recordarte a ti mismo que tu felicidad y tu paz tienen más valor que una

casa enorme y una abultada cuenta bancaria. Pregúntate cuándo es suficiente. ¿Estoy usando mi vida de manera productiva? ¿Me arrepentiré si continúo actuando así? Si la respuesta a esta última pregunta es afirmativa, haz un esfuerzo consciente por cambiar de vida día a día. Recuerda que la conciencia es el primer paso. La astrología dinámica puede ser una potente herramienta para ayudarte a entender de dónde proceden tus miedos y tu fuerte necesidad de seguridad, pero hace falta esfuerzo para superarlos.

Empieza por valorar qué partes de tu vida te hacen feliz y cuáles no. Haz listas. Tienes que anotar todo lo que se te ocurra, tanto si es una tontería como si es algo grave. No te autocensures. Dedica a esto varios días, ya que es un proceso creativo. Cuando tengas las listas, elabora estrategias para cambiar aquello que no te gusta y poner más énfasis en lo que sí te gusta. Por ejemplo, si el motivo de tu desgracia es tu trabajo, trata de identificar si el problema es la empresa, tu jefe o el trabajo en sí. Es posible que el mismo trabajo en un entorno menos corporativo te hiciera feliz, o puede que simplemente quieras salir de ese sector. Permítete soñar qué quieres hacer realmente y prepárate para hacer sacrificios para conseguirlo. He conocido a personas que reciclaban sus conocimientos por la noche o que han trabajado durante años en un proyecto que les apasionaba y que acabó convirtiéndose en su profesión. La suerte sonríe a los valientes; la vida es demasiado corta para conformarse con algo que «no está mal». ¡Aspira a lo máximo!

Si vives o trabajas con un Cáncer, procura ser paciente. Los Cáncer necesitan la seguridad como las abejas el polen. Si te pisotean al perseguir lo que ambicionan, tienes todo el derecho a insistir en hablar abiertamente con ellos. Escoge bien el momento, nunca en reacción a un problema, y preparara un argumento lógico. Intenta ayudarles a admitir su comportamiento y a que se relajen. Si las cosas no van bien, puedes preguntarles cuáles son sus objetivos y buscar formas más saludables de lograrlos.

CÁNCER
EN VERSIÓN POSITIVA

PROTECTOR Y AFECTUOSO

Cáncer es un signo protector y defiende a la gente incondicionalmente. Son solícitos, amables, extraordinariamente generosos y afectuosos; son los mejores padres y madres, y unos amigos y parejas maravillosos. En la versión positiva son sencillamente fabulosos. Mi persona favorita de la Tierra, la que me hace reír como nadie, es mi hijo Kam: nació bajo el signo de Cáncer. De pequeño le daba cariño y lo protegía. Ahora parece que la situación se invirtió. Él se muestra muy protector conmigo, siempre atento a las nuevas personas que aparecen en mi vida e incluso a aquellas más cercanas a mí. Es muy tierno. Además de tener el Sol en Cáncer, tiene a Escorpio como ascendente, y Escorpio es profundamente intuitivo. ¡Su «sentido del Hombre Araña», como él solía llamarlo de pequeño, siempre acierta!

El lema de la versión positiva de Cáncer sería: «Mi casa es tu casa». ¡Pero no te presentes sin avisar, a menos que tu vida corra peligro! A Cáncer le gusta estar preparado para recibir a los invitados. Son individuos creativos, afectuosos, cálidos y generosos; tratán correctamente a la gente y disfrutan haciéndolo, razón por la cual se les conoce como los guardianes. Intuitivo, sensible y, en ocasiones, descarado, un Cáncer confiado es alguien genial y brillante con el que da gusto estar. Muchos nativos de Cáncer son unos verdaderos apasionados del planeta y tratan a la Madre Tierra como hay que tratarla, como la madre que nos da un hogar: ¡con respeto!

EL APRENDIZAJE

Son los grandes cuidadores del zodiaco, pero tienen que asegurarse de cuidarse también a sí mismos. De lo contrario, su vida puede desequilibrarse y dejarán entrar a la infelicidad. Aprende a protegerte sin cerrarte. Mi consejo es que mantengas abierto tu corazón, ya que esa es la mejor protección de todas. Puede que te hieran, pero la vida consiste en vivir experiencias, y si cierras tu corazón, la vida se vuelve robótica. Puede que no derrames todas tus lágrimas, pero tampoco amarás con todo tu corazón ni reirás hasta que se te salten las lágrimas. ¡Equilibrio!

EMPÁTICO Y CREATIVO

Los Cáncer tienen una capacidad casi asombrosa de conectar con las emociones. Su inteligencia emocional no tiene comparación y eso significa que tienen mucha empatía. Entienden los sentimientos de los demás casi intuitivamente y sus instintos viscerales son fuertes. Prácticamente tienen la capacidad de «sentir» la verdad.

Los beneficios de tener una buena inteligencia emocional son innumerables y van desde gozar de interacciones cotidianas más gratificantes y relaciones amorosas felices hasta un mayor grado de satisfacción vital. Pero uno de los puntos fuertes más decisivos de los individuos Cáncer es cómo utilizan la empatía para avivar la creatividad. Los Cáncer suelen ser extraordinariamente creativos. Acostumbran a ser artistas y diseñadores de interiores fantásticos, y son muy creativos en sus hogares, pero también canalizan su capacidad de acceder a otros puntos de vista para contar historias con significado, crear obras de arte y fundar empresas.

EL APRENDIZAJE

Su inteligencia emocional y su sensibilidad son dones maravillosos, pero vale la pena que intenten ser lo suficientemente conscientes para saber cuándo están cansados, sin energía o enfadados, y poner el freno. ¡Retirada! En esos momentos pueden peligrar sus instintos viscerales y su capacidad para leer el contenido emocional de las situaciones. Únicamente pueden ver el lado oscuro de la verdad, lo cual no beneficia a nadie.

Para sintonizar con su inteligencia emocional, tienen que empezar a empatizar más con los demás. Si esto es nuevo para ti, ten paciencia, pues requiere práctica. Ante cada palabra que digas o cada decisión que tomes, pregúntate: «¿Cómo me sentiría si fuera la otra persona?». En lugar de pasar de largo ante un hombre o una mujer sin hogar, sin fijarte, pregúntate: «¿Cómo me sentiría si fuera yo?». Antes de decir algo cortante a tu pareja por no haber ordenado algo, hazte la misma pregunta. Eso aumentará tu inteligencia emocional y el resto vendrá solo.

AMOR

A Cáncer se le da muy bien asegurarse de que sus seres queridos se sientan seguros, protegidos y adorados. Por lo general, los Cáncer son parejas maravillosas, y padres y madres excelentes. Son tan intuitivos que saben lo que alguien necesita antes que esa persona, lo cual nos resulta extremadamente atractivo al resto de nosotros. Como amantes suelen ser ser sensuales (como Tauro) y dulces (como Piscis), generosos y deseosos de agradar. Un Cáncer enamorado se mantiene fiel y permanece en la relación mientras se le muestre cariño.

Tengo una clienta con ascendente Cáncer cuyo marido tiene a Venus en Cáncer. (Venus expresa el amor y lo que queremos que atraiga a nuestra pareja.) Y ¡vaya si lo atrajo exactamente con lo que él necesitaba! Ella muestra muchos de los rasgos positivos de Cáncer: está entregada a su familia y su casa parece sacada directamente de una revista; ella misma la diseñó y decoró. Tanto para ella como para su marido, todo gira en torno a la familia. Típico de Cáncer.

En la versión negativa de Cáncer, son tan autoprotectores que no dan el espacio necesario para que la relación florezca. Les aterroriza el rechazo, lo cual le pasa hasta cierto punto a la mayoría de los seres humanos, pero para Cáncer es un verdadero problema que les impide experimentar relaciones más profundas. Cuando permiten que el miedo gobierne sus interacciones, se arriesgan a cerrarse emocionalmente o a abandonar una relación prematuramente antes de concederse a ustedes y a su pareja la oportunidad de intentar que las cosas funcionen.

Hace años conocí a un hombre muy rico con Venus y Marte en Cáncer. Mantenía desde hacía mucho tiempo una relación con una mujer a la que amaba, pero su negativa a comprometerse después de varios años (recordemos que Venus atrae a una persona exhibiendo los rasgos del signo en el que se ubica, y Cáncer necesita compromiso) hizo que ella lo dejara. Lo que sucedía era que él experimentaba la versión negativa de Cáncer: ponía su propia seguridad (económica) por delante. Le preocupaba que ella solamente estuviera con él por su dinero y que estuviese deseando arrebatárselo. Ahora es aún más absurdamente rico y le sigue aterrorizando que todas las mujeres que conoce le quieran engañar. Recientemente, le dije que está viviendo en una prisión creada por él mismo y que nada cambiará hasta que cambie él. Espero que pueda hacerlo.

Cuando se abren, a menudo los sorprende el afecto, el cariño, el apoyo y el amor que reciben a cambio, ¡así que procuren hacerlo con más frecuencia, aun cuando resulte incómodo! Controlen su estado de ánimo y traten de comunicarse de manera más honesta. Su inteligencia emocional hace que sean unas de las mejores parejas, y cuando permiten que florezca sin temor a que su media naranja se aproveche de ustedes, atraerán a alguien igual de válido.

Conozco una pareja deslumbrante en este sentido. Él tiene a Quirón en Cáncer y ella tiene ascendente Cáncer. Él la sana emocionalmente (Quirón es el sanador herido y Cáncer es cualquier cosa que tenga que ver con las emociones) y valora su personalidad sensible e intuitiva (ascendente Cáncer). Tienen una conexión emocional que parece casi telepática a la hora de saber cómo se siente el otro.

Llevadas al extremo, tu actitud defensiva y tu inseguridad propias de Cáncer pueden, en caso de tener una energía muy masculina, hacer que seas crónicamente impetuoso, incluso explosivo. Si te ves empujado al límite por una química destructiva, puede que incluso recurras a la violencia. Si esto es algo que has experimentado personalmente o a través de alguien, existe ayuda profesional: solo tienes que ser lo bastante valiente para pedirla.

Si tienes una relación sentimental con un Cáncer y puedes ver más allá de sus cambios de humor, pueden tener la mejor de las relaciones. Procura que se dé cuenta de cómo sus cambios de humor están minando la magia de su relación y trabajan juntos para encontrar formas de superarlos o reducir su influencia. Recuerda que no reacciona bien cuando se le presiona, e intenta comprender la necesidad de tu pareja de tomarse un respiro regularmente. Anima a tu pareja a que vaya a dar un paseo o a escuchar música, cualquier cosa que le permita librarse de sus preocupaciones y mitigar su malhumor. Fomenta la bondad de tu pareja y muéstrate a la altura de su amor siempre que tengas ocasión.

TRABAJO

Los Cáncer son creativos por naturaleza y están particularmente dotados para las profesiones relacionadas con el diseño (especialmente el diseño de interiores, ya que pueden aprovechar su amor por el hogar). También son cuidadores por naturaleza y muy aptos para profesiones asistenciales y cualquier trabajo relacionado con servir a los demás. Muchos nativos de Cáncer que conozco trabajan en la hostelería. Su predisposición a tomarse todo como algo personal es una gran cualidad en ese sector. La reputación de la empresa, la iluminación del local, el ambiente, la comida y el servicio no deben tener rival, como si estuvieran agasajando a alguien en su propia y magnífica casa.

Sea cual sea el sector en el que trabajen, si impera la versión positiva, aportarán su inteligencia emocional al puesto y la pondrán a trabajar. Son intuitivos, amables y sensibles a las necesidades de la marca, el equipo, los proyectos y los clientes. Les preocupa profundamente todo lo que hacen y son los mejores compañeros de trabajo y los mejores jefes que uno puede tener. En resumen, son un activo que toda empresa necesita.

Muchos de los hombres y mujeres de negocios más emprendedores que conozco nacieron bajo el signo de Cáncer, o tienen una gran influencia de este signo en sus cartas. Casi siempre se rodean de una familia en la que confían para crear lo que básicamente son empresas familiares, aunque lo sean a escala gigante. Pensemos, por ejemplo, en Rupert Murdoch, que construyó el imperio Sky y es propietario de la cadena Fox. Tiene el Sol en Piscis, lo cual le proporciona visión y probablemente pasión por el cine, pero tiene a Plutón (estrechamente relacionado con el poder), Júpiter (habilidad, talento y comportamientos extremos) y Marte (impulso, energía y motivación) en Cáncer. Plutón muestra dónde está su motivación y dónde radica su poder. Dado que está en Cáncer, se asocia a la familia y a su necesidad de seguridad. Júpiter muestra dónde están sus habilidades, y Cáncer, junto a Capricornio, su signo opuesto, es conocido por construir imperios para dejar un legado familiar (todos ellos rasgos típicos de Cáncer).

Tengo una amiga muy querida que dirige una empresa familiar valorada en muchos millones de dólares. Le ofrecieron una enorme suma de dinero por venderla a una empresa de la competencia, pero decidió no hacerlo porque le preocupaba que algunas de las personas que trabajaban para ella no pudieran conseguir otro empleo y todas ellas tenían familias que mantener. ¡Todo ello muy propio de Cáncer!

SALUD

Cáncer, como todos los signos de agua, tiene que controlar su energía. Con frecuencia necesitan que les dejen espacio y tiempo para estar solos y poner en orden sus pensamientos, limpiar y restaurar su energía. (Recuerda que tienden a contagiarse de las vibraciones de los demás.) Una de mis mejores amigas Cáncer lo llama «necesitar un momento»; «necesito un momento», dice, y todos sabemos que debemos darle tiempo a solas, por lo común para sumergirse en un baño aromático, tan solo iluminado por velas. Por cierto, el baño es uno de los lugares a los que a Cáncer le encanta retirarse, y cualquier cosa con agua suele tranquilizarlos. Pasar tiempo en la playa mojándose los pies en el agua sin duda les hace recargar pilas.

Cáncer tiene que estar en guardia contra el desánimo. En la versión negativa, tienden a convertirse en ermitaños y quedarse bajo el edredón, con las cortinas cerradas, en lugar de permitir que los poderes sanadores de la naturaleza los calmen. Se entristecen y optan por estar solos, sintiéndose incomprendidos por una sociedad insensible. Cuanto antes se ocupen de su sensibilidad y aprendan a no tomarse las cosas como algo personal, mejor equipados estarán para manejar su vida y disfrutar del bienestar a todos los niveles.

El ejercicio físico y la meditación son buenos para todo el mundo, pero para Cáncer son especialmente vitales porque está demostrado que combaten la depresión. Si Cáncer no da pasos para cuidarse y curarse, su desánimo puede desembocar en una depresión aguda. La práctica del *mindfulness*, o conciencia plena, resulta especialmente adecuada para los nativos de Cáncer y es un arma poderosa contra el desánimo, la ansiedad, el estrés y todos los trastornos mentales.

La innovadora obra de Ruby Wax (Aries, el pionero) está ayudando a llevar el *mindfulness* a las masas de un modo honesto y genial. Ruby, que padece depresión, tiene a Urano (asociado al despertar) y a la Luna (fuertemente asociada a las emociones y a la necesidad de cuidarse a uno mismo) en Cáncer. De hecho, muchos de mis clientes y amigos que sufren la «maldición de los creadores» (depresión) son Cáncer, o el signo tiene un protagonismo muy destacado en sus cartas. Sea cual sea la industria en la que trabajes, vale la pena que te tomes en serio el tema de tu bienestar mental y espiritual. Los riesgos de no hacerlo son demasiado elevados.

Conozco a una mujer con el Sol y la Luna en la onceava casa (la casa de Acuario, que no sabe cuándo parar). Ella es increíble, pero utiliza su Luna de maneras que no le resultan útiles. Se permite sentir absolutamente todo sin ninguna clase de límites protectores. Intenté explicarle que tiene que aprender a desconectarse o se agotará (a menudo lo hace; recibí unas cuantas llamadas suyas mientras estaba ingresada en una clínica). De modo que si eres altamente sensible, tienes que aprender a darte cuenta de que el vaso está casi vacío. Según mi experiencia, todo el mundo tiene sus propias banderas rojas que señalan cuándo está a punto de caer en el agotamiento. El truco consiste en identificar correctamente las tuyas antes de llegar al punto en el que el agotamiento es total. No tienes que llegar a esa fase. Detente, recárgate, relájate. Desconecta el teléfono y la computadora; de hecho, guárdalos bajo llave. Rodéate únicamente de personas que te levanten el ánimo y a las que quieras hasta que vuelvas a sentirte fuerte. No soy una profesional de la medicina, pero sé que estos pequeños consejos han ayudado a mucha gente.

EL AJUSTE DE CÁNCER

1. **Juega al tenis con la vida.** En lugar de interiorizarlo todo y pensar que tienes que hacer tú las cosas, devuelve la pelota y pregúntale a la gente qué quiere decir realmente en vez de asumir que ya lo sabes. Todos pensamos y actuamos de manera diferente, así que verifica los hechos antes de reaccionar.

2. **Comunica** tus sentimientos con sinceridad. Deja de culpar a los demás por hacerte daño y sé proactivo. Dales la oportunidad de explicarse y de cambiar su manera de actuar, o, por lo menos, de tratarte.

3. **Tómate algunos momentos** para recuperarte del constante bombardeo de las responsabilidades de la vida. Toma baños a la luz de las velas para liberarte del bagaje tóxico que has ido acumulando a lo largo del día. Cuando quites el tapón de la bañera, quédate en el baño y visualiza cómo tus preocupaciones se van por el desagüe junto con el agua.

4. **Organiza tu casa y tu oficina regularmente siguiendo los preceptos del *feng shui*.** No es necesario que le pagues miles de dólares a un asesor; busca en Internet dónde deberías colocar los muebles y utiliza incienso y rituales de purificación. Limpia tu espacio igual que lavas tu ropa.

5. **Ordena** tu entorno y tu mente, los cuales se reflejan entre sí. Según mi experiencia, la depresión y la ansiedad se esconden tras el desorden, así que ve habitación por habitación y pídele a un amigo o colega que te ayude.

6. **Relájate.** Procura no tomarte las cosas demasiado en serio. Esta es solo una vida en un océano junto a muchas otras. La vida es muy corta y extraordinariamente preciosa, y si bien la sinceridad es esencial para la autenticidad, tomarte todo (incluyéndote a ti mismo) demasiado en serio es una carga muy pesada. Ve películas divertidas, enciende tu buen humor y rodéate de gente que te haga reír.

— LEO —
EL CORAZÓN

SIGNO DE FUEGO

OPUESTO A ACUARIO

QUINTO SIGNO DEL ZODIACO

QUINTA CASA

REGIDO POR EL SOL

En su versión positiva, Leo es uno de los signos más impresionantes, amorosos y generosos. A los Leo les cuesta pasar desapercibidos. Brillan como su planeta regente, el Sol, iluminando la estancia con su carisma y sentido del humor. A los nativos de Leo habitualmente les encanta entretener y a menudo son muy divertidos; y no son solo divertidos, sino que los Leo en versión positiva son divertidísimos y transmiten mucha alegría a todo el mundo. También son fieles y valientes, y están muy impulsados por un sentimiento de integridad. Son grandes amantes de la vida. No es de extrañar que Leo tenga fama de fabuloso. De vez en cuando, Leo se aparta de los reflectores, pero siguen siendo el signo más amoroso, fiel y simpático de todos.

La versión negativa es mucho menos atractiva. Pueden ser absolutamente egocéntricos, competitivos hasta el punto de llegar a ser agresivos y propensos al dramatismo. Procuren ser más conscientes de su propia humanidad, en lugar de perseguir sus propios objetivos, y respetar la humanidad de todos los demás tanto como la suya.

Lucille Ball, actriz cómica, modelo, productora y magnate del cine estadounidense, era la típica Leo. Dedicó la mayor parte de su carrera al entretenimiento, haciendo reír a la gente. Siguió los designios de su corazón y se fugó con el director de un combo cubano con el que se casó. Posteriormente, colaboró con él en la producción de *I Love Lucy*, una de las series cómicas de mayor éxito en la historia de la televisión en Estados Unidos. Se convirtió en la primera mujer en dirigir un gran estudio cinematográfico.

LEO
EN VERSIÓN NEGATIVA

EGOCÉNTRICO Y CON AFÁN DE NOTORIEDAD

En su versión negativa, Leo es un poco hablador. Tienen el ego del tamaño de un planeta. Son orgullosos, egocéntricos y, en el peor de los casos, narcisistas. Su ego puede interponerse literalmente en cualquier relación, incluso con sus hijos. (En su versión negativa, los Leo tienen una tendencia realmente desafortunada a considerar a sus hijos como una prolongación de sí mismos, en lugar de personas individuales.) Carecen de conciencia propia y hablan demasiado de sí mismos y de su vida sin cesar. No les importa demasiado lo que los demás tengan que decir, a menos que sea sobre ustedes, y les interrumpen constantemente para reconducir de nuevo la conversación. Es realmente aburrido.

Los Leo en versión negativa no pueden sobrevivir sin atención. En una ocasión, estaba con unos amigos en el aeropuerto, después de un largo viaje, y una mujer cantaba a voz en cuello y bailaba tratando de llamar la atención. Nos miramos unos a otros y nos dijimos: «Una Leo en versión negativa». En el mejor de los casos resulta simplemente molesto, pero en el peor puede hacerte la vida (la tuya y la de tus seres queridos) realmente difícil. Necesitan reconocimiento por todo. Si dan algo a alguien, o hacen un favor, necesitan que todo el mundo se entere. Buscan desesperadamente la adoración y pueden ser sumamente agresivos o perder el control en su búsqueda de atención; y luego se preguntan por qué perdieron tantos amigos.

Conozco a una mujer con Júpiter (asociado a un comportamiento extremo con relación al signo) y la Luna (emociones) en Leo, que hace berrinches si el sexo opuesto no le presta suficiente atención cuando sale por ahí. Puede resultar muy desagradable. Tiene el típico don de Leo de ser graciosísima, por lo que todo el mundo la perdona al instante, pero carece de conciencia propia y es difícil estar a su lado mucho tiempo. También conozco a un hombre maravilloso con la Luna en Leo y ascendente Leo: es extremadamente divertido y alegre por naturaleza (ascendente Leo) y muy amoroso y generoso, pero también es orgulloso y propenso a dramáticos arrebatos emocionales (Luna en Leo) si su orgullo de león resulta herido, todos rasgos típicos de Leo.

He visto el enorme ego de Leo, ansioso de reconocimiento y extremadamente competitivo, destruir relaciones y provocar una enorme infelicidad. En la versión más narcisista de este comportamiento, son imitadores que no dejan de procurarse ideas, reconocimiento, inspiración, crédito y todo aquello que les hace parecer y sentir mejores. Están bastante dispuestos a utilizar a la gente para conseguir lo que quieren en la vida y reaccionarán agresivamente ante cualquiera que dañe su enorme ego.

Conocí a una mujer con el Sol (asociado al ego y a la identidad personal) en Leo (en versión negativa, inclinado al egocentrismo y a obsesionarse consigo mismo) en la quinta casa (asociada a la expresión personal, pero también al dramatismo y al ego), las tres configuraciones predeterminadas, lo cual hace que sean especialmente poderosas. ¡Era narcisista, pero lo ocultaba tanto que ninguno nos dimos cuenta! Era encantadora y magnética. También era profundamente celosa y competitiva, y casi destruyó a uno de mis dulces, artísticos y triunfadores clientes utilizando el amor para manipularlo (entre otras tácticas). Poco a poco lo distanció de su música, de sus amigos y de su red de colaboradores, minando su autoestima y su confianza hasta que las destruyó y logró que fuera como ella quería: vulnerable. Fue horrible, e hicieron falta grandes dosis de energía, amor y sanación para apartarlo del borde del precipicio. En su versión negativa, Leo se convierte en unególatra que tiene que ser siempre el rey de la selva.

EL APRENDIZAJE

Si tienes una fuerte influencia de Leo en tu carta, reconoce siempre el mérito ajeno y esfuérzate por no ser un imitador. Admite de dónde proceden tus ideas y no compitas con tus amistades, tu pareja o tus colegas. ¡Siempre habrá alguien que tenga más éxito, que sea más creativo, más sexy! Se trata de su propia fortuna, y las vidas de todo el mundo pueden parecer mejores que las nuestras si nuestros ojos están predispuestos a verlo así. No tengas celos. La confianza es el rasgo más atractivo de la Tierra, de manera que trabaja en eso y brilla con luz propia. Tu superpoder es el poder del amor. El amor propio y el amor por los demás.

Si vives o trabajas con un Leo en versión negativa, ¡lo siento por ti! Es posible modular su comportamiento, pero no es fácil. Para empezar, no le cuestiones delante de nadie. Eso no hará más que disparar su ego y te arrancará la cabeza. El objetivo es hacer que ronronee como un gatito, no que ruja como un león. Utiliza el humor siempre que puedas. A Leo le encanta reír y las bromas son una buena manera de hacer que sea consciente de su comportamiento. Un ligero toque en la línea de «muy bien, ¿ahora podemos hablar de mí y de mi día?» puede ayudar a que se relaje y te escuche.

MELODRAMÁTICO

Al Leo en versión negativa le encantan los dramas, y no me refiero al tipo de dramas que ves por televisión. Cualquier pequeño revés, cualquier pequeña cosa que consideren insultante o cualquier inconveniente se convierte en un drama de primer orden y les gusta arrastrar a tanta gente como sea posible. «¡Me dijo tal cosa y estoy destrozado!» «¡Me hizo tal cosa y estoy muy triste!» Puede que al público involuntario de su pequeño espectáculo empiece a parecerle insoportable y que sea realmente duro estar a su lado.

El tema del dramatismo está relacionado con su constante necesidad de atención y reconocimiento, así como con su incapacidad de tolerar siquiera un mal humor pasajero. Necesitan sol y felicidad en su vida, y en cuanto no los tienen, recurren al dramatismo para enmascarar su comportamiento infeliz o egoísta; lo que sea con tal de distraerse de la más mínima señal de tristeza.

EL APRENDIZAJE

Si tienes una fuerte influencia de Leo en tu carta, sería conveniente que recuerdes que no todo el mundo encuentra hasta el más mínimo detalle de tu vida tan fascinante como tú. Recuerda que provocar un melodrama absorbe mucha energía, la cual es un recurso finito, así que este comportamiento puede tener un efecto realmente agotador tanto en ti como en las personas que te rodean. El trabajo más útil que puedes llevar a cabo para reducir tu tendencia a dejarte llevar por el dramatismo es reforzar tu tolerancia a tus propias emociones negativas. Nadie es inmune a la tristeza, la decepción, la irritación o la frustración ocasionales. ¡Ni siquiera Leo! Tienes que aprender a contener la energía y las situaciones, no a magnificarlas.

Si vives o trabajas con un Leo, en primer lugar, ¡recuerda la alegría que da también en su versión negativa! Trata de tener compasión y recuerda que Leo tiene miedo de que le dejen atrás; le asusta pasar desapercibido, razón por la cual hace de todo un drama. Lo mejor que puedes hacer es explicarle amablemente que eso no es útil para su persona ni para ti. Según mi experiencia, el dramatismo de Leo es, a menudo, creatividad frustrada, de modo que anímalo a encontrar un medio creativo y a que dé rienda suelta a todos sus instintos dramáticos. Dependiendo de sus intereses, podría ser algo tan literal como el centro de teatro amateur local, un club de salsa o una clase de escritura de guiones. La cuestión es que tiene que canalizar su energía creativa positiva y dejar de lado el histrionismo, que es energía creativa negativa.

◦——⊖—— EXAGERADO Y OSTENTOSO ——⊖——◦

En su versión negativa, Leo muestra tendencia a fanfarronear en todos los ámbitos de la vida. Pueden ser muy materialistas y unos derrochadores extravagantes. ¡A menudo pienso que tal vez tienen recuerdos espirituales de haber pertenecido a la realeza! Leo es el león, el rey, y tienen que ser considerados los mejores. A Capricornio le gustan las cosas más refinadas de la vida, igual que a Tauro, pero sin necesidad de enseñar etiquetas. ¡Leo lucirá ostentosamente el nombre de la marca para que todo el mundo lo vea! Quieren los anillos de diamantes más grandes y los coches más caros para mostrarle al mundo el éxito que tienen.

Todo se reduce a su preocupación por cómo los ven desde fuera. Dan mucha importancia al estatus. Su enorme ego no solo exige que tengan muchas cosas y consigan mucho, sino también que todo el mundo lo vea y lo reconozca. Incluso su generosidad puede tener un lado oscuro. Todo va bien mientras sientan que se valora lo que hacen por los demás, pero, si no, tienden a perder la cordura y desatar al rugiente león, lo cual no es agradable. Su ego, combinado con su amor por el estatus y la atención, puede volverlos impacientes, avariciosos, egoístas y superficiales. Esto debe analizarse con honestidad y hay que trabajarlo cada día.

EL APRENDIZAJE

Si tienes una fuerte influencia de Leo en tu carta, debes saber que esta actitud de búsqueda de atención se debe a la (falta de) confianza, una de las lecciones que debes aprender en la vida. Quienes son conscientes de ello son humildes y discretamente graciosos. Saben que la belleza del alma es lo que provoca la máxima atracción, no un escote pronunciado ni un reloj de cien mil euros. Trabaja en tu autoestima y confianza, y ten en cuenta que, si a alguien le atrae lo que tienes y no tu persona, la relación no durará. Y quieres más, ¿verdad?

Si vives o trabajas con un Leo que exhibe este comportamiento, puedes intentar asignarle un *alter ego*. (Muchos de los artistas de más éxito de todos los tiempos tenían uno, y la mayoría tenían también a Leo en sus cartas. ¡Lo he comprobado!) Entonces, antes de interactuar con esa persona, pregunta con qué personaje está trabajando en este momento para poder actuar en consonancia. Hablando más en serio, tienes que recordarle lo realmente valioso de la vida. Aferrarse a los símbolos del estatus puede parecer una broma, pero, de hecho, puede interponerse en el camino de la felicidad espiritual. No podemos llevarnos con nosotros ninguna de esas cosas. Intenta que tu Leo se dé cuenta, con humor si eso ayuda, de que actuar desde el alma, que nunca muere, le proporcionará mucha más satisfacción de la que nunca podrá darle un montón de joyas.

LEO
EN VERSIÓN POSITIVA

AMOROSO Y GENEROSO

En versión positiva, Leo utiliza su enorme corazón para inundar de amor a su pareja, amistades y familiares. Los Leo hacen que los demás se sientan importantes y es tal la enormidad y profundidad de su amor que pueden extenderlo a lo largo y a lo ancho. Para quienes lo recibimos es algo mágico; cuando un Leo te abraza, su afecto envuelve todo tu ser y hace que se sobrecoja tu alma.

Los nativos de Leo también son muy generosos con su tiempo, su tiempo, su dinero, su atención y su amor. Su primer instinto es dar. ¡Leo es el polo opuesto a la tacañería! Una de mis mejores amigas es Leo y me trae regalos de lo más encantadores cuando viene a visitarme.

Quedé con unos cuantos clientes para tomar unas copas y celebrar la Navidad, y mi cliente Leo no solo me trajo un regalo extraordinario, sino que insistió en pagar todo. Así son los Leo siempre: quieren que todo el mundo sea tan feliz como ellos y harán lo que haga falta para garantizar tu comodidad y tu felicidad sin pensarlo dos veces.

EL APRENDIZAJE
Si tú eres así, debes saber que te lo agradecemos, pero ¡te queremos por lo que eres y no necesitamos regalos caros! Si puedes permitírtelos, genial, continúa. Pero, si no, por favor, ten en cuenta que solo queremos tu compañía. ¡Brillas como el sol y nos das alegría!

○─ ÍNTEGRO, VALIENTE, FIEL ─○

Leo es noble, honesto y tiene un sentido de la integridad profundamente arraigado. Su brújula moral es muy fuerte (rasgo que comparten con su signo opuesto, Acuario), y en la versión positiva les preocupa mucho vivir de acuerdo con sus valores. Les decepciona la gente que carece de esa virtud. Son tan valientes como honrados, y luchan por todo aquel a quien consideran parte de su «clan». Por lo que respecta a Leo, la fidelidad es un mantra que rige su vida. Los Leo presentes en mi vida son los amigos más fieles que tengo, y cuando los he puesto a prueba, nunca me han decepcionado. Leo preferiría morir a ser considerado poco de fiar o desleal.

EL APRENDIZAJE

En su versión positiva, Leo es fiel hasta el extremo; tan solo deben asegurarse de que quienes reciban su lealtad la merezcan. Tienen unos corazones enormes y puede que sientan decepción si su entusiasmo por la vida no es correspondido. También es difícil estar a su altura, así que, por favor, ¡acepten a los humanos inferiores! Deben saber que su amabilidad y generosidad nunca caen en saco roto. Cuando hacemos cosas por los demás sin esperar nada a cambio, esas buenas acciones llenan nuestros corazones de alegría, lo cual puede ser una recompensa en sí misma. Imaginen que el karma es un vigilante que nunca duerme y al que nunca se le escapa nada: las buenas acciones siempre se reconocen en este sentido y favorecen que haya más energía positiva en nuestras vidas.

○─ DIVERTIDO Y AMENO ─○

En la versión positiva son graciosísimos. Son risueños, alegres y felices y están repletos de energía positiva. Conozco a unos cuantos Leo que son escritores de comedias de éxito y que probablemente sean de las personas más divertidas que conozco. Dos de mis más viejas amigas son Leo y me hacen reír como nadie. Eso sí, los Leo saben lo poderoso que puede ser su don para el humor y no son tímidos a la hora de utilizarlo. Incluso cuando son conscientes de que están siendo un poquito egocéntricos, lo convierten en una broma y se les perdona en el acto. Utilizan el humor para salirse con la suya.

En su mejor versión son teatrales y amantes de la diversión, y organizan las mejores fiestas sin reparar en gastos. Puede que este comportamiento esté impulsado en parte por el ego, como ya hemos visto, pero en su versión positiva, a Leo le encanta llevar alegría y felicidad a las vidas ajenas y es sencillamente irresistible.

EL APRENDIZAJE

Procuren no agotarse en el proceso de ser el alma de la fiesta. Asegúrense de tomarse el tiempo para relajarse y simplemente «ser». Tienden a brillar, brillar y brillar, pero incluso el Sol se toma un descanso y le da el relevo a la Luna.

AMOR

Leo es todo amor y con frecuencia son las parejas más fabulosas. Son unos amantes atentos y afectuosos que se entregan generosa y constantemente a sus parejas, colmándolas de tiempo, amor, afecto, atención y regalos. ¡No olvidemos los regalos! Leo tiene que ver con el corazón, y tienen un corazón enorme. Su afecto, humor y carisma hacen que sean enormemente deseables para los demás.

En su versión positiva, les encanta apoyar y animar a sus parejas tanto como puedan. Están orgullosos de ellas y, aunque algunos de los Leo necesitan adoración, muchos otros simplemente necesitan respeto. Además, también están totalmente dispuestos a ser ustedes quienes adoren. Cuando las cosas van bien, Leo está encantado de comprometerse «hasta que la muerte nos separe».

Pero todo este cuento de hadas también tiene otra cara. Cuando canalizan la energía negativa de Leo, son seres orgullosos, egoístas, egocéntricos, complicados y exigentes. Puede ser una auténtica pesadilla tratar con ustedes. Naturalmente, algunas personas no se quedarán a su lado si transmiten esa clase de energía, lo cual les deja sumidos en un dilema. Necesitan amor como otros signos necesitan oxígeno, pero a menudo acaban alejando el amor de algunas personas muy buenas.

Para evitar este escenario, es vital que hagan todo lo posible por anteponer a los demás y que se esfuercen por escuchar e interesarse por lo que dice y hace su pareja. ¡Una persona solo puede decir realmente que está lista para comprometerse cuando esté preparada para anteponer las necesidades de la otra persona a las suyas, y viceversa, de modo que todo el mundo se sienta cuidado!

Si tienes una relación sentimental con un Leo y las cosas les van bien, probablemente ya sabrás lo maravillosa que puede ser la vida con esa pareja. Te ofrece tantas cosas que se vuelve una relación adictiva, como una droga. En el amor, Leo necesita que le prometas lealtad y le entregues tu corazón, y si las cosas van bien, te dará más y más a cambio, haciéndote sentir tan amado y apreciado que el amor de cualquier otra persona no será nunca comparable.

Dicho esto, debes ser consciente de que pueden ser personas exigentes y agotadoras para las parejas más relajadas, así que asegúrate de tener la energía necesaria para enfrentarte a un Leo en el campo del amor. Debes prestarles mucha atención; ofrecerles afecto, amor y carcajadas. Necesitan el amor como el comer, y si no se lo dan, se vuelven exigentes y dramáticos.

Muchos tienen un voraz apetito sexual, que más te vale compartir si quieres conservar esa relación, y les gustan las cosas buenas de la vida; si les compras regalos, compra lo más caro que te puedas permitir o algo que haya sido hecho para esa persona, y entrégaselo desde lo más profundo de tu corazón.

Si no consigues estar a la altura de sus ideales, no les prestas suficiente atención, no les das suficiente afecto o les haces daño, convertirán tu vida en un infierno y te abandonarán por alguien mejor. En su versión negativa, su ego puede provocar un caos y un drama inconmensurables, lo cual puede ser tan agotador e injustificable que no te queda otra que desengancharte de la droga y marcharte. Sin embargo, si trabajan la energía positiva de Leo y se sienten valorados y felices, tendrás la mejor relación que nadie te pueda ofrecer.

TRABAJO

Leo está magníficamente dotado para trabajar en ámbitos en los que existe una competencia sana o en la industria del entretenimiento. Necesitan sentir que lo que están haciendo es importante y no sienten satisfacción a menos que ocupen una posición de liderazgo. Les gusta estar al mando y se toman su carrera muy en serio. Ganar es esencial para Leo, un rasgo compartido con otro signo de fuego, Aries.

Tengo tres clientes Leo que trabajan en el ámbito jurídico. Leo se siente atraído a menudo por el mundo del derecho. Conozco a un abogado que cautiva a los jueces y presenta planteamientos muy elaborados para exponer los argumentos de sus clientes. El componente teatral que conlleva la abogacía, combinado con la clara victoria (¡o no!) al final del proceso legal, hace de esta una profesión muy típica de Leo.

Tengo un amigo Leo que ejerce la abogacía en Estados Unidos. Siempre ayuda a la gente de manera gratuita, especialmente a artistas que no pueden permitirse asistencia legal. Solamente acepta clientes si sabe que va a ganar el caso y entonces, de manera lenta pero segura, cambia su situación. Es divertido, aunque en ocasiones reservado, noble, humilde y el hombre más honrado que conozco. Tiene todos los rasgos de la versión positiva de Leo.

En la versión negativa, Leo puede ser una absoluta molestia para sus colegas. En el peor de los casos tienes tendencia a apropiarte de las ideas y recursos de los demás y luego te niegas a atribuirles el mérito. Como es lógico, esto puede hacer que tus compañeros de equipo se sientan poco valorados y resentidos.

Tengo una clienta bastante conocida que estaba desesperada por cambiar de profesión. Se puso a copiar las ideas de todo el mundo y acabó por hacer que mucha gente buena se alejara de su vida en su intento de lograr el éxito (cosa que al final consiguió, como suele suceder cuando Leo se marca un objetivo). Era demasiado orgullosa para admitir que había recibido mucha ayuda por el camino y, por consiguiente, perdió a todas las personas genuinas que habían estado a su alrededor, sustituyéndolas por aduladores. Los Leo en versión negativa solamente quieren que se les alimente el ego. No les importa la sinceridad ni la verdad.

También tengo un cliente Leo que trabaja en TV, y es muy gracioso, afectuoso y amable. ¡Le encantan los reflectores y en su campo brilla como el Sol! Le encanta hacer reír a la gente y se preocupa por todo el mundo, incluidas las personas que le apoyan detrás de las cámaras, a pesar de que nunca ha conocido personalmente a la mayoría de ellas. Devoto de la familia y generoso hasta el extremo, es un Leo «positivo» absoluto.

SALUD

Leo es todo corazón y, por tanto, deben hacer todo lo posible por cuidarlo. A nivel físico, mantenerse en forma, llevar una dieta sana y no fumar son cosas especialmente importantes para ustedes. Tienen que evitar someter su corazón a demasiada tensión.

A nivel más espiritual, como se entregan tan plenamente, tienden a acabar con el corazón roto, lo cual puede ser desolador, ya que les cuesta equilibrar sus propias emociones negativas. Cuando las personas de signo Leo están con la moral baja, pueden hundirse en las más oscuras profundidades. La expectativa de que Leo esté siempre feliz y alegre y que sea el alma de la fiesta representa una carga. Según mi experiencia, sienten una tristeza enorme que no pueden resolver por carencia de los recursos necesarios.

La luz del sol es importante para ayudarles a mantener el ánimo. Habitualmente, acostumbran dirigirse a zonas soleadas, y no les gustan los lugares oscuros. Conozco a varios Leo que padecen trastorno afectivo estacional. También deben hacer ejercicio regularmente para mantener equilibrados sus niveles de serotonina y cuidar su corazón. ¡Mejor aún si hacen ejercicio al aire libre y bajo el sol!

No les sorprenderá oír que, probablemente, tendrán que trabajar en su ego a lo largo de toda su vida. Recuerden que es posible que no sea su ego el que causa problemas, sino que puede ser que lo atraigan de otros. En cualquier caso, se les presentará como una de sus lecciones de vida fundamentales. Si su ego se infla demasiado, habitualmente sucederá algo que lo hará explotar. Y una vez más, carecen de la resistencia necesaria para hacer frente a esto, a otros golpes y a otros momentos inevitables de desánimo, por lo que su salud puede resentirse en consecuencia.

Los niños son una fuente de curación para los Leo. Su inocencia y su desenfrenado entusiasmo por la vida les tranquiliza e inspira, pero es importante que recuerden, sobre todo si tienen hijos, que deben tratarlos como seres individuales y no como prolongaciones de ustedes mismos.

EL AJUSTE DE LEO

1. **Gana confianza.** Incluso en el caso de que seas uno de los escasos Leo tímidos (sí que existen), conserva tu luz y sé la mejor versión posible de ti mismo. No te sientas inferior si no eres el clásico Leo extrovertido. Todos somos estrellas. No lo olvides.

2. **Exprésate de manera positiva.** Sé creativo, encuentra una vía de expresión que evite que llegue mucho dramatismo a tu vida. ¡Cómprate un libro para colorear!

3. **Permite que los demás brillen.** Procura escuchar más a los demás y hablar menos de ti y de tu vida; te volverás más interesante y te interesará más el mundo en general.

4. **Evita el egoísmo.** Si lo estás atrayendo de otros, fíjate en tu propio comportamiento para ver cómo puedes modificarlo. Si eres tú quien está siendo egoísta, analiza honestamente si eso te está ayudando en algo, y cambia. Haz cosas sin esperar nada a cambio.

5. **Sé humilde.** Confía en que el universo te recompensará por tus buenas acciones y tu generosidad. Atenúa tu

constante necesidad de reconocimiento y aprobación, ya que no suelen llegar hasta que te liberas de ese impulso y te aceptas a ti mismo.

6. Sube la intensidad del humor. Tu sentido del humor nos proporciona alegría a todos y sirve para que recibas la atención que deseas de manera más equilibrada.

— VIRGO —
EL PERFECCIONISTA
♍

SIGNO DE TIERRA

OPUESTO A PISCIS

SEXTO SIGNO DEL ZODIACO

SEXTA CASA

REGIDO POR MERCURIO/QUIRÓN

En su versión positiva, Virgo es franco, inocente, amable y confiable, con un don para hacer que la gente se sienta especial, deseada y digna. Tienen mentes extraordinariamente agudas y son los indiscutibles sanadores del zodiaco. También son el signo con la mente más fría: son personas lógicas, analíticas y trabajadoras.

Los nativos de Virgo acostumbran a ser listos, con una inteligencia penetrante que va directa al grano. También pueden desconectarse fácilmente de sus emociones y son buenos a la hora de tomar decisiones que nadie más quiere tomar. A menudo digo que, si tuvieras que someterte a una cirugía cerebral, preferirías que te la realizara un meticuloso Virgo que un sensible Cáncer. Virgo simplemente diría: «Corta aquí. Extirpa eso. Haz una incisión ahí». A Cáncer le preocuparía hacerte daño y retrocedería al ver la sangre.

Es muy propio de Virgo concentrarse en el trabajo que tiene entre manos y hacer que sea un éxito sin necesidad de exagerar. Son unas personas realmente frías y mayormente imperturbables. Virgo tiene una especie de pureza que resulta enormemente atractiva. La integridad y la honestidad son de capital importancia, y tienen unos niveles de exigencia extremadamente elevados en todos los ámbitos de su vida. (A veces, esas expectativas son difíciles de alcanzar por el resto de nosotros, pobres mortales.)

Por supuesto, hay un lado oscuro en toda esta energía pura y limpia. Virgo es uno de esos signos que se han ganado cierta fama. Según mi experiencia, todo el mundo ha conocido como mínimo a un Virgo complicado que analiza excesivamente, critica y trata de controlar cada situación y a cada persona con las que se encuentra. Es cierto que una persona Virgo en su versión negativa puede ser complicada a muchos niveles. Su incapacidad para tolerar los cambios o cualquier cosa que pueda provocar siquiera un atisbo de caos deriva de la ansiedad, su compañera casi permanente. Intentan controlarla, pero no lo logran porque insisten en los detalles, el orden y la rutina de todo y de todos.

Mucha gente juzga con dureza a los Virgo, pero yo siempre los defiendo explicando que se comportan de ese modo únicamente porque les aterra ser vulnerables. Tienen miedo de que se aprovechen de ustedes o de cometer un error. Toda mi experiencia con Virgo sugiere que, cuando canalizan energía positiva, no hay nadie más honesto, amable o gentil, ni con más probabilidades de lograr grandes cosas. Su capacidad para identificar lo que hay que hacer, crear condiciones óptimas y luego dedicarse a la tarea hasta la conclusión del proyecto los convierte en uno de los grandes triunfadores del zodiaco.

Una de mis más queridas amigas y clientas es Virgo; es honesta, amable y considerada, y una fotógrafa realmente exitosa. Tiene el don de hacer que te sientas mejor en todos los sentidos. (Y, por otra parte, me parece que su obra engloba las virtudes de la versión positiva de Virgo.) Siempre parece saber dónde radican las inseguridades de sus clientes y actúa para tranquilizarlos; su obra es profundamente vanguardista, pero limpia, y siempre elige el momento adecuado. Hace que todo parezca puro, aunque sea provocador. Muchos de mis clientes Virgo son así: trabajan mejor cuando todo está claro y es evidente; no reaccionan bien si tienen que improvisar.

Las grandes lecciones vitales que deben aprender hacen referencia a los límites y al control, igual que su signo opuesto, Piscis, pero desde una perspectiva distinta. Allí donde Piscis necesita más límites y desarrollar más disciplina y autocontrol, ustedes necesitan tiempo para dejarse ir y permitir un poco más de espontaneidad en su vida. Virgo debería dejar de lado su necesidad de que todo sea perfecto y disfrutar de la magia que le ofrece la vida en el momento presente. Quienes controlan excesivamente las cosas se pierden oportunidades espectaculares de vivir la vida.

Un gran ejemplo de los rasgos de la versión positiva y negativa de Virgo es el cantante, compositor, productor discográfico y filántropo Michael Jackson. Su necesidad de lograr la perfección era bien conocida y su sentido de la oportunidad le convirtió nada menos que en un genio de la música. Además del Sol en Virgo, tenía la Luna en Piscis (el signo opuesto de Virgo), así que sus principales enseñanzas de vida tenían que ver con los límites. En resumen, Virgo tiene demasiados; a menudo, Piscis tiene muy pocos. Por lo que respecta a su aspecto físico, se obsesionó con su versión de la perfección y casi se destrozó la nariz en sus intentos fallidos por hacer que todo fuera «perfecto».

VIRGO
EN VERSIÓN NEGATIVA

○— CONTROLADOR Y CRÍTICO —○

No puede negarse que la energía de la versión negativa de Virgo puede hacer que algunos de ustedes sean complicados, controladores y críticos, hasta el punto de que la persona receptora preferiría tirarse por un acantilado que seguir oyéndolos. (También divagan sin parar. He conocido a nativos de Virgo que hablaban hasta hacerme sentir como si un martillo neumático me estuviese taladrando los oídos para penetrar en mi cerebro, lo cual, bien pensado, habría sido menos doloroso que seguir escuchando.)

Pueden ser cortantes y de lengua afilada. Lo desacreditan todo literalmente, el arco iris más bello, la puesta de sol, y no nos olvidemos de las personas, incluso aquellas a las que quieren y les quieren. Cuando desatan la lengua de Virgo, su pobre víctima se siente como si la hubieran cortado por la mitad con una espada samurái. No me voy a andar con tapujos: son capaces de mostrar auténtica crueldad.

Una anciana familiar por quien tengo absoluta adoración tiene Virgo como signo ascendente, que es el signo residente en la primera casa y está fuertemente asociado a la personalidad. Muchos otros miembros de la familia la consideran crítica y complicada. Yo me fijo en su verdadero corazón, que es oro puro. Pero no siempre resulta fácil. Trabajé como creativa autónoma durante muchos años, lo cual, como sabrán quienes ejerzan profesiones parecidas, significa que he pasado por periodos de escasez y de abundancia. Un día me dijo que le parecía muy improbable que yo fuese a tener éxito o a ganar el dinero suficiente para proporcionar verdadera estabilidad a mí y a mi hijo. Algunos se ofenderían y permitirían que aflorasen todo tipo de malos sentimientos a partir de aquella afirmación cortante, pero yo sabía que simplemente temía por mí. Mi negativa a formar parte del escuadrón de oficinistas con un horario de nueve a cinco le resultaba incómoda a su sensibilidad de Virgo. Yo soy Acuario, así que le mostré amor y seguí adelante sin hacerle caso.

Hay una niebla general de negatividad que a veces parece descender sobre Virgo, una incapacidad para ver lo bueno o el potencial de las cosas. Por ejemplo, pueden ser extremadamente tacaños: el tipo que comprueba la cuenta hasta el último céntimo y se niega a aportar más de lo que considera que debe. «¿Propina? ¿Qué propina?», protestan, y a continuación se dedican a arruinar la noche criticando todo lo que supuestamente salió mal.

A la versión negativa de Virgo la llamo viejo cascarrabias.

EL APRENDIZAJE

Si tienes una fuerte influencia de Virgo en tu carta y algo de esto te suena, es posible que sientas bastante incomodidad. Por favor, recuerda que, incluso si a veces te comportas así, nadie está diciendo que no seas una buena persona. Puedes superar este comportamiento negativo y, de hecho, es urgente que lo hagas, porque por el momento tu espíritu libre está apresado en un lugar profundamente aterrador gobernado por tu actitud ofensiva hacia ti mismo y hacia los demás. No tiene por qué ser así. Reconocer tu tendencia a la crítica es el primer paso. Trabajaremos en el plan de actuación a medida que avancemos.

Como siempre les digo a sus críticos, Virgo pasa al ataque por miedo. Miedo a perder el control. Miedo a que le hagan daño. Por tanto, la primera cosa que tienes que hacer y la más importante es admitir que eres vulnerable e imperfecto. Cometes errores. Todo el mundo lo hace. No eres inmune a la ley universal que dice que todos cometemos errores de vez en cuando. Ese es tu principal desafío en la vida y tienes que hacer lo que sea y todo lo que puedas para aceptar que no eres perfecto. Recuerda que, cuando reconozcas tus vulnerabilidades, la gente te percibirá de manera diferente y te tratará mejor. La vida se hace más fácil en todos los sentidos.

Si vives o trabajas con un Virgo, seguramente sabes lo exigente que puede ser la vida con esa persona. Créeme, ¡para Virgo es peor! Es fácil reaccionar negativamente a las críticas, pero evita contraatacar. No te tomes las cosas como algo personal. Este es realmente un ejemplo clásico de que el problema tiene más que ver con la persona Virgo que contigo. Busca la causa que provoca el miedo de la versión negativa de Virgo y lo verás todo claro. Lo que realmente les suele impulsar y motivar es tan puro como la nieve recién caída. La forma más rápida de desmontar sus miedos es preguntarles de qué tienen miedo. Sí, probablemente alegarán que no tienen miedo de nada, pero mantente firme y acabarán cediendo y abriéndose. Busca en las profundidades de tus almacenes de compasión. Si puedes mostrar algo de humor, también ayuda.

◦— EXCESIVAMENTE ANALÍTICO —◦

En su versión positiva, a Virgo se le da estupendamente bien analizar situaciones, problemas y personas, pero en su vertiente negativa puede quedarse gravemente atascado al tratar de valorar todos y cada uno de los factores, analizar los riesgos, evaluar y, en general, desmenuzar su fuerza vital. Esto puede ser agotador, provocar ansiedad y hacer que te resulte imposible tomar una decisión.

He conocido a Virgos que posponen tanto las cosas cuando se les pide que hagan algo que yo habría podido concluir la tarea, irme a casa, bañarme y ponerme la piyama en el tiempo que se pasaron sopesando los pros y los contras y diseccionando todo lo que podría salir mal. (¿Ya mencioné que tienen tendencia a inclinaros hacia el lado negativo de la vida?)

EL APRENDIZAJE

Si tienes una fuerte influencia de Virgo en tu carta, deberías encontrar mejores formas de gestionar tu ansiedad. Te propongo un proceso en dos fases. En primer lugar, tienes que ser racional y preguntarte cuáles son los posibles riesgos y dificultades. A continuación, te sugiero que te inundes de energía positiva: ¡enumera todas las cosas que te van bien! «Estoy a salvo, tengo salud, mi familia está bien, tengo un techo sobre mi cabeza», etc. Las cosas sencillas (importantes) de la vida. Prepararte al máximo para cualquier eventualidad que te preocupe no hace daño, pero después ¡olvídate de ello!

Una de las cosas más sencillas y eficaces que puedes hacer es admitir tu forma de actuar, responsabilizarte de tu conducta y explicarles a los demás cómo funcionas. Si les dices que estás trabajando en tu problema y que nadie es perfecto, te crearás aliados, no oponentes.

Si vives o trabajas con un Virgo, procura ser paciente con su necesidad de analizar todo meticulosamente y planificar todo paso a paso. Dale todos los detalles que puedas sin volverte loco, y recuerda que principalmente se basan en la lógica, así que apela a eso. Si tienes un jefe Virgo, respeta su necesidad de perfección. Sé sincero en todo momento, pero utiliza las palabras *expectativas* y *realista* en lugar de comprometerte excesivamente y provocar descontento en ambas partes.

◦———⊖ TENSO Y ANSIOSO ⊖———◦

Aquí estamos llegando a la raíz de todos los problemas de la versión negativa de Virgo. En el mejor de los casos tienen cierta tendencia al estrés y necesitan relajarse. Pero con mucha frecuencia tienen una ansiedad crónica. Su necesidad de analizar y controlarlo todo tiene que ver con el miedo. Y cuando Virgo despliega plenamente su versión negativa, puede hacer que una persona se ponga muy tensa y sea excesivamente clínica, lo cual deriva de la ansiedad y del profundo temor a no tener el control, lo que no es bueno para esa persona en absoluto. Incluso a un Virgo que esté trabajando mucho en su energía positiva le cuesta no preocuparse. En el peor de los casos, esto puede desembocar en estrés, trastornos psiquiátricos e incluso en un trastorno obsesivo-compulsivo. En todas las personas con las que he trabajado que mostraban síntomas de TOC, Virgo ocupaba un lugar destacado en sus cartas. La casa de mi amigo músico Virgo está inmaculada; podrías comer en el suelo. ¡Un tanto inclinado al TOC!

Una de las personas más ansiosas que conozco tiene a Venus en Virgo, sobre todo en sus relaciones (Venus rige nuestras relaciones íntimas). He trabajado con ella durante un tiempo y he visto ir y venir a sus parejas; les parece demasiado tensa y controladora, y su ansiedad no la deja dormir por la noche. Estoy tratando de ayudarla a darse cuenta de que tiene que controlar menos y abrirse a las personas sin miedo a que se aprovechen de ella (eso es lo que suelen temer los Virgo); al expresar sus miedos, le dará a su pareja la oportunidad de apoyarla y vencerlos. Le sugerí que escribiera todos sus temores antes de dormir y los metiera en una «caja de las preocupaciones» para así no llevárselos a la cama.

EL APRENDIZAJE

Si tienes una fuerte influencia de Virgo en tu carta, tienes que relajarte. El humor es una magnífica medicina para todos. Procura centrarte en la magia del momento. Practicar la gratitud es una manera eficaz de revertir la preocupación y la negatividad. Las personas ansiosas elaboran interminables listas mentales de los temas que las aterran, pero no de las cosas maravillosas, seguras, saludables y positivas. Intenta contar todas las cosas por las que estás agradecido.

Si vives o trabajas con un Virgo, intenta hacerle reír. Cuéntale historias divertidas y recuérdale que no se tome todo tan en serio. La meditación puede ser de enorme ayuda, así que sugiérele que se descargue una aplicación en el celular o se una a un grupo de meditación. Esto ayuda a domar y entrenar la mente: vivir en el pasado a menudo provoca depresión y vivir en el futuro puede provocar ansiedad. Anímale a vivir el momento, que es lo único que tenemos de verdad.

VIRGO
EN VERSIÓN POSITIVA

SANADOR

Creo que Virgo es el sanador más poderoso y natural del zodiaco. Los Virgo saben intuitivamente qué decir y cuándo decirlo, y pueden hacer que te sientas la persona más importante del planeta.

Una amiga mía tuvo una crisis nerviosa cuando su pareja la dejó. Pasó meses en el hospital, donde intentaron que se recuperara a base de medicación y terapia, pero en realidad solo se curó cuando intervino su abuela Virgo. Esta hizo que mi amiga se quedara con ella, le confiscó el teléfono y la mantuvo en una burbuja, proporcionándole un espacio puro y seguro en el que trabajar con su dolor. Tardó algunos meses, pero aquella mujer consiguió lo que no consiguieron los médicos ni los medicamentos más caros. Permitió que mi amiga se curara. Mi amiga está ahora felizmente casada y vive su vida. La versión positiva de Virgo nos sana, nos protege y arregla nuestros pedacitos cuando nos rompemos, y dadas las expectativas y presiones irracionales de la sociedad actual, cada vez somos más los que nos rompemos.

EL APRENDIZAJE

No hay nada más gratificante que curar el ala rota de un pájaro y después soltarlo para que viva libre. Nuestra sociedad es frenética; nos piden que trabajemos hasta no poder más; se espera que parezcamos siempre jóvenes y que estemos siempre felices. Este mundo necesita a Virgo desesperadamente. Si eres Virgo, por favor, ten en cuenta que el servicio que prestas al resto del planeta supera con mucho tu esfuerzo. Uno de tus propósitos en la vida es ser útil, y esto alimenta y nutre tu alma.

HONESTO, SINCERO, DE CONFIANZA

Virgo es el signo más puro del zodiaco, y a menudo se le denomina «la virgen». A menudo son un poco ingenuos (¡lo cual puede ser molesto o entrañable, dependiendo de quién lo juzgue!) y tienen cierto aire infantil, lo cual garantiza que, en realidad, no envejezcan nunca. Creo que tiene algo que ver con el hecho de que son sinceros y puros de corazón. Su honestidad brilla como la luz de la luna, y cuando deciden que alguien merece su atención, siempre están ahí para lo que haga falta, directos y sinceros. Habitualmente son parcos en elogios, pero cuando los hacen, el receptor puede estar seguro de que son sinceros. Virgo es como un antídoto contra la necedad. No toleran fácilmente a los tontos. Desde el punto de vista de Virgo, la adulación, la tergiversación y las mentiras están mal. Son realmente serios, pero no al estilo contundente de Sagitario. Son más clínicos, más lógicos.

EL APRENDIZAJE

Es posible que se sientan los únicos que son honrados y que luego se flagelen por ello, lo cual es típico de Virgo. Mientras tengan cuidado de no hacer daño a nadie innecesariamente o de no decir la verdad como venganza, necesitamos más de ustedes.

ASTUTO

Los Virgo que exhiben rasgos positivos son inteligentes, penetrantes y astutos. Son el signo más analítico de todos y, al parecer, tienen un don para distinguir rápidamente lo que funcionará y lo que no. También tienen un asombroso sentido de la oportunidad que garantiza que proporcionen información útil de su conocedor cerebro en el momento adecuado. Si un amigo o colega necesita un diagnóstico acertado, o algo que ataje el caos y que le diga lo que realmente necesita, Virgo es la solución.

EL APRENDIZAJE

Reconoce tus habilidades y contrólalas. Sácales más partido. No huyas de ellas. Una pequeña sugerencia: siempre es mejor esperar a que te pregunten antes de dar tu consejo u opinión. De ese modo, te encontrarás con una audiencia receptiva que opondrá poca resistencia.

SERVICIAL Y SOLÍCITO

Les gusta aprovechar bien toda esta precisión mental y les encanta ser serviciales. Son magníficos a la hora de sentarse pacientemente a tratar un problema o a escuchar a alguien que les abre su corazón hasta encontrar la solución o, como mínimo, hasta hacer que se sienta mejor. Les gusta apoyar especialmente a personas que intentan algo. A Virgo le encanta la gente que se arriesga. Normalmente, no se mueven para ayudar a personas que no se están intentando ayudar a sí mismas.

Pueden ser extremadamente sacrificados y muchos de ustedes experimentan alegría principalmente a través del servicio a los demás. Obviamente, esto tiene un lado positivo, pero también inconvenientes, fundamentalmente para ustedes. Acostumbran ser muy generosos con el tiempo, el servicio y el dinero que dedican a obras benéficas. De hecho, algunos de los más destacados filántropos del mundo, como Warren Buffett, tienen una fuerte influencia de Virgo en sus cartas.

EL APRENDIZAJE

Servir a los demás es fantástico, pero asegúrate de llevar una vida equilibrada y divertirte en el proceso. ¡Relájate y muéstrate frívolo de vez en cuando! Participa en una causa que te preocupe, pero haz que sea divertido. Involucra a tus amigos y baila doce horas sin parar con fines benéficos (¡sin tacones, por supuesto!). Corre un maratón con un disfraz absurdo, o proponte no criticar nada o a nadie durante veinticuatro horas.

AMOR

Virgo brilla con una pureza y una cierta inocencia que lo hacen instantáneamente atractivo, y son unos amantes y compañeros fieles y entregados. Conozco a un hombre Virgo que dejó de hablar con un amigo suyo casado porque este amigo había tenido una aventura. Esto es típico de Virgo: no les gusta la traición, las mentiras ni la falta de honestidad. Lo gracioso es que a este hombre ni siquiera le caía bien la mujer de su amigo, pero, en su opinión, si su amigo era capaz de mentir y engañar a su «compañera de vida», no era el hombre que él pensaba que era. Los Virgo pueden ser puritanos, pero a menudo son unos seres humanos muy decentes.

El problema es que tienen unas expectativas tan elevadas que, generalmente, a todo el mundo le cuesta estar a su altura. Son los perfeccionistas del zodiaco y deben tener cuidado de no ser demasiado críticos con los demás o corren el riesgo de acabar solos.

El problema es que ven el potencial de las personas y les cuesta aceptar quiénes son en ese momento. Intentan que mejoren para que sean incomparables, pero eso no es realista. La versión negativa de Virgo pone a sus amantes en un pedestal durante un momento y luego se pasa meses o años criticándolos en un intento de mejorarlos. Esto puede resultar muy destructivo para la felicidad de todo el mundo. La otra persona empieza a desmoronarse y, a menudo, tiene que abandonar la relación para recobrar su confianza. Los nativos de Virgo deben aceptar la realidad de su pareja desde el principio y aprender a valorar las imperfecciones que nos hacen únicos.

Conocí a una pareja que estaba locamente enamorada, pero mi clienta Virgo era controladora, en ocasiones incluso crítica. Yo sabía que eso se debía a su miedo a la vulnerabilidad típico de los Virgo, pero su pareja estaba enfadada con ella porque le daba la impresión de que ella no respetaba su independencia. Virgo intentaba controlar al milímetro a Aries (¡le deseo buena suerte!), y mientras lo hacía, se dio cuenta de que la única persona a la que podía controlar era a sí misma. El camino al corazón de un Aries es darle mucha libertad y fomentar su energía y su pasión por la vida. El camino al corazón de un Virgo es ayudarle a superar sus miedos, darle tranquilidad y ayudarle a reír.

TRABAJO

Virgo es un gran triunfador que destaca en cualquier cosa que requiera dedicación, determinación y una gran concentración. Su sentido innato del estilo (típicamente depurado y preciso) hace de él un diseñador fantástico, sobre todo en el mundo de la moda, y son muy buenos estilistas. La otra vocación que atrae a Virgo es la medicina y todo lo relacionado con la curación. Pueden ser excelentes profesionales en el campo de la cirugía, la medicina, la enfermería, la ciencia y las tecnologías de la información, gracias a su atención por el detalle, su paciencia y su grado de concentración.

Como los Virgo, necesitan estructura y orden para desarrollar sus capacidades al máximo nivel; no son productivos en entornos caóticos. Sus inigualables capacidades organizativas los convierten habitualmente en un activo de enorme valor para cualquier empresa, y cuando canalizan la energía positiva del signo, no solo son metódicos, sino que tienen una actitud casi zen a la hora de dejar un espacio para que reluzca su mejor trabajo. Conozco a varios profesionales independientes Virgo que son fantásticos a la hora de establecer sus propias reglas: se levantan cada día a la misma hora y realizan sus rutinas para entrar en la zona de trabajo con calma y precisión.

El otro gran punto fuerte en lo que respecta a su carrera profesional es su increíble ética laboral. Nadie trabaja como Virgo. Beyoncé Knowles, por ejemplo, nació con el Sol en Virgo y, aunque su talento es respetado y reconocido en todo el mundo, afirma abiertamente que el trabajo duro y la determinación durante muchos años son lo que la ha ayudado a convertirse en la superestrella que es hoy. Al parecer, incluso a una edad en la que la mayoría de las niñas jugaban con muñecas y montaban en bicicleta, ella prefería practicar para poder correr y cantar al mismo tiempo.

SALUD

Los problemas de salud de Virgo suelen derivar siempre de su incapacidad de librarse del estrés. Interiorizan todo en demasía, así que padecen del estómago (desde el síndrome del intestino irritable a úlceras), por no hablar de la hipertensión, un montón de trastornos relacionados con la ansiedad y el TOC.

Es absolutamente esencial, por el bien de su salud a largo plazo, que aprendan a manejar el estrés. Una técnica sencilla pero eficaz que ayuda a los Virgo es, como mencioné antes, escribir todo lo que les preocupa. No son la clase de personas a las que les resulta fácil compartir sus preocupaciones, así que cualquier medio que les permita soltarlas es positivo. Y si creen que sufren un trastorno de ansiedad, una fobia o un TOC, acudan en busca de ayuda profesional.

Si bien es cierto que Virgo tiende a padecer más dolencias que el resto de los signos (rige la salud y la sanación en general), también son propensos a la hipocondría. Mi amigo con una gran influencia de Virgo en su carta (el músico del suelo inmaculado) sufre varios trastornos de salud, y aunque muchos de ellos son ciertamente reales, unos cuantos son indudablemente psicosomáticos. Eso puede ser un poco complicado de sobrellevar, ¡hasta el punto de que nosotros, sus amigos, a menudo no queremos preguntarle cómo está! Su música, por cierto, es prácticamente perfecta, y es conocido por «pasarse tres días trabajando en el sonido del tambor» para completar una melodía, lo cual puede hacer que resulte bastante complicado trabajar con él. Sin embargo, todo el mundo lo quiere, pues sin duda es una de las personas más honradas del planeta y el mejor amigo que uno podría desear.

EL AJUSTE DE VIRGO

1. **Admite tus vulnerabilidades.** Ten una actitud más abierta, asegúrate de que tus límites no sean demasiado rígidos e intenta no controlar tanto todo. Deja que la gente sepa cuándo lo estás pasando mal y dales la posibilidad de intervenir.

2. Tómate tiempo para sanar tu energía. Despeja tu espacio
y pon música agradable para relajarte y sanar tu alma.
Intenta utilizar un mantra que te recuerde que todo va
bien varias veces al día.

3. Relájate. Es más fácil decirlo que hacerlo, lo sé, pero
evita tomarte todo tan en serio. Sintoniza con la
inocencia y la sensación de asombro que hay en tu
interior. La vida es más sencilla cuando te dejas llevar
por la corriente y aprecias su magia.

4. Piensa antes de hablar. Cada vez que notes que estás a
punto de criticar o desacreditar algo o a alguien, detente,
y en lugar de hacerlo, di algo agradable. Refrena tu
lengua hasta que te hayas enfriado.

5. Diviértete más. Intenta que no todo sea trabajo en la
vida. Relájate más y dedica tiempo a utilizar tus
habilidades sanadoras para ayudar a tus amigos y seres
queridos. La vida es demasiado corta para ser negativo:
eso mina tu moral y destruye tu potencial para la alegría.

6. Afronta tus miedos. Haz un esfuerzo consciente
por aplacar tu ansiedad y romper el hábito de la
preocupación. Aprende nuevas tácticas para hacerlo:
medita, corre, practica yoga e intenta empaparte de
energía positiva (véase la página 202) hasta que la
ansiedad disminuya. ¡Al menos inténtalo! ¡Te prometo
que funciona!

— LIBRA —
LA BALANZA

SIGNO DE AIRE

OPUESTO A ARIES

SÉPTIMO SIGNO DEL ZODIACO

SÉPTIMA CASA

REGIDO POR VENUS

En su versión positiva, Libra es el signo más refinado, civilizado, diplomático y digno de todos. La mayoría de las veces también son admirables, y son siempre encantadores y persuasivos. Son por naturaleza los mediadores y diplomáticos del zodiaco, e imponen paz en situaciones en las que se necesita desesperadamente que alguien intervenga. Su símbolo parece un puente, y se mueve entre las personas y las situaciones tendiendo puentes y aportando un elemento de armonía allí donde antes no lo había. Tienen una necesidad fundamental de paz y equilibrio en sus vidas, razón por la que generalmente son hábiles en el arte de transigir, y es por eso que son más felices en comunidad que deambulando por la tierra en solitario. Las asociaciones y las parejas (sobre todo desde un punto de vista romántico, pero también las basadas en la amistad y en el trabajo) son de capital importancia para Libra. Las relaciones les hacen funcionar.

Son unos estrategas brillantes, capaces de ver todos los aspectos de una situación o de una argumentación antes de emitir juicios. Son ecuánimes, justos y de trato fácil, lo cual hace que sea un placer tenerlos cerca.

¿He dicho placer? Ah, sí. Les encantan los placeres de todo tipo, así como la belleza, el arte y la cultura. Tienen un ojo increíble para la belleza. Conozco a unos cuantos artistas y todos tienen una importante presencia de Libra en sus cartas. El artista italiano Caravaggio tenía el Sol en Libra, y su trabajo, sobre todo con la «Diosa», es absolutamente exquisito. Una de sus obras más famosas es *La muerte de la Virgen,* pintada entre 1601 y 1605. Fue muy polémica en su momento, porque utilizó como modelo a una conocida dama con una reputación bastante dudosa. Este gusto por la ironía no es típico de Libra, sino que probablemente se deba al hecho de tener la Luna y Quirón en Acuario. (A Acuario le encanta impactar y a menudo se rebela simplemente para escandalizar.)

El planeta regente de Libra es Venus, el cual está estrechamente relacionado con el amor, la belleza y el placer, así como con el arte y la cultura. (En la mitología romana, la diosa Venus era también la patrona de las artes.) Son los grandes románticos del zodiaco, extraordinariamente seductores (¡a menos que tengan una gran influencia de su vecino Virgo en su carta y lo eche todo a perder!), y saben cómo hacer que la gente sienta placer físico y emocional.

A menudo son agradables desde el punto de vista estético, aunque, según mi experiencia, las auténticas bellezas no son necesariamente las que tienen el Sol en Libra, sino aquellas en las que Libra ocupa un lugar destacado en toda su carta, especialmente Venus, su signo ascendente o Marte.

No puede haber mejor ejemplo de la versión positiva (y negativa) de Libra que Brigitte Bardot, la actriz y cantante francesa, defensora de los animales, considerada una de las mujeres más bellas que han existido jamás. Tiene el Sol, Mercurio y Júpiter en Libra, y también tiene planetas en el signo humanitario de Acuario. Ha dedicado su vida a la defensa de los animales. La manera en que se combinan los planetas en la carta de Bardot aparentemente ha dado como resultado a una hermosa mujer con necesidad de justicia. En Libra impera la justicia y la igualdad, especialmente para aquellos que no tienen voz, como es el caso de los animales. Sin embargo, aquí es donde aparecen las contradicciones.

Desgraciadamente, Bardot parece exhibir también la versión negativa de Libra, la cual es dogmática e incluso intolerante. No oculta su desagrado ante cualquier francés que no sea de origen caucásico, está en contra de la inmigración y ha sido condenada en numerosas ocasiones por incitación al odio racial. Libra puede estar lleno de contradicciones, pero una cosa está clara: su lado crítico es de lo peor y pueden declararle la guerra a cualquiera al que consideren diferente. Esta necesidad de apoyar campañas de odio está impulsada por una profunda infelicidad y va totalmente en contra de la equidad que Libra necesita lograr para sentirse en paz.

La versión negativa de Libra puede ser superficial, vana, extravagante y terriblemente dependiente. No pueden sobrevivir sin la aprobación de los demás y, con mucha frecuencia, complacen a la gente, sacrificando su sentido de identidad para que otros se sientan felices, lo cual no hace más que provocarle resentimiento. Libra debe aprender a ser independiente. Deberían aprender de su signo opuesto, Aries, el cual no necesita la aprobación de nadie y, por tanto, parece atraerla fácilmente.

LIBRA
EN VERSIÓN NEGATIVA

VANO, SUPERFICIAL Y MATERIALISTA

En su versión negativa, Libra es vano e incluso un tanto flojo (imagina a la diosa echada en un sofá mientras los hombres la adoran y las mujeres la alimentan con uvas o le llenan la copa). Solo les importa lo que ven los demás. Pueden ser falsos y superficiales, y llenan su vida de trivialidades y pasatiempos que atraigan la adoración que anhelan. Están obsesionados por su aspecto y se dejan llevar por cualquier cosa que les proporcione placer, independientemente de cómo vaya eso a afectar a cualquier persona o a cualquier cosa. Aunque María Antonieta nació bajo el signo de Escorpio, su falta de moderación y su estilo de vida excesivo y ostentoso se deben a la versión negativa de Libra. Tenía a la Luna (emociones) y a Júpiter (el planeta de los excesos) en Libra.

En su versión negativa, Libra siempre se fija en las apariencias y nunca se molesta en ahondar bajo la superficie, lo cual puede hacer que sean ignorantes e intolerantes.

No les gusta nada ni nadie que pueda catalogarse como «feo», así que tienden a manipular a otras personas para que se hagan cargo de cualquier cosa desagradable. Esto no solo es moralmente cuestionable, sino que, además, les impide vivir experiencias que les permitirían profundizar y que podrían aportarles una enseñanza emocional.

EL APRENDIZAJE

Si tienes una fuerte influencia de Libra en tu carta, intenta reconocer cuándo estás siendo superficial. Si no lo haces, corres el riesgo de atraer relaciones igual de superficiales. A la primera señal de que haga falta esforzarse en mantenerlas se esfumarán. Libra rara vez está solo, pero si no cultivas tu lado profundo, atraerás a parejas que solo te querrán mientras tengas buen aspecto y luego encontrarán a otra persona más joven al primer signo de envejecimiento. Duro, pero real. No juzgues ni evites a otros que sean diferentes o menos atractivos, pues puede que te pierdas a alguien que tenga mucho que ofrecerte y una profundidad que enriquecería tu experiencia vital. Recuerda que esta vida es solo una de muchas y puede que te reencarnes en un adefesio.

Si vives o trabajas con un Libra, tienes que saber que sus poco realistas expectativas son el camino más rápido a su propia decepción. Si es soltero, evaluará constantemente a todas las personas solteras (¡y en el peor de los casos, a las casadas!) como posibles parejas, lo cual puede resultar absolutamente agotador y bastante aburrido para ti. Si tienes fuerzas para ello, intenta animarlo para que busque un sentido más profundo en su interior. Esto puede ser agotador, pero en última instancia gratificante, cuando veas que se abren como las hermosas flores que son.

DEPENDIENTE, INCAPAZ DE ESTAR SOLO

A menudo, les da tanto miedo estar en su propia compañía que cualquiera les sirve para distraerse. Tienen una necesidad imperiosa de relacionarse, y tal es su desesperación por recibir la aprobación de los demás que con frecuencia atraen a personas que acabarán haciéndoles sentir fatal (y aún más solos). Algunos no pueden soportar estar solos porque les asusta su sutil voz interior, esa que les anima a levantarse y a seguir su propio camino.

EL APRENDIZAJE

Si tienes una fuerte influencia de Libra en tu carta, es indispensable que aprendas a aceptarte. Tienes que ser valiente y enfrentarte a ti mismo. Intenta calmar tu mente el tiempo suficiente para poder oír tu voz interior. No te tiene que dar miedo. (Conozco a una señora Libra que duerme con la televisión encendida en un intento de ahogar sus pensamientos.) Una vez te sientas cómodo escuchándote, puedes probar a hablar contigo mismo. Recuérdate todas las razones por las cuales eres una persona agradable y buena, y las cosas que te hacen hermoso. Permanece solo en lugar de rodearte de personas que te hagan sentir que eres maravilloso. Aquí la lección para aprender es que tienes que dejar de preguntarles a los demás cuál es su opinión y de buscar que te digan lo mucho que te necesitan. Mantente firme y siéntete cómodo en tu propia piel.

Si vives o trabajas con un Libra dependiente, puede resultar agotador y ocuparte mucho tiempo. Es muy fácil que te encuentres rezando para que encuentre rápidamente su «media naranja» para que lo aguante. En una ocasión tuve un novio Libra que odiaba estar solo; aquello iba bien cuando yo organizaba retiros a solas y él organizaba viajes románticos para los dos. Si trabajas con un Libra dependiente, eso te puede ocupar mucho tiempo y recursos, puesto que necesita que se le confirme constantemente que su trabajo es lo suficientemente bueno y no le gusta hacer las cosas solo. Puedes sugerirle (amablemente) que trabaje para aumentar su confianza o encontrarle un propósito que se le dé bien. Una advertencia: no utilices la palabra *dependiente*, pues eso provocaría una fuerte reacción por parte de Libra, ya que, como todo el mundo sabe, ¡las verdades ofenden!

INFLEXIBLE Y CRÍTICO

En una manifestación extrema de la versión negativa de Libra, combinan su papel de jueces del zodiaco con su desafortunada tendencia a la superficialidad y a emitir juicios severos y huecos sobre los demás. Se quejan de que los demás los juzgan mal, pero siempre están buscando las imperfecciones y los fallos antes que cualquier otra cosa. A veces, esos juicios se basan en el aspecto, la ropa o el estatus de las personas. A veces, como hemos visto en el caso de Brigitte Bardot, son aún más prejuiciosos y se basan en la raza, la clase social, el género o cualquier diferencia que decidan que es «inaceptable». Si esto te suena, te insto a que cambies rápidamente de comportamiento. ¡La verdad es que nunca es demasiado tarde!

EL APRENDIZAJE
Si tienes una fuerte influencia de Libra en tu carta, reprímete de hacer juicios impulsivos hasta que dispongas de datos con los que respaldar

tus argumentos. Procura ver lo bueno de las personas y situaciones. Habrás oído aquello de que «el que esté libre de pecado que tire la primera piedra»; pues bien, podría haber sido escrito para ti. Cambia de hábito y, antes de hablar, pregúntate: «¿Provocará esto discordia en mí o en cualquier otra persona?». Cada vez que juzgas a alguien, reduces tu empatía, lo cual limita tu potencial. En mi opinión, recibimos lo que damos, así que sé consciente de ello y cambia de comportamiento.

Si vives o trabajas con un Libra inflexible, recrimínaselo siempre que puedas, con amor y amabilidad, por supuesto. No trates de avergonzarle enfrente de nadie; limítate a recordarle que recoges lo que siembras y que esta clase de comportamiento siempre se vuelve en tu contra, tal vez no de inmediato, pero siempre lo hace.

INDECISO Y PASIVO

A la versión positiva de Libra les encanta tener todo en cuenta para poder emitir un juicio equilibrado. Sin embargo, en la versión negativa, esto puede provocar una crisis de indecisión. Están tan acostumbrados a sopesar los pros y los contras de una situación que, con mucha frecuencia, se les pueden escapar oportunidades y hacer que otros se confundan. Conozco a un hombre Libra que se hartó de su indecisión hasta tal punto que ahora lanza una moneda para tomar decisiones y se atiene inamoviblemente al resultado. Tal vez sea un caso un tanto extremo, pero solucionó el problema. Evitar tomar decisiones es signo de debilidad y reduce su potencial para vivir plenamente.

También pueden ser extremadamente pasivos, decididos a mantener la paz hasta el punto de sacrificar sus propias necesidades en nombre del acuerdo. Su deseo de evitar la confrontación les hace infelices conforme la vida les va enviando personas que los empujan al límite. ¡Esto los hace más infelices y provoca todo menos paz! Su objetivo final.

EL APRENDIZAJE

Si tienes una fuerte influencia de Libra en tu carta, tienes que tomar decisiones y acatarlas. Si las personas tratan de forzar tus límites, aprende a reivindicarte y mantente firme, como tu signo opuesto, Aries. (¡Tienen mucho que aprender el uno del otro!) Tu necesidad de agradar puede hacer que sacrifiques lo que eres, de modo que mantente firme de manera pacífica y convencida.

Si vives o trabajas con un Libra que es irritantemente indeciso, intenta ayudarle. Si te pone los nervios de punta, ¿te imaginas cómo debe de ser para el Libra? Anímale a sintonizar con su voz interior, la cual tiene siempre las respuestas. Si necesita agradar, recuérdale que eso le predispone al fracaso. Incluso uno de los hombres más compasivos del ámbito público, el Dalai Lama, tiene antagonistas y críticos. Es imposible agradar a todo el mundo, recuérdaselo.

LIBRA
EN VERSIÓN POSITIVA

ECUÁNIME, JUSTO Y EQUILIBRADO

Escuchan a todo el mundo y le dan a la gente la oportunidad de ser escuchada. Se mueven constantemente entre amigos y grupos familiares, poniendo paz y actuando como diplomáticos. Su compañía es tan placentera que todo el mundo busca sus sabios, justos y nada sentenciosos consejos. Aportan una visión equilibrada a todo lo que hacen y siempre se fijan en la imagen global.

EL APRENDIZAJE

Intenten tener en cuenta sus propias necesidades tanto como las ajenas. A menudo están tan ocupados actuando como pacificadores que dejan sus propios sentimientos y preferencias a las puertas de la zona de conflicto. Podrían aspirar a un puesto en las Naciones Unidas (¡una organización muy típica de Libra!). Pero ¿lo suyo tiene fin? Agradecemos enormemente su ecuanimidad; por favor, tengan en cuenta que, aunque no lo expresemos, siempre la recibimos con mucha gratitud.

Tengo una clienta que se enfada mucho cuando su familia o sus amigos se pelean. Dedica todo su tiempo y energía a intentar poner paz. Yo le digo que, a veces, tienes que dejar que la gente se las arregle y salir del cuadrilátero, pero ella permite que eso afecte a su vida. Le sugerí que intente hacerles saber lo mucho que le duele que se peleen y que les pida que la dejen totalmente al margen o, mejor aún, que paren.

ENCANTADOR, DULCE Y ELEGANTE

Libra es el signo más encantador de todos. Pueden encantar serpientes hasta sacarles el veneno y hacer que encima les den las gracias. Su actitud es suave y delicada, y tienen una naturaleza tan agradable que a todo el mundo le complace que estén cerca. Tienen una elegancia interior que a todos nos inspira a intentar parecernos más a ustedes. En la versión positiva sois la dulzura personificada y rezuman gentileza.

EL APRENDIZAJE

Por favor, asegúrate de no utilizar tu superpoder de encantar a la gente para manipularla y hacer que haga o te dé lo que crees que necesitas. Eso no es prudente y normalmente se vuelve en tu contra.

GENEROSO

Generalmente tienen una generosidad digna de un santo y disfrutan ayudando a los demás. Su necesidad de compañía tiene sus ventajas, ya que les encantan las cosas buenas de la vida y no les importa pagar una factura con tal de estar en buena compañía si sus amigos o seres queridos disponen de menos recursos que ustedes. Son generosos con su tiempo, su corazón o su dinero, lo cual es valorado positivamente por las buenas personas que tienden a atraer.

EL APRENDIZAJE

Por favor, no tengas miedo de que se aprovechen de ti, ya que eso limita tu bondad. Busca señales de aviso por todos los medios, pero recuerda que el ojo del karma lo ve todo: ninguna buena acción o conducta pasa desapercibida a la ley de la causa y el efecto. Y al final, ¿qué sentido tiene preparar una cena para uno o beber un vino excelente solo? Si puedes compartirlo con otros, hazlo. Tan solo asegúrate de que todas las «transacciones» sean equilibradas y ecuánimes. Si tienes más dinero que tus amigos o tu pareja, está bien que lo compartas. Antes de mi etapa como profesional independiente, con sus fases de escasez y abundancia, tenía un sueldo muy bueno. Una chica de nuestro grupo, una Libra maravillosa, no ganaba tanto como el resto de nosotras, así que insistíamos en pagar siempre que podíamos. A cambio, ella nos compraba pequeños regalos y llevaba a cabo actos bondadosos que todas agradecíamos. Una amistad o relación sentimental equilibrada no implica que siempre haya que pagar a medias.

GUERREROS PACÍFICOS

La versión positiva de Libra lucha contra la injusticia y aboga por lo que es justo como ningún otro signo, sin renunciar a su innato sentido de la paz. Un símbolo internacional de la paz y de la igualdad de derechos es Mahatma Gandhi, nacido bajo el signo de Libra. Su incansable trabajo a favor del activismo no violento es un ejemplo personificado de este signo.

Jimmy Carter, expresidente de Estados Unidos, también nació bajo el signo de Libra. Ganó el premio Nobel de la Paz en 2002 por su esfuerzo al tratar de poner fin al conflicto palestino-israelí y su defensa de los derechos humanos durante décadas. La paz, la ecuanimidad y la igualdad de derechos para todos son principios propios de Libra.

EL APRENDIZAJE

Libra debe luchar por la igualdad y la justicia y abogar activamente por lo que es justo. Eso no es solo un gran fin en sí mismo, sino que, además, calmará su necesidad espiritual de hacerlo. Ese es su papel en el zodiaco. Algunos nativos de Libra escogerán el camino superficial y subirán y bajarán de aviones privados con un aspecto magnífico, pero los más auténticos se ensuciarán sus delicadas manos. En última instancia, esto es aún más beneficioso para ustedes que para aquellos a quienes defienden. Esto puede significar salir en defensa de alguien acosado en televisión o aspirar al próximo premio Nobel de la Paz; cualquiera de las opciones es igualmente válida para su satisfacción interna.

AMOR

«Hacen falta dos para que la vida vaya bien» es esencialmente el lema de los Libra. El amor y las relaciones lo son todo para un Libra; están literalmente enamorados de la idea del amor. Lo bueno es que son personas románticas, seductoras y sensuales. En su versión positiva están totalmente comprometidos con su pareja y harán todo lo posible por cubrir sus necesidades. También son absolutamente fieles. Las personas nacidas bajo el signo de Libra disfrutan de algunos de los matrimonios más largos y felices que conozco; no les gusta romper nada, sea lo que sea.

Su famosa paz interior y gentileza les suelen ayudar a mantener una visión positiva, incluso cuando la relación se rompe; Gwyneth Paltrow, la actriz estadounidense y fundadora de Goop, es Libra, y su método de divorcio de «separación consciente» es un magnífico ejemplo de la famosa gentileza de los Libra, incluso en circunstancias extremas.

En su versión negativa, son materialistas y superficiales, y llegan a un grado de vanidad que hasta los espejos se cansan de su reflejo. También atraen a personas unidimensionales y situaciones superficiales, y utilizarán cualquier cosa aparte de su verdadero yo para seducir: diamantes, ropa de diseño, coches y casas de lujo. Buscan la belleza y nada más que la belleza, y no renuncian a nada en esa búsqueda, incluyendo la cirugía plástica invasiva. También esperan que sus parejas tengan buen aspecto y realmente no les importa si son frívolas a cambio.

Sin embargo, como sucede con Virgo, la versión negativa de Libra también puede manifestarse en unas expectativas exageradas de sus parejas (y de su persona). Realmente, tienen que tranquilizarse en este sentido y simplemente aceptar lo que hay.

Odian la soledad y pueden ser excesivamente dependientes, lo cual, a menudo, aleja incluso a la gente buena y paciente. En la versión negativa, saltan sin parar de una relación a otra, o bien son infieles: si les parece que una relación está fracasando, ¡pasan a la siguiente sin poner fin necesariamente a la primera! Pueden ser materialistas, frívolos y tan sosos y unidimensionales que aparten a todas las personas auténticas y se queden con los aduladores y la superficialidad.

Si tienes una relación sentimental con un Libra, tienes que ser un experto en el arte de la seducción total. Los Libra son extremadamente seductores y esperan que les traten del mismo modo. ¡Libra quiere que le enamoren! Si necesita regalos caros, está mostrando la versión negativa del signo y deberías irte tan rápido como puedas. En su versión positiva, valora la atención, el afecto y los pequeños detalles. Le encanta el romance sensual, las velas, la comida casera y la buena música; cuando veas a tu pareja Libra agradeciendo esas cosas, puedes deducir que despliega la energía positiva del signo.

TRABAJO

Generalmente, los Libra tienen una imagen tan agradable que cualquier profesión en la que eso pueda constituir una ventaja es una buena apuesta. Muchos modelos, actores y políticos nacieron bajo el signo de Libra o tienen una gran influencia de Libra en sus cartas. También acostumbran a ser unos increíbles artistas, fotógrafos, pintores y músicos y, por supuesto, grandes defensores de los derechos humanos, abogados y diplomáticos.

En el ámbito laboral es un placer trabajar con y para la versión positiva de Libra. Son personas reflexivas y realmente buscan la armonía, por lo cual no dan puñaladas por la espalda ni chismorrean. Harán todo lo posible por aportar equilibrio al lugar de trabajo.

Hace mucho tiempo trabajé durante varios años de creativa en una compañía de entretenimiento y tuve el mejor jefe que se pueda tener. Era Libra, tan ecuánime y justo que hacía que trabajar para su empresa fuera un absoluto placer. Se aseguraba de que el equipo de trabajadores independientes cobrase puntualmente, tenía en

cuenta las horas extra y nos premiaba con gratificaciones considerables. Nunca había que pedirle nada, porque siempre iba un paso
por delante. Sin embargo, no era ningún pelele. Cuando le pregunté
si alguna vez se había mostrado indeciso (uno de los grandes defectos de Libra), me dijo que había tomado conscientemente la decisión
de no permitir que aquello le definiese, de manera que no, ya no,
tomaba decisiones y las acataba.

En la versión positiva, los Libra tienen en cuenta a todo el equipo
y se esfuerzan por crear entornos armoniosos para todos los implicados. No les motiva únicamente el dinero y el éxito, y como mínimo
les importa el propósito de su trabajo y quieren un entorno laboral
tranquilo y apacible en el que realizarlo.

Sin embargo, les gusta agradar, y eso puede ser bueno o malo,
dependiendo del extremo al que lo lleven. Si quieren agradar hasta
el punto de evitar tomar decisiones difíciles, ello va habitualmente
en detrimento de su proyecto o de su empresa. A menudo les digo a
clientes que se debaten en este sentido que el objetivo del trabajo es
tener en cuenta las necesidades generales de la empresa o el proyecto, dejando de lado la necesidad egocéntrica de agradar a todo el
mundo. Es imposible complacer a todos, y Libra tiene que aceptarlo.

SALUD

Libra necesita paz y equilibrio para funcionar correctamente. La paz
mental y un entorno tranquilo son absolutamente vitales para su
bienestar general. Si están rodeados de caos, desavenencias y personas que les alteran, su salud física y mental se resentirá. Los Libra

son vulnerables al estrés y a la ansiedad, situaciones que no estáis bien equipados para combatir. Necesitan amor y armonía para funcionar correctamente, pero el auténtico amor empieza por la aceptación.

Ah, y, por supuesto, necesitan a la gente. Y más, si es posible, si tiene a la Luna en Libra (la Luna indica a menudo lo que «necesitamos» para resistir emocionalmente, y Libra tiene que ver con las relaciones). Algunos signos se sienten más felices cuando tienen su propio espacio; generalmente, los Libra no son felices a solas, a menos que hayáis trabajado duramente en ese aspecto de su ser.

La música les relaja. Pongan música regularmente para favorecer la paz interior y la inspiración (quizá sea mejor que eviten el «gangsta rap»). Creen sus propias listas de reproducción para lograr diferentes objetivos: optimista, relajante, etcétera. Dejarse llevar por la música es una terapia para los Libra.

Tener un entorno organizado también desempeña un papel fundamental en su bienestar, igual que el arte de ordenar (realmente es un arte). Cuando tengo que ordenar, lo saco todo y, a continuación, voy desechando lo que ya no necesito y vuelvo a colocar el resto de manera ordenada. Funciona de maravilla.

Su amor por el arte es indudablemente innato y una pasión para cultivar. Encuentren su medio de expresión: tomen clases de arte, de dibujo del natural o de acuarela, aprovechen y visiten las galerías que tengan cerca; si lo suyo no es el Renacimiento, prueben con el arte moderno.

Deben tener cuidado de no sacrificar su corazón y sus sueños para que los demás sean felices, pues corren el riesgo de desequilibrar la vida de ellos (y la suya) y Libra necesita, por encima de todo, un estilo de vida equilibrado para mantenerse sano y feliz a todos los niveles.

EL AJUSTE DE LIBRA

1. **La conciliación** es un arte que tienes que dominar. Significa adoptar un enfoque equilibrado. Antes de renunciar a tus propias necesidades, detente y piensa en las consecuencias a largo plazo.

2. **Pasa tiempo a solas.** ¡Si ya lo haces, genial! Si lo pasas mal sin compañía, ten en cuenta que tu alma (o tu mente) es tu mejor amiga, así que vuelve a familiarizarte con ella para encontrar la calma interior. Sal a pasear, disfruta del paisaje y de la naturaleza y tómate tiempo para ti. Siéntete cómodo en tu propia piel.

3. **Aprende a no ser dependiente.** Probablemente este sea el rasgo menos atractivo de Libra y uno de los más perjudiciales, pues repele a las buenas personas y atrae a la gente y las experiencias equivocadas. Recuerda: tú vales más. Respira hondo antes de actuar de manera dependiente y trata con todas tus fuerzas de ser más independiente.

4. **Deja de juzgar.** Tú eres la primera persona a la que tienes que dejar de juzgar. Nadie puede cumplir con tus expectativas, incluido tú. Cada vez que empieces a juzgar, para y busca algo positivo que decir. Te sentirás mucho mejor contigo mismo cada vez que lo logres.

5. **Practica la sinceridad.** Si haces un esfuerzo decidido por ser sincero en todas tus interacciones, atraerás ese

comportamiento de los demás, lo cual hará tus experiencias más profundas y enriquecedoras. Si tienes planetas en el vecino signo de Escorpio, esto probablemente no te concierna, pero si atraes o practicas la falta de sinceridad, esfuérzate por llevar la sinceridad a tu vida.

6. **Estimula tu capacidad de decisión** aprendiendo a confiar en tu voz interior. Habitualmente, la primera idea que surge es la mejor, antes de empezar a sopesarlo todo. Respira hondo y busca la respuesta. A continuación, espera a que esta llegue. Requiere tiempo y práctica, pero vale mucho la pena. Deja de llamar a todas las personas de tu agenda y escucha a tu mejor amiga: tu intuición. Si eso no funciona, ¡lanza una moneda al aire!

— ESCORPIO —
EL PODER
♏

SIGNO DE AGUA

OPUESTO A TAURO

OCTAVO SIGNO DEL ZODIACO

OCTAVA CASA

REGIDO POR PLUTÓN/MARTE

La versión positiva de Escorpio es extremadamente intuitiva, como los otros signos de agua, Cáncer y Piscis, y es uno de los signos más instintivos de todos. Los nativos de Escorpio son decididos y centrados. Tienen una gran profundidad emocional y un magnético aire de misterio simplemente irresistible para el resto de los mortales. Se niegan radicalmente a que nada ni nadie los controle. Odian la superficialidad y les gusta profundizar en todos los aspectos de la vida, probando e investigando hasta llegar al fondo de un asunto o hasta haber derrumbado la fachada y haber visto la esencia del carácter de la persona.

Escorpio se asocia al poder. Están en la Tierra para aprender a administrarlo sabiamente. Esto no significa que todos sean automáticamente poderosos, pero habrán experimentado algunos juegos de poder al crecer, los cuales les proporcionan increíbles oportunidades de reconocer y utilizar el poder como una fuerza positiva en sus propias vidas.

En su versión positiva, utilizan su inmensa empatía y aprovechan su conocimiento del lado más oscuro de la vida. Martin Scorsese nació bajo el signo de Escorpio, y basta echar una ojeada a su filmografía para darnos cuenta de que es realmente profundo y tiene tendencia a hacer atractivo el lado oscuro: el crimen, la mafia y el derramamiento de sangre.

No hay mejor ejemplo de Escorpio en acción que el multimillonario fundador de Microsoft, Bill Gates. Fue criticado por sus cuestionables técnicas empresariales al principio de su carrera, pero posteriormente se convirtió en un enorme filántropo que nunca se cansa de utilizar su poder y su inmensa fortuna para hacer el bien. A través de la Fundación Bill and Melinda Gates realiza donaciones a diversas organizaciones benéficas y a innovadores proyectos científicos de investigación. Dice que siente un deseo abrumador (un concepto clave en Escorpio) de atajar parte de la desenfrenada desigualdad del planeta. Ojalá el resto de los multimillonarios sintieran lo mismo, ya que acabaríamos rápidamente con la pobreza y la desigualdad.

Ningún otro signo tiene su capacidad de hacer tanto bien (o tanto mal). Tienen un aguante tremendo y, junto con Tauro, su signo opuesto, probablemente la voluntad más fuerte del zodiaco. Jimi Hendrix, por ejemplo, tenía a Marte en Escorpio (Marte es el planeta de la energía y el impulso), y estaba decidido a convertirse en una estrella del *rock* desde muy temprana edad. Londres y unas cuantas personas con buenos contactos lanzaron su carrera, pero esta habría acabado antes de empezar de no haber sido por su irrefrenable determinación típica de Escorpio. Jimi utilizaba una guitarra para zurdos que alguien (¡sin duda un competidor celoso!) le robó justo antes de una actuación. Jimi simplemente se puso una guitarra normal a la espalda y la tocó al revés, asombrando a sus fans y a sus críticos. Ese momento determinante en su carrera es el ejemplo perfecto de un rasgo clásico de Escorpio: cuando les proponen hacer algo, son absolutamente imparables.

El Escorpio habilidoso es ingeniosamente persuasivo, devastadoramente seductor, cautivador e irresistiblemente sexy. Son más ardientes que el fuego. Son abrasadores y tórridos, y a menudo se queman. La legendaria y trágica estrella del cine James Dean tenía la Luna en Escorpio, ¡lo cual le confería un atractivo sexual que ha perdurado durante décadas, junto a una inquietante imagen de chico malo! Todo ello muy típico de Escorpio. Asimismo, tienen algunas habilidades realmente hipnóticas a las que nadie puede escapar, y cuando deciden que quieren algo o a alguien, ya no hay escapatoria. El resto únicamente sabemos que hemos sido víctimas de Escorpio cuando el hechizo se desvanece y empiezan los fantásticos *flashbacks*.

La mejor versión de Escorpio es carismática y extremadamente amable, y sabe cuándo los demás están sufriendo y cómo consolarlos y darles fuerzas. Son indulgentes, generosos y, a menudo, muy influyentes. Escorpio puede transformar fácilmente las vidas ajenas..., ¡y a menudo lo hacen! Son fuerzas imparables con gran determinación; logran resultados. Yo digo que la energía de Escorpio es como una aplanadora: entra en acción, lo destruye todo y luego construye algo mucho mejor. Esto cuadra, ya que las grandes leccio-

nes de este signo tienen que ver con el nacimiento, la muerte, el renacimiento, la transformación y el cambio. Muchos se habrán enfren-
tado a situaciones trascendentales desde muy temprana edad. En su
mejor versión, las personas de signo Escorpio están mudando constantemente de piel y transformándose: el cambio está en su ADN.

Tristemente, en su versión negativa, los Escorpio están ávidos de
poder y, en el peor de los casos, son totalmente vengativos. No se
limitan a guardar rencor, sino que se obsesionan, a veces durante
años, con quien les hace daño. Buscan total sometimiento y venganza, y atacan a cualquiera que se interponga en su camino. ¡Terrorífico!

ESCORPIO
EN VERSIÓN NEGATIVA

VENGATIVO, MANIPULADOR, CRUEL

No hay una forma sencilla de decir esto: en su versión negativa, los
Escorpio pueden ser peligrosos, para ustedes mismos y para los demás.
Su tendencia a creer que las situaciones son de vida o muerte implica
que, a menudo, se tomen las cosas como algo demasiado personal.
Y cuando se sienten amenazados, atacan, pero no a un ataque puntual como Virgo, sino que aspiran a la destrucción total. En realidad, muchas veces, las amenazas son imaginarias o tremendamente
exageradas. Ven enemigos por todas partes y no los destruyen, sino
que los aniquilan. La versión negativa de Escorpio pisoteará a quien
haga falta para conseguir lo que quiere en la vida: más poder y un
control absoluto.

Una de sus grandes armas, aparte de la total ausencia de piedad, es su penetrante intuición, que les permite identificar y explotar los puntos débiles de los demás. Si les da la impresión de que las motivaciones de alguien no son sinceras, pierden el interés (¡por suerte para esa persona!), o bien las acusan de ser falsas sin pensarlo dos veces.

Manipuladores, controladores y extremadamente reservados, guardan celosamente sus secretos. Sin embargo, sondean o interrogan a los demás hasta que revelen sus más profundos temores y sus secretos más oscuros, y luego los utilizan a su beneficio, incluyendo el chantaje, cuanto más emotivo mejor.

Su voluntad de ser el poder dominante en cualquier grupo o situación significa que a menudo deciden expulsar del poder a otros y tratar de robarles su luz en lugar de encontrar la suya. Son peligrosos y vengativos, y rara vez están solos, ya que el oscuro poder atrae seguidores, y a la gente le da miedo situarse en el bando equivocado.

EL APRENDIZAJE

Si tienes una fuerte influencia de Escorpio en tu carta, puede que te resulte incómodo leer esto. Tal vez reconozcas en ti algunos de los rasgos expuestos anteriormente, o quizá estés pensando que fuiste víctima de alguno de esos comportamientos. Recuerda que podemos tanto atraer como exhibir los rasgos que se atribuyen a nuestro signo, pero, en cualquier caso, existen para que aprendamos de ellos. También puede que estés pensando: «¡No escatimo esfuerzos para ocultar mi poder y trato conscientemente de no ser cruel con los demás!». Y es bastante posible que así sea. A aquellos que actúan con integridad y buen corazón les aterrorizan sus rasgos negativos, hasta el punto de que intentan negar su poder, lo cual, con frecuencia, se convierte en un problema. Siempre digo que cuando los Escorpio tienen más probabilidades de mostrar su versión negativa es cuando no están a gusto con su propio poder, de modo que no deberían rehuirlo, sino asumirlo con todas las de la ley.

Si sabes que en ocasiones te comportas como Vlad el Empalador (supuestamente era Escorpio), recuerda que ese lado oscuro es profundamente perjudicial para los demás y también para tu persona. Te alejará de tus aliados y de la gente que quieres, y te expondrá a la vengativa crueldad de los demás. Esto no tiene por qué ser así. Precisamente ustedes, con su brillante intuición y su poderoso empuje, tienen una oportunidad ilimitada de crear su propio poder. Realmente, no hay necesidad de pasar al lado oscuro cuando tienen a su alcance el potencial para lograr grandes cosas de manera íntegra.

Si vives o trabajas con un Escorpio, es conveniente que hagas todo lo posible por ayudarle a mantener su poder «positivo»; si se pasa al lado contrario, la única forma sensata de actuar es dar pasos para protegerse. Recuérdale que un gran poder conlleva una gran responsabilidad y pídele que valore cómo controlar el suyo.

DE VOLUNTAD DÉBIL, TEMEROSO

En su versión negativa, Escorpio puede ser el polo opuesto a un individuo poderoso y carecer totalmente de fuerza de voluntad. Cuando no están tratando de perseguir a todo el mundo corriendo como locos, a menudo se esconden, aterrorizados por su propia sombra y por los cambios en general, luchando contra sus adicciones y deseos íntimos.

Escorpio está profundamente asociado a la transformación. Si no asumen los cambios, quedan atrapados en un lugar aterrador. El resentimiento, la ansiedad y la tensión van en aumento. Parte del problema radica en la cantidad de energía que gastan en reprimir sus deseos, tratando de resistirse a ellos para acabar cediendo y sintiéndose culpables. El deseo es una enorme fuerza impulsora para Escorpio. No solo el deseo sexual, aunque también forma parte de ello.

Cuando Escorpio quiere algo, o va a por ello o lo reprime. En su versión negativa tienen la costumbre de negar el conocimiento intuitivo de lo que los motiva. Entierran sus deseos y se obsesionan con ellos hasta que estallan o ceden, o bien se empiezan a envenenar. Escorpio tiene tendencia a abusar de la bebida, las drogas y el sexo, y es vulnerable a las adicciones.

EL APRENDIZAJE

Si tienes una fuerte influencia de Escorpio en tu carta, y perteneces más al tipo ansioso que al implacable, tienes que ser consciente de lo que quieres en la vida y afrontar tus deseos; de lo contrario, te arriesgas a dejarte esclavizar por ellos. Es mucho mejor que seas valiente contigo mismo y honesto con los demás que correr el riesgo de sumirte en una vida de batallas internas para tomar decisiones, combatir tus demonios y abandonar hábitos perniciosos. Dispones de mucha fuerza de voluntad, determinación y claridad interior; simplemente tienes que dejarlas salir a la superficie. Escorpio está en la Tierra para aprender muchas lecciones, pero una que permanece constante a lo largo de su vida es la necesidad de transformarse. Tiene el potencial de hacerlo. No obstante, si te resistes a mudar tu antigua piel, estarás luchando contra la parte más elevada de tu ser. Adéntrate en tu poder y deja atrás todas esas cosas que aportan malas vibraciones.

    Si vives o trabajas con un Escorpio sin fuerza de voluntad y con una personalidad proclive a las adicciones, deberías hacer todo lo posible para evocar su fuerza y empatía. (En Escorpio son tan fuertes que, incluso aunque estén enterradas, puedes llegar a ellas si perseveras.) Trata de hacerle ver lo destructivas que pueden ser sus acciones. Si es adicto al poder, sopórtalo con amor. Si es adicto a cualquier otra cosa, proponle que abandone el hábito por completo mediante un cambio de rutina, o incluso cambiando de trabajo o de casa en caso de situaciones extremas. Y, como siempre, si alguien a quien quieres es adicto al alcohol o a las drogas, haz todo lo posible por guiarlo en busca de ayuda profesional, pero ten en cuenta que, hasta que no esté listo para hacer frente a la adicción, no podrás solucionarlo.

— CELOSO —

Este es el problema más habitual de Escorpio y, según mi experiencia, una de las formas más destructivas en las que Escorpio manifiesta su versión negativa. No siempre resulta fácil de identificar, ya que algunos de los peores casos con los que me he topado tenían que ver con personas con un planeta que no fuera el Sol en Escorpio. Por ejemplo, Júpiter, relacionado por un lado con nuestras habilidades y talentos, y por otro con comportamientos extremos, en Escorpio da lugar a una persona que domina la empatía y la bondad, o bien está totalmente consumida por el peor veneno de todos los venenos, los celos.

EL APRENDIZAJE

Si tienes una fuerte influencia de Escorpio en tu carta y reconoces que los celos son un problema para ti, ten valor. Es un sentimiento horrible, pero puedes aprender a disiparlo. Tienes que trabajar con tu lado oscuro y sacarlo a la luz, enfrentarte a tus demonios y decirles a tus seres queridos que estás trabajando en el problema para que te ayuden y te apoyen.

Lo digo a menudo: no tengas celos de nadie ni de nada. Cada uno de nosotros sigue su propio camino, y todos tomamos decisiones que tienen un resultado positivo, así como otras no tan acertadas que nos proporcionan lecciones que aprender.

Si vives o trabajas con un Escorpio celoso, tal vez te consuele saber que, por muy infeliz que te hagan sentir sus celos, eso no es nada comparado con cómo se siente Escorpio. El problema de los celos es que, aunque para nosotros habitualmente estén claros como el agua, la persona que los sufre haría lo que fuera antes de reconocerlo. Y es imposible abordar el problema hasta que lo reconozca. La mejor apuesta es tratar de decir cosas del tipo: «Tú también podrías conseguirlo», o «¿eso es algo que crees que quieres?». De ese modo estás intentando sacar a la luz el problema. Sin embargo, hasta que el nativo de Escorpio se enfrente a su monstruo, lo mejor que puedes hacer es mostrarle toda la paciencia y compasión que puedas. Si no puede o no quiere admitirlo, tendrás que protegerte. Una vez trabajé con un Escorpio «negativo» y era extremadamente controlador. Me acosó y me chantajeó hasta que me enfrenté a él. Entonces cambió por completo su actitud hacia mí. Tienes que enfrentarte a un Escorpio celoso, pero hazlo con una motivación sincera o te buscarás un enemigo para toda la vida.

ESCORPIO
EN VERSIÓN POSITIVA

EMPÁTICO E INDULGENTE

¡Escorpio es muy intuitivo y tiene casi una visión de rayos X que le permite ver a través de las paredes que levantamos los humanos para protegernos! Esto les proporciona una información increíble que, como ya hemos visto, puede usarse tanto para bien como para mal. Cuando la utilizan para bien, les confiere su superpoder, la empatía. Su cordialidad natural, combinada con su capacidad para sentir el dolor ajeno, hace que sean extremadamente bondadosos, generosos en cuanto a su atención y sensibles a las necesidades de los demás.

Escorpio tiene una fama terrible y a menudo justificada de lanzarse al ataque, pero, según mi experiencia, nunca guardan rencor una vez que comprenden las motivaciones de la otra persona. De hecho, tienen una tremenda capacidad de perdonar cuando ven la causa de su comportamiento.

EL APRENDIZAJE

Es posible que ya estés utilizando tu espléndida capacidad de perdón. En tal caso, fantástico. Sin embargo, si es algo que te cuesta, o si muchas veces acabas sintiendo que te han hecho daño, plantéate cambiar de frecuencia: tal vez la vida te ama tanto que te envía constantemente a personas que te darán la oportunidad de aprender a perdonar, a menudo en forma de traición. Nadie escapa nunca del karma o a la ley de causa y efecto, así que, si alguien te hace daño, no tardará mucho en sufrir a su vez. ¿Por qué no perdonarle ya y sentir compasión por el camino de sufrimiento personal que emprendió?

MAGNÉTICO, CONVINCENTE

En su versión positiva, Escorpio es absolutamente fabuloso y muy adictivo; nadie olvida rápidamente un encuentro con un Escorpio. Toda esa intensidad, ese enigmático encanto melancólico... Tienen el magnetismo de un imán y literalmente rezuman atractivo sexual y carisma. Son encantadores y sinceros, pero al mismo tiempo imponentes. En su vertiente positiva, Escorpio se siente seguro del poder que tiene sobre los demás y no necesita gritar para influir en ellos. Prefieren persuadir, seducir o convencer por puro magnetismo.

A los nativos de Escorpio a menudo les aterroriza tanto ser manipuladores que rehuyen su poder, pero esto puede convertirse en un grave problema, ya que corren el riesgo de provocar más perjuicios que beneficios. Como dijo en una ocasión mi querido profesor, solo tienes que comprobar tu motivación. Realmente, es así de sencillo. La versión positiva de Escorpio tiene la motivación más pura y no debería tener miedo de su poder hipnótico. Si, por ejemplo, estás intentando que alguien haga algo por su bien (¡no por el tuyo!), ¡utiliza por todos los medios tu capacidad de manipular la situación!

EL APRENDIZAJE

Para dar lo mejor de sí, Escorpio debe aceptar su poder y sentirse lo suficientemente confiado y cómodo para utilizarlo sabiamente. En su versión positiva, dispone de una fuerza casi sobrenatural cuando se propone algo, y suele ser un gran triunfador en todos los ámbitos de la vida, desde las relaciones personales hasta la carrera profesional.

○—— INSPIRADOR Y MOTIVADOR ——○

Todos conocemos los juegos de poder de Escorpio, pero, de hecho, cuando están en su espacio positivo, les encanta utilizar sus considerables aptitudes para inspirar y motivar a otros tanto como para cumplir con su programa. Trabajan bien en equipo mientras se les trate con honradez y respeto, y defenderán a los otros miembros incluso enfrentándose a la muerte o a una pérdida extrema. Son valientes y admirables ante el peligro. La versión positiva de Escorpio sabe que el poder no es un recurso ilimitado y que una de las cosas más poderosas que puede hacer es motivar a alguien para que alcance su potencial. En su versión negativa, Escorpio tiene muchos enemigos, mientras que en la positiva tiene muchos amigos, seguidores y aliados. Sobre todo cuenta con respeto y admiración.

EL APRENDIZAJE

Piensa en esto un instante: cuando te ocupas únicamente de ti, no estás asumiendo verdadero poder. Cuando motivas a otros, el reloj kármico de la causa y el efecto se pone en marcha y te sientes increíblemente bien. Esto ayuda a resarcir los momentos en que tal vez no hayas sido tan generoso.

AMOR

Las personas Escorpio no se enamoran ni ofrecen su confianza y su corazón fácilmente, pero, cuando lo hacen, se entregan plenamente a sus seres queridos. En su versión positiva, Escorpio es amoroso, fiel, carismático, magnético y sensual. Es fiel por toda la eternidad y busca unirse a su alma gemela en lugar de mantener relaciones superficiales.

¡Son personas sexis! ¿Lo he dicho? Habitualmente irradian sexualidad sin ni siquiera pretenderlo. No me refiero a que exageren su aspecto físico en busca de atención; ese no es su estilo. Escorpio es elegante y sutil, y llama la atención de manera totalmente involuntaria. Mis amigas y yo nos reímos cuando entramos en un local y vemos a alguien que está ardiendo, literalmente, de atractivo sexual en un rincón. Exclamamos al unísono: «¡Escordiente!». Y he oído a muchas personas decir: «No es mi tipo, pero tiene algo». Sonrío, porque sé que probablemente se refieren a la poderosa atracción de los Escorpio. También pueden ser bastante salvajes en el dormitorio, gente totalmente apasionada y entregada.

En su versión negativa pueden ser una verdadera pesadilla. Ganarían medallas olímpicas por sus juegos de poder, y son los maestros del chantaje emocional. Si sienten que les hacen enfadar, declararan la guerra psicológica, hasta el punto de hacer que su pareja ponga en duda su cordura. Pueden mostrar unos celos desmesurados y tienen la capacidad de ser desagradables, atacando a su pareja sin más motivo que porque les da la gana. Aquellos que son inseguros se vuelven posesivos, paranoicos y, en el peor de los casos, abusivos en sus relaciones.

En un caso menos extremo, si la unión carece de intensidad y profundidad, se aburren enseguida. Se marchan o, si se quedan, casi con toda seguridad buscarán en algún otro sitio a alguien que encienda su deseo. Escorpio es habitualmente muy fiel cuando se cubren sus necesidades emocionales y físicas, pero, en caso contrario, se dejará llevar por la lujuria sin mirar atrás.

Si tienes una relación sentimental con un Escorpio, tienes que ser consciente de que no tardará en volverse totalmente absorbente. De nuevo, esa intensidad propia de Escorpio, sin medias tintas. Así que si estás buscando algo relajado, más vale que no te involucres con una persona de signo Escorpio. O la abandonas y desatas su furia vengativa, o bien te acaba atrapando su poderoso encanto, lo cual puede ser fabuloso, pero solo si es algo de lo que estás convencido. De lo contrario, ¡puede parecer amor literalmente hasta la muerte! Conozco a una pareja que llevan juntos desde la adolescencia. Él tiene a Marte en Escorpio y ella tiene a Venus en Escorpio; es realmente una combinación increíble. Ambos le dicen a todo el mundo que supieron que eran almas gemelas desde el mismo momento en que se conocieron.

Hablando de esto, vale la pena que te preguntes desde el principio si te parece bien sumirte en las profundidades de tu pareja Escorpio. Exige mucho compromiso, pasión y energía. Si eso te parece bien, te espera un viaje alucinante y tu vida nunca será aburrida.

Sin embargo, la versión negativa de los Escorpio da miedo. Se obsesionan con cualquier cosa que interpreten como un insulto o una ofensa, y si los decepcionas o traicionas (o, seamos honestos, si «creen» que los traicionaste), más vale que te retires cuidadosamente en el acto, porque no permitirán que lo olvides y (de manera abierta o inconsciente) no cabe duda de que buscarán venganza. En casos extremos se convierten en los acosadores que rastrean Internet buscando formas de destruir a alguien a quien no pueden tener. Cuidado.

Pero no todo da miedo. La versión positiva de Escorpio favorece una unión muy intensa y, habitualmente, son las parejas más comprometidas, siempre y cuando su vida juntos se transforme constantemente y su vida sexual sea sensual y dinámica.

TRABAJO

Por lo general, en el trabajo, Escorpio se situará en cualquier sitio bajo la superficie donde se desencadene la emoción. Como es lógico, Escorpio se siente muy atraído por los puestos de liderazgo. En junio de 2015, *dadaviz.com* llevó a cabo un estudio utilizando datos de Wikipedia sobre los signos de los jefes de Estado y de gobierno. Los resultados mostraron que Escorpio era el signo dominante. Le seguían Sagitario y Leo.

En su versión positiva, los Escorpio son magníficos jefes. Utilizan sus sensaciones e instinto visceral para dar pasos; pasos exitosos. Tienen una intuición casi sobrecogedora de lo que funciona y lo que no, y cuando le hincan el diente a algo (¡o a alguien!), nada les detiene. Saben cómo motivar a la gente y animar a su equipo. La mayoría ostentan el poder de manera consciente y no se dejan corromper por la fama, la riqueza o el poder, porque no son cosa nueva para ustedes.

Sin embargo, no todo tiene que ver con el liderazgo. Escorpio es un signo que se asocia bien con otros, siempre y cuando se les trate con honradez y respeto. Además, tienen una capacidad de concentración como ningún otro signo, y cuando ponen sus mentes y su formidable fuerza de voluntad en algo, son imparables. Tienen mucha visión y les encanta cerrar tratos, ya que son capaces de ver los verdaderos deseos de la gente bajo las apariencias.

Tengo una amiga con el Sol, Mercurio y Júpiter en Escorpio que es una productora cinematográfica de gran éxito. Siempre sabe cuándo una idea saldrá bien o si una película triunfará, y tiene un instinto infalible a la hora de buscar financiación para una idea. Y cuando se decide a cerrar el trato, ¡ya está! Es humilde, confiada y, a pesar de todo, tranquilamente poderosa, una combinación irresistible. Esta es la versión positiva de Escorpio en el trabajo.

Les atraen profesiones influyentes que provocan transformaciones de algún tipo: la política, el periodismo, el mundo editorial y los medios de comunicación. Anna Wintour, la legendaria editora de la edición estadounidense de *Vogue*, y probablemente la mujer más poderosa del mundo de la moda, tiene el Sol en Escorpio. También conozco a la responsable de una enorme editorial estadounidense que es Escorpio y es célebre por utilizar su instinto para conseguir nuevos autores.

El poder de Escorpio puede ser increíble cuando se utiliza como fuerza para hacer el bien. Leonardo DiCaprio está utilizando el suyo para enfrentarse a la élite dominante, que niega el cambio climático, en un intento por ayudar al planeta y revelar qué hechos se nos ocultan (una obsesión clásica de Escorpio).

SALUD

Los Escorpio tienen que cuidar bien la energía y la mente. Su sensibilidad y altamente desarrollada empatía hacen que sean las esponjas psíquicas del zodiaco. Absorben mucha energía negativa de las personas que les rodean, y los acontecimientos que les parecen negativos pueden afectarles mucho tiempo después de haber sucedido. Incluso ver los titulares de las noticias puede provocarles cansancio, estrés o depresión. Tienen que limpiar su energía personal de manera regular con baños de sales. Cuando estén en la bañera listos para salir, saquen el tapón e imaginen que todo el estrés y la negatividad se van con el agua. Yo soy muy aficionada a los rituales de luna llena para abandonar las cosas a las que estamos demasiado apegados, o para soltar cualquier cosa que nos preocupe. Intenta hacer una lista de todo aquello de lo que tienes que deshacerte. La persona con quien tuviste una cita y que esperas que te llame, las esperanzas de que te asciendan en el trabajo, la discusión que tuviste con tu pareja, el miedo a no tener éxito; suéltalo todo mientras quemas el trozo de papel y observa cómo desaparece toda la negatividad. Ese acto de liberación es muy eficaz. Prueba diferentes procedimientos hasta que encuentres lo que te venga bien a ti.

Puedes obsesionarte con las cosas hasta el punto de resultar enfermizo, y ello puede provocarte graves problemas psicológicos. Cualquier cosa que sirva para cambiar tu enfoque puede ser beneficiosa. Podrías probar a hacer ejercicio hasta la extenuación o un pasatiempo que requiera una total implicación de tu cuerpo en ese momento. Conozco a una Escorpio exageradamente ansiosa que probó con el tango y descubrió que, mientras bailaba, no le quedaba absolutamente nada de energía para preocuparse.

La meditación es una potente herramienta para todos nosotros y nos puede ayudar enormemente, al igual que sencillos rituales diarios que nos permitan liberarnos de la preocupación y del miedo. A Escorpio le encantan los rituales, así que encuentra algo que te funcione, tanto si se trata de rezar como de pasar el rato tranquilamente o escribir una lista de tus preocupaciones y luego quemarla. Escribir y contar historias es algo catártico, siempre que no utilices la escritura como una forma de darle la espalda a quienes te han agraviado, ¡lo cual es algo muy típico de la versión negativa de Escorpio!

Has de tener cuidado con tu tendencia a las adicciones. Todo lo que te controle es malo para tu alma. El alcohol, el sexo y las drogas pueden ser especialmente problemáticos para los nativos de Escorpio. Tienes que abandonar todas las adicciones y toxinas, ya que te empujarán al lado oscuro de la vida. Si intentas controlar tu comportamiento sin éxito, no te rindas. Existen asociaciones de apoyo en Internet para quienes tratan de reducir o eliminar su adicción. En caso de que la necesites, dispones de ayuda profesional.

A menudo, Escorpio vive en el pasado y esto, tanto si se trata de una absoluta obsesión como de una ligera nostalgia, puede ser dañino. Concretamente, su manera de guardar rencor es mala para ustedes; deben desarrollar formas de avanzar y vivir en el presente sin miedo. Perdonar es vital para el bienestar de Escorpio, y perdonarse a sí mismos es un gran escollo. Pasan un rato tan malo (¡aunque no como Virgo!) que, como su signo opuesto, Tauro, deben vivir el momento presente y cultivar la autoestima y la aceptación.

Las personas nacidas bajo el signo de Escorpio necesitan más sol y claridad en sus vidas, así que todo lo que les ayude a permanecer en la luz les favorece.

EL AJUSTE DE ESCORPIO

1. **No te obsesiones.** Practica rituales de liberación, como repetir este sencillo mantra del budismo tibetano que puede ayudarte a aumentar tu grado de energía: «Om mani peme hung», que significa «purifica mi cuerpo, mi habla y mi mente». (¡Es muy útil!)

2. **Purifica tu energía.** Utiliza barritas aromáticas, resina de incienso o aceites esenciales, y toma regularmente baños de sales. También puedes probar a utilizar las sales en la ducha como un exfoliante e imaginar que te liberas de la energía de los demás. El ritual tiene poder.

3. **Asume el poder.** Sé consciente del poder ostentado en silencio y deja descansar tu mente obsesiva. Ten más confianza y reafírmate con fuerza y amor si otros se pasan de la raya. El auténtico poder es incorruptible.

4. **Desarrolla la fuerza de voluntad.** Hazte promesas y mantenlas como sea. Asegúrate de que, al principio, sean pequeñas y asequibles y, posteriormente, pasa a cualquier ámbito de la vida que requiera más disciplina.

5. **Perdónate a ti mismo y a los demás.** Libérate de cualquier rencor que te haga permanecer en la oscuridad. Sé más amable contigo mismo y procura, cuando puedas, perdonar a quienes te han hecho daño. (¿Es posible que hayas reaccionado de manera exagerada?) Sal a la luz y deja que esta te tranquilice.

— SAGITARIO —
LA INSPIRACIÓN

SIGNO DE FUEGO

OPUESTO A GÉMINIS

NOVENO SIGNO DEL ZODIACO

NOVENA CASA

REGIDO POR JÚPITER

La versión positiva de Sagitario es una combinación impresionante de aventura, inteligencia deslumbrante y mucha diversión. Al ser un signo de fuego regido por Júpiter, los Sagitario tienen un montón de energía positiva y una pasión contagiosa por la vida. A menudo son sociables y casi siempre optimistas, como otro signo de fuego, Leo, pero también tienen un lado intelectual. Habitualmente, son seres sabios y conocedores a los que les resulta fácil arrojar luz sobre problemas complejos y que tienen el don de explicar historias para exponer su punto de vista. La versión positiva de Sagitario es un profesor consumado que imparte sus conocimientos a cualquiera que esté dispuesto a aprender. Rara vez soportan a la gente necia y valoran su tiempo, que consideran, y con razón, un activo. Ah, ¿ya les dije que acostumbran tener razón en todo?

Y no olvidemos la suerte. No cabe duda de que su signo es afortunado, y no son tímidos a la hora de compartir su buena suerte. A Sagitario le encanta socializar y busca activamente la aventura, a menudo en tierras lejanas, y le gusta aún más si otros quieren unirse a su recorrido. Brillantes y dinámicos, tienen maletas repletas de historias, en su mayoría verdaderas. Probablemente su signo es el más honesto de todos (junto a Virgo, por supuesto). Sagitario es abierto de mente y resulta emocionante estar a su lado; son la clase de personas a las que les suceden cosas interesantes.

Por encima de todo, los Sagitario se caracterizan principalmente por la integridad. Los demás saben siempre exactamente cómo va su relación con un Sagitario en versión positiva, ya que lo dicen claramente. No se andan con juegos, son de toda confianza y fieles a sí mismos. Son inspiradores, a menudo filosóficos, y los más fervientes buscadores de la verdad del zodiaco.

Por cierto, hablemos de la verdad. Están inequívocamente impulsados por la necesidad de ser fieles a su verdad y de expresarla tal como y cuando la sienten. Ahora bien, aunque esto tiene un lado enormemente beneficioso, en su versión negativa pueden ser sinceros hasta el punto de resultar bruscos e incluso crueles. (Y la otra cara de ese comportamiento es la otra versión negativa de Sagitario, la cual se aparta completamente de la verdad para lograr que la gente haga lo que quiere.) En cualquier caso, sus principales lecciones vitales, como en el caso de su signo opuesto, Géminis, tienen que ver con la verdad.

Géminis a menudo tiene que ser más sincero, y Sagitario normalmente es sincero hasta el extremo. Así que deben aprender, por un lado, a ser honestos y, por otro, a no herir a los demás en nombre de sus principios.

Buscan el sentido de la vida y, por esa razón, muchos se dedican al estudio de la religión y la espiritualidad. También pueden ser muy proféticos, lo cual es muy distinto de ser intuitivo.

Tengo un amigo residente en Estados Unidos que trabaja con uno de los raperos de más éxito de la historia moderna. El influyente rapero en cuestión es conocido en su círculo íntimo como el Profeta y tiene el Sol en Sagitario.

Bruce Lee, otro hombre fiel a su signo, fue un actor, filósofo y productor cinematográfico estadounidense de origen chino hongkonés. Sus legendarias películas despertaron el interés del público occidental por las artes marciales. Motivó a los occidentales a practicar artes marciales y se negó a ceder ante la comunidad china cuando esta le presionó para que dejara de hacerlo. Se dice incluso que tuvo que luchar con otro maestro para mantener abierta la escuela. Lee no era religioso, pero había leído con atención los textos clave del taoísmo y el budismo, e incorporó la filosofía a su propia versión de las artes marciales *(jeet kune do)*, afirmando que la preparación mental y espiritual y la fuerza interior eran fundamentales para el éxito.

Curiosamente, Lee también tenía a Mercurio, la Luna, Marte y Venus en Escorpio (¡eso es mucho Escorpio!), y antes de ser famoso tenía fama de ser un fiero luchador callejero. Escorpio se asocia a la voluntad de poder, lo cual no es típico de Sagitario, el cual prefiere vencer a los demás usando la mente más que por la fuerza.

SAGITARIO
EN VERSIÓN NEGATIVA

FALTO DE TACTO, HIRIENTE, MOJIGATO

Sagitario está tan absolutamente impulsado por la búsqueda de la verdad que se olvida de que, en realidad, el mundo no es solo blanco y negro. La vida y el resto de la gente son más complejos que esa polaridad. Sagitario es un signo fieramente lógico y mentalmente habilidoso, pero en su versión negativa presenta graves carencias en su departamento emocional. Pueden ser discutidores, hirientes, impacientes y excesivamente directos. Carecen de diplomacia o tacto, y se escudan detrás de «la verdad», utilizándola como justificación de lo que no es más que pura agresión. Utilizan la verdad como un arma con la que herir sin compasión, o sin pensar en las posibles consecuencias. Simplemente, no les importa si hieren los sentimientos de alguien o si dañan su reputación.

EL APRENDIZAJE
Si tienes una fuerte influencia de Sagitario en tu carta, debes recordar que tu costumbre de decir las cosas absolutamente tal y como son puede resultar muy incómoda para las almas sensibles. A veces —y sé que puede que te cueste aceptar esto, pero sigue leyendo— la verdad, toda la verdad y nada más que la verdad puede ser ligeramente inconveniente. Y eso no significa que la persona receptora de tu sabiduría o de tus consejos sea una mentirosa diabólica y moralmente discutible. Eso solo la hace..., bueno, humana.

La clave está en trabajar en tu capacidad de empatía. Si no lo haces, probablemente acabarás solo o rodeado de personas duras y carentes de sensibilidad. Intenta pensar en cuáles son tus intenciones antes de decir algo a alguien o sobre alguien. ¿Qué esperas lograr exactamente? Si lo haces para ayudarte a ti mismo o a esas personas, adelante (simplemente, asegúrate de escoger el momento adecuado y el escenario correcto). De lo contrario, no será un comportamiento apropiado, así que simplemente no lo hagas.

Si vives o trabajas con un Sagitario y tienes la impresión de que te está diciendo constantemente lo que está mal, de que te regaña y te sermonea, te entiendo. No es fácil. Antes de dejar que te afecte, respira hondo y recuerda que, generalmente, los Sagitario no actúan con maldad. Su forma de expresarse y el momento en que lo hacen pueden estar un poco fuera de lugar, pero, por lo general, son personas sinceras.

Te sugiero que busques formas de ayudarle a entender que cuando suelta una afirmación hiriente, sobre todo si es personal, te duele, te preocupa y hace que quieras evitarlo. Toma aliento y, antes de hacer nada, comprueba si en sus palabras hay algún atisbo de verdad (¡normalmente lo hay!). Dile que el comentario fue hiriente y pregúntale cuál es su intención de manera no agresiva. Tu objetivo es que tu Sagitario se cuestione sus motivos.

─◯ DIFAMADORES NEGATIVOS ◯─

Cuando Sagitario es muy negativo, es realmente dañino. Por suerte, eso no les pasa a muchos, pero cuando sí ocurre, es un cataclismo. Hacen que los demás se sientan como si acabaran de salir arrastrándose de la cama con resaca a la mañana siguiente de una enorme fiesta en su casa. Todo el mundo se fue y ahora les toca limpiar y poner orden. Es deprimente, como recibir el mazazo de un nubarrón negro. También chismorrean y critican a la gente a sus espaldas, y caen en viles difamaciones. (Una vez más, normalmente en nombre de la verdad.)

EL APRENDIZAJE

Si tienes una fuerte influencia de Sagitario en tu carta y eres propenso a la negatividad, especialmente si se manifiesta de manera agresiva, asume la responsabilidad. Lleva a cabo prácticas curativas, medita, enciende velas, quema incienso, pon música que te levante el ánimo y, lo más importante de todo, pon tu mente en otro lugar. No cedas ni un momento más. Di algo positivo o no digas nada, y eso incluye lo que te digas a ti mismo.

Si vives o trabajas con un Sagitario que exhibe plenamente su negatividad, te compadezco. Básicamente, no puedes hacer muchas cosas para influir en él. Tendrá que trabajar mucho por su cuenta para cambiar de mentalidad. Sin embargo, una cosa que sí está bajo tu control es tu forma de reaccionar a su mal humor o a sus cortantes ataques verbales. Intenta reaccionar lo menos posible y, hagas lo que hagas, no eches leña al fuego.

—⊖— IGNORANTE Y CREÍDO —⊖—

La versión positiva de Sagitario es una fuente de sabiduría inspiradora, pero en su versión negativa se manifiesta como un taladro ruidoso, ignorante, inculto y obstinado. Como su signo opuesto, Géminis, los Sagitario realmente tienen que documentarse antes de despotricar. Un Sagitario sin formación probablemente será creído e ignorante, con el exceso de franqueza y la falta de inteligencia emocional típicas de su signo, y sin nada de la sabiduría propia de su signo para redimirse. En el peor de los casos sois unos intolerantes a quienes no les preocupa que los hechos respalden sus contundentes convicciones, y vaya si son contundentes. La obsesión por la verdad de su signo se manifiesta en el convencimiento de que su punto de vista es la única verdad que hay.

EL APRENDIZAJE

Si tienes una fuerte influencia de Sagitario en tu carta, asegúrate de no despotricar sobre temas sin datos que te respalden. Procura mantener la mente abierta para aprender cosas nuevas, ya que ahí es donde das lo mejor de ti. Si estás convencido de algo, dedica tiempo a examinar tus sentimientos y opiniones.

Si vives o trabajas con un Sagitario en su versión ignorante y creída, intenta utilizar tus instintos en lugar de tus emociones al responderle. Como siempre, la mejor estrategia es tratar de fomentar sus rasgos positivos en lugar de los negativos, de modo que solo con que se muestre ligeramente abierto puedas apelar a su amor por aprender, por muy profundamente enterrado que se encuentre, y guiarlo delicadamente hacia las lagunas de su argumentación. Simplemente, evita criticarlo al hacerlo. Si es engreído, llámale la atención por su comportamiento..., de nuevo con delicadeza. Al fin y al cabo, no hay nada que Sagitario valore más que el hecho de ser directo y franco.

FARSANTES EXCESIVOS

La mayoría de los Sagitario son honestos y totalmente genuinos, pero hay una vertiente del comportamiento negativo de Sagitario que se manifiesta justamente en lo contrario. Pueden ser excesivos, llevar unas vidas exageradas que a menudo no se pueden permitir (rasgo compartido con otro signo de fuego, Leo) y, lo que es peor, son fríos como el hielo. La verdad o la idea de integridad les son indiferentes, y en su peor versión son descaradamente mentirosos y les encanta aparentar.

EL APRENDIZAJE

Si tienes una fuerte influencia de Sagitario en tu carta, y este comportamiento es propio de ti, no tengas miedo, pues nunca es demasiado tarde para luchar por conseguir más autenticidad en tu vida. Un paso útil es vivir dentro de tus posibilidades y ser honesto con tus circunstancias vitales; si no con los demás, al menos contigo mismo. Esfuérzate por conseguir las cosas en vez de tener grandes arrebatos y excesos. Así lo apreciarás todo un poco más. El objetivo es sentirte más cómodo con tu vida real, y no con la versión fantástica de ella que te has creado con ayuda de tu ego.

Si vives o trabajas con un Sagitario que exhibe ese comportamiento y te preocupa, implícate. Intenta enseñarle los beneficios de llevar una vida más realista y honesta. Recuérdale que tiene una conexión natural con la naturaleza y una necesidad de aventuras, lo cual no tiene por qué implicar viajes exóticos ni en primera clase. Sé también compasivo, pues su planeta regente, Júpiter, tiene tendencia a fomentar los excesos y cuesta resistirse a esa energía.

SAGITARIO
EN VERSIÓN POSITIVA

INSPIRADOR

La versión positiva de Sagitario es una de las energías más inspiradoras y hace que sean personas enormemente atractivas. Utilizan su desbordante sabiduría y energía positiva para ayudar a los demás y hacer que se sientan en la cima del mundo. Realmente, son la forma más elevada de inspiración. Y son generosos en ese sentido. Ayudan y aconsejan a los demás sin reservas y por eso los queremos.

Tengo una clienta y amiga nacida bajo este signo que, probablemente, me ha inspirado de más maneras de las que puedo explicar y que son demasiadas para enumerarlas. Es una empresaria de éxito que ha aparecido en la lista de grandes fortunas del *Sunday Times*, con una fortuna personal de al menos doscientos millones de libras. Se hizo a sí misma, es inteligente, ha viajado mucho y es espiritual y siempre optimista. La señora Sagitario fue la persona que me inspiró para que me sentara y empezara a escribir sobre el código en que se basa mi método de la astrología dinámica. También me guió a la hora de fundar mi empresa y arreglar todo el tema de mis marcas registradas. El lema de Sagitario es «hazlo a lo grande o vete a casa».

Walt Disney nació bajo el signo de Sagitario y su carrera muestra varios de sus rasgos positivos. Obtenía la inspiración de cosas sencillas. Fue un ratón de campo, por ejemplo, lo que le trajo el éxito con Mickey Mouse, tras años de reveses en los que se aprovecharon de su honestidad. Siempre optimista, nunca perdió la fe en su idea, no renunció a su integridad ni permitió que su sentido de la diversión se viera empañado.

EL APRENDIZAJE

Tienen el poder de cambiar el corazón y la mente de la gente, y cuando lo hacen, es algo muy poderoso también para ustedes. No solo hace que se sientan muy bien cuando conectan a ese nivel, sino que las recompensas suelen perdurar años más tarde cuando ves que inspiraste a alguien para que persiga sus sueños y aspire con éxito a alcanzar las estrellas.

SABIO, ABIERTO DE MENTE

Interesantes, inteligentes y, en el mejor de los casos, brillantes, los Sagitario tienen mentes rápidas, sed de conocimientos y tendencia a implicarse con personas profundas y en temas trascendentes. Disfrutan de la oportunidad de estudiar ambas cosas. Inteligentes hasta extremos mágicos, su destreza mental puede parecernos deslumbrante al resto de nosotros, simples mortales. Siempre digo que la personificación del signo sería Sherlock Holmes: «Elemental, mi querido Watson. ¿Acaso no lo sabe todo el mundo? Salta a la vista». Solo que no es en absoluto obvio para cualquiera que no tenga la inteligencia de Sagitario.

Muchos intelectuales que conozco son Sagitario, o bien ese signo tiene una gran influencia en sus cartas. Puedo escucharlos hablar durante horas, y dado que tienen unas mentes tan abiertas y expansivas, no se cierran si me pongo a hablar de espiritualidad o de prácticas como la astrología. Intentan racionalizarlo y entenderlo todo, lo cual es una novedad. Según mi experiencia, la versión positiva de Sagitario siempre quiere aprender y escucha con atención, siempre y cuando mantengan el entusiasmo y estén informados.

Los Sagitario también acostumbran tener un brillante sentido del humor y un ingenio agudo que tienden a utilizar a expensas de otras personas, especialmente si estas se comportan de manera ignorante o egoísta. Nadie puede escapar a su lengua, ni hay ingenio más agudo que el suyo, ya que está siempre envuelto en verdades cáusticas. Un poquito cruel, pero absolutamente hilarante. Pueden involucrar a cualquiera en una conversación fascinante, saltando de un tema a otro con facilidad, como Géminis, pero su conversación tiene auténtico vigor y, habitualmente, un buen giro moral al final que nos mantiene fascinados. Tengo una querida amiga nacida bajo este signo y su conversación me parece totalmente adictiva; además, su optimismo e inteligencia son absolutamente contagiosos.

EL APRENDIZAJE

Un consejo a los Sagitario: por favor, recuerden que no todo el mundo tiene acceso a los enormes recursos de información de sus privilegiados cerebros, ni su capacidad de hilar con ellos sabiduría, poderosos debates, argumentos e historias. ¡Sean pacientes con nosotros porque en la mayoría de los casos nos encantaría estar a la altura!

INTRÉPIDO, TOLERANTE

Con Sagitario no hay ni un momento aburrido. Son intrépidos y audaces, capaces de subir a un avión, un tren o un kayak sin pensároslo dos veces y con solo un momento de antelación. A Sagitario le encanta viajar al extranjero y conocer otras culturas, y a menudo son grandes conocedores de ambas cosas. Eso sí, los viajes extraordinariamente lujosos que los mantienen alejados de la cultura del país no son lo suyo en absoluto. Están ávidos de experiencias auténticas que mantengan sus mentes abiertas y sus corazones aprendiendo a todos los niveles.

EL APRENDIZAJE

En su versión negativa, Sagitario tiene tendencia a flaquear frente al primer signo de que las cosas se complican. Así que comprueba tu motivación antes de enfrascarte en tus aventuras. Si esperas evitar realidades más duras, que seguirán estando ahí a tu regreso, eso limitará tu libertad a nivel subconsciente. Primero, ata los cabos sueltos y luego escabúllete al atardecer: ve a acampar, sal al campo o a caminar por la selva. Hagas lo que hagas, encontrarás la inspiración en el camino a la aventura.

AMOR

En su versión positiva, Sagitario es honesto, intrépido y rebosante de integridad (y esperan que su pareja también lo sea). Son el tipo de persona que ve el vaso medio lleno, con un don para hacer que los demás se sientan especiales, y su entusiasmo es absolutamente contagioso. Son unos amantes abiertos y generosos y les encanta el romance, lo cual combina perfectamente con su amor por los viajes y por la espontaneidad bajo la forma de pequeñas escapadas. Nada les gusta más que explorar otras culturas con su pareja. En resumen, es un placer estar con ustedes y, como es lógico, normalmente tienen muchos pretendientes.

En las relaciones, tienen una mentalidad independiente y valoran las parejas que tienen su propia personalidad. Les encantan las aventuras espontáneas y los gestos románticos, y adoran colmar de regalos a la persona amada.

En un plano no tan de cuento de hadas, pueden ser controladores. Si están convencidos de que lo saben todo (y, admitámoslo, eso es muy probable si son propensos a utilizar la energía de la versión negativa de su signo), pueden convertirse rápidamente en una molestia o, lo que es peor, en una aplanadora de las preocupaciones y los puntos de vista de su pareja. Si eso no es lo que pretenden, lo que sucede simplemente es que, en ocasiones, se olvidan de que están en juego las emociones de otras personas y que ellas también tienen opiniones y puntos de vista válidos.

No les gusta rodearse de personas negativas y harán lo que haga falta para evitarlas. Una pareja dependiente o negativa no durará mucho tiempo (y, de hecho, incluso un miembro de la familia que no puedan eliminar de su vida es más probable que reciba un regalo exagerado que su tiempo). Tienden a tratar a todo el planeta como si fuera su terreno de juego y esperan que la gente coopere o, de lo contrario, entrará a formar parte de una lista negra.

Si tienes una relación sentimental con un Sagitario, ¡eres una persona afortunada! Espero que ya lo sepas todo acerca de su energía inspiradora y servicial, así como de su amor por el romance, y no hayas tenido que escuchar demasiados sermones negativos. Cuando los Sagitario canalizan energía positiva, son divertidos, ingeniosos, sabios y honestos como nadie.

No obstante, un par de advertencias: Sagitario es independiente al máximo y le pide lo mismo a su pareja. No es que no sea servicial, todo lo contrario, sino que no le va la dependencia mutua. Todas las mujeres Sagitario que he conocido, por ejemplo, no querían convertirse de ninguna manera en una figura maternal para su pareja (no es lo suyo; ¡probablemente a Cáncer no le importaría!). En un sentido parecido, a Sagitario no le gustan las parejas posesivas o celosas, y no duran mucho con ellas si se ven obligadas a soportar eso regularmente. Tienen que mantener relaciones que les concedan mucha libertad. Ah, y pueden ser personas coquetas, lo que a menudo es un problema para las parejas inseguras.

Siguiendo con el tema, ten en cuenta que Sagitario tiende a aburrirse rápidamente si te atreves a no ser fascinante, y que le cuesta rechazar las ofertas, de modo que en el peor de los casos es infiel. Por lo general, carece de capacidad de permanencia y, en lugar de quedarse en las malas épocas, desaparece antes de que te dé tiempo de pedir un taxi.

Sin embargo, mientras puedas correr aventuras con ellos y tengan al mismo tiempo mucho apoyo y libertad, son fieles y comprometidos. Inspiran a los demás, pero también deben recibir inspiración de sus parejas y gozar de mucho espacio para aprender en la relación. Mantén a los nativos de Sagitario interesados y seguirán centrados en estar contigo.

TRABAJO

En versión positiva, los Sagitario son personas triunfadoras, afortunadas, generosas y sociables. Asumís riesgos y, a menudo, ganan mucho, combinando su astucia y amor por las aventuras audaces.

Steven Spielberg, por ejemplo, nació bajo el signo de Sagitario y se ha convertido en uno de los realizadores cinematográficos más ricos de la industria tras asumir una serie de astutos riesgos. Utilizan su inteligencia, ya sea en los negocios, en los medios de comunicación o en el mundo académico. Su pensamiento positivo y su actitud optimista les favorecen, y a menudo tienen una convicción clara y la energía para hacerla realidad.

Tanto el trabajo intelectual como la comunicación son sectores importantes para ustedes y son unos escritores, intelectuales y consultores excelentes, gracias a su capacidad de extraer información esclarecedora aparentemente de la nada. También destacan como juristas y en el ámbito de las ventas si el producto les inspira.

En cierto modo, tienen un don para transmitir mensajes a las masas. Hay muchos cantantes, compositores e intérpretes «proféticos» nacidos bajo este signo, entre los que se incluyen Frank Sinatra, Edith Piaf, Jimi Hendrix, Jim Morrison y, más recientemente, Jay Z. La mayoría se comunican de maneras creativas que inspiran al público. Conozco a un famoso actor y director de cine de Hollywood que es Sagitario, y sus últimas películas tratan de la transmisión de mensajes con una visión más elevada. Sus películas están llenas de significado si sabes dónde mirar.

Cuando son más felices es cuando pueden trabajar en el exterior o cuando disponen de mucha libertad, así que, idealmente, necesitan un trabajo activo y muy variado.

Hablando de variedad, cuidado con el hecho de aburrirse rápidamente. La variedad es fundamental para ustedes, de modo que necesitan un empleo o una carrera profesional que les emocione. De lo contrario, tienden a pasar de un puesto de trabajo a otro. También pueden ser unos absolutos sabiondos. Como jefes, esperan que todo el mundo sea tan inteligente como ustedes y pueden volverse rápidamente creídos, santurrones y egocéntricos, sermoneando a todo el mundo pero sin dar ejemplo.

Se inclinan a los juegos de azar y, aunque a menudo tienen suerte, pueden perderlo todo fácilmente si no tienen cuidado con sus inversiones y riesgos. Tengo un familiar Escorpio que tiene a Venus en Sagitario; ganó un poco de dinero en la década de 1970 y lo utilizó para construir un imperio de casinos. Aparentemente, ahora no le queda dinero. Al menos, eso es lo que dice siempre que le pedimos que invierta en nuestros proyectos.

SALUD

Sagitario tiene que dar prioridad a la vida sana y pasar tiempo al aire libre; esto sirve para todo el mundo, pero es especialmente importante en el caso de Sagitario, ya que tienen propensión a los excesos con el vino y la buena comida. De nuevo, se debe a la influencia de su planeta regente, Júpiter: tienden a llevar las cosas al extremo. Busca una tabla de ejercicios que puedas seguir y asegúrate de que parte de ellos se realicen al aire libre y no en el gimnasio.

Sagitario tiene que cuidar su hígado, así que abstente de beber alcohol como mínimo durante dos días consecutivos. Evita desintoxicaciones extremas, ya que representan más presión para el hígado si luego vuelves a tomar una copita por la noche.

También pueden tener propensión a sufrir accidentes, rasgo que comparten con Aries, puesto que llenan su vida de actividades y no acustumbran a detenerse.

Habitualmente se sienten optimistas, pero en casos extremos son todo lo contrario y carecen de la capacidad de ser positivos. Tiene que hacer ejercicio para estimularse y necesitan aire fresco para reponer sus niveles de inspiración. Si se sienten tristes, habitualmente pueden idear un tipo de aventura que les suba la moral. Les gustan los estímulos, y deberían usar la cabeza para resolver rompe-cabezas, leer libros y aprender lenguas extranjeras. Necesitan estudiar para sentirse seguros, como sea, exceptuando los programas de televisión que adormecen el cerebro.

EL AJUSTE DE SAGITARIO

1. **Comprueba tus intenciones** antes de decir la verdad. Baja el arco —ya sabes, el que utilizas para dispararle a la gente la flecha de la verdad— y piensa cuidadosamente antes de apuntar.

2. **Evita sermonear o ser prepotente.** No todo el mundo tiene acceso a tus conocimientos y a tu información, así que ten paciencia con las personas menos formadas y comparte tus conocimientos con amor y amabilidad.

3. **Asume riesgos, pero no te juegues la casa.** Tu suerte es legendaria, pero tú lo llevas todo al extremo y tus pérdidas pueden ser espectaculares. Prepárate para cualquier resultado y haz una valoración razonable antes de lanzarte.

4. **Planea una aventura.** Es una de las mejores maneras de enfrentarte a las tensiones de la vida. Aprende nuevas habilidades. Estudia un idioma y luego viaja al país en el que se habla y utilízalo para conectar con gente nueva. Crea experiencias, preferiblemente compartidas. Ve a algún sitio diferente, realiza labores de voluntariado en el extranjero, haz un viaje por carretera y que te acompañen personas divertidas. Disfruta de los sencillos placeres de

la vida, tales como sentarte junto a un río o bajo un árbol a escuchar a los pájaros.

5. **No abuses de nada:** compras, vino, amantes. La moderación hará que te sientas mejor contigo mismo, y si limitas tus gastos, ello te ayudará a vivir de forma más auténtica.

6. **Pasa más tiempo en el exterior** y deja que el aire fresco reponga tu optimismo y te proporcione nueva inspiración, como solo puede hacerlo la Madre Naturaleza. Toma un libro y lee en el parque. Organiza un pícnic con amigos y llévate algún juego (críquet, un disco volador o una cometa). Compra o alquila una bicicleta y pasea con ella: resulta liberador explorar así.

— CAPRICORNIO —
EL MAESTRO
♑

SIGNO DE TIERRA

OPUESTO A CÁNCER

DÉCIMO SIGNO DEL ZODIACO

DÉCIMA CASA

REGIDO POR SATURNO

En su versión positiva, Capricornio es deslumbrantemente atractivo, muy inteligente, digno, práctico, exigente y meticuloso. Son las mejores parejas, tanto en el trabajo como en el amor. Son escrupulosamente honestos, absolutamente fiables y nunca ceden ante nada ni ante nadie a menos que se vean absolutamente obligados a ello, habitualmente por una falta de respeto o porque alguien se haya convertido en una molestia, en cuyo caso se retirarán sin dudarlo. Para Capricornio, el respeto (y el respeto por uno mismo) es tan vital como el oxígeno.

Capricornio tiene una enorme fortaleza y una gran determinación para alcanzar sus objetivos y superar las adversidades. El actual líder del Partido Liberal Canadiense, Justin Trudeau, es un buen ejemplo. Su partido tenía únicamente seis escaños en el parlamento cuando fue elegido para liderarlo, pero en las siguientes elecciones obtuvo 136 y ganó por una mayoría aplastante. Capricornio juega para ganar y no le gusta demasiado quedar en segunda posición. Se centran en sus objetivos, los analizan y, a continuación, se dedican a hacerlos realidad y a eliminar a los adversarios.

En el ámbito público casi hay demasiados nativos de Capricornio para mencionarlos a todos. Stephen Hawking, el físico y cosmólogo con una de las mentes más privilegiadas del mundo, tenía el Sol en Capricornio. Su intelecto, dignidad, dedicación absoluta y perseverancia ante la adversidad no tenían parangón. Teniendo en cuenta su formación científica, me resulta interesante que nunca haya descartado la posibilidad de la existencia de un creador universal. Hawking escribió: «Si llegamos a descubrir una teoría completa, sería el triunfo definitivo de la razón humana porque entonces conoceríamos la mente de Dios». A menudo, cito sus opiniones sobre temas políticos o medioambientales cuando necesito una opinión ilustre. Capricornio tiene que ver con los hechos y la realidad por encima de los conceptos y la fe ciega.

Muhammad Ali, el legendario boxeador y uno de los deportistas más importantes de todos los tiempos, nació también bajo el signo de Capricornio. Ya de niño era muy ambicioso y estaba absolutamente entregado al deporte que le apasionaba. Ali empezó a entrenar a los doce años y a ganar títulos a los dieciocho. Siempre afirmaba: «Soy el más grande», y aunque esto pueda sonar arrogante (a los Capricornio se les tacha a menudo de arrogantes), lo hizo realidad. Muhammad Ali sigue considerándose el mejor boxeador que ha existido jamás.

También tenía tres planetas en Leo, lo cual le daba afán de protagonismo y le proporcionaba un carisma deslumbrante, que más adelante aprovecharía cuando se convirtió en un activista en favor de los derechos civiles de los afroamericanos. Yo atribuyo su impulso de luchar por la igualdad al hecho de tener la Luna, Mercurio y Venus en Acuario, el signo que se opone a las clases dirigentes y se dedica a causas humanitarias.

Como las personas de su signo opuesto, Cáncer, los Capricornio son extremadamente familiares y hacen todo lo posible por crear un entorno seguro y estable para su pareja e hijos. También apoyan en todo momento a sus seres queridos. (Mi madre es Capricornio y, sin su apoyo, yo nunca habría sido capaz de seguir mi camino creativo.) Sin embargo, a diferencia de Cáncer, la versión negativa de Capricornio lo pasa mal a la hora de acceder a sus propias emociones y entender las ajenas. La inteligencia emocional no es su fuerte. Es posible que sientan vergüenza ante cualquier muestra de emotividad y, por consiguiente, puede que parezcan insensibles. También son un poco circunspectos y tienden a tomarse la vida demasiado en serio, a menos que tengan una importante presencia de sus signos vecinos Sagitario o Acuario en su carta natal, en cuyo caso la diversión ocupa también un papel muy destacado en su día a día.

Aprecian las cosas exquisitas de la vida, aunque, a diferencia del ostentoso Leo, preferirían poseer un buen diamante antes que una gran colección de joyas llamativas. Esto es así porque Capricornio es reservado en todo lo que hace. En la versión negativa, son materialistas y mundanos, obsesionados por el estatus, el reconocimiento y el éxito, e implacables en la búsqueda de estos.

A Capricornio lo llamo «el maestro», en parte porque pueden ser un tanto autoritarios (por la influencia de su planeta regente, «la reina Saturno», que es muy importante), pero especialmente porque sus lecciones más profundas, como sucede en el caso de Cáncer, giran en torno a las emociones y la seguridad. Sin embargo, su experiencia es totalmente contraria. Capricornio se encuentra cómodo con el compromiso, pero le aterran las emociones y el fracaso. Sí, esto es así para mucha gente, pero a la mayoría no le da miedo fracasar como a Capricornio; la posición social lo es todo para ustedes. Esto significa que pueden ser muy rígidos y unos capataces muy estrictos. Critican duramente, sobre todo a sí mismos. Tienen que aprender a dominarse antes de poner la atención en otros sitios. En su caso, el dominio requiere compasión, primero con consigo mismos y luego con quienes les rodean. Si no pueden aceptar la posibilidad de fracasar y la existencia en general de un modo más relajado, corren el riesgo de sentirse desgraciados.

Siempre digo que cuando conozcas a alguien exigente, reservado, autoritario y un poquito imponente, puedes apostar a que tiene una fuerte influencia de Capricornio en su carta. El famoso artista neoyorquino Jean-Michel Basquiat nació bajo el signo de Capricornio (con Venus, la Luna y Quirón en Acuario, así que también era un rebelde). Incluso cuando era un artista callejero en apuros, al trabar contacto con el ya entonces célebre Andy Warhol, le pidió un precio simbólico por sus obras de arte. Eso es Capricornio puro y duro: son hábiles negociadores que valoran su trabajo, así como tenaces hombres y mujeres de negocios que se niegan a venderse baratos o a malvender su trabajo.

Basquiat tenía la Luna en Piscis, lo cual suele indicar la presencia de una madre extremadamente espiritual o artística (la Luna), o bien una madre ausente. La querida madre de Basquiat, que fue una importante fuente de inspiración y de estímulo para su carrera artística, fue enviada a un centro psiquiátrico cuando él era todavía un adolescente. Creo que su falta de apoyo emocional y de una relación tranquila con su madre durante esos años, así como su desolación por los frecuentes internamientos de su madre, acabaron haciéndole caer en la droga (típico de la versión negativa de Piscis), lo cual acabó con su vida.

CAPRICORNIO
EN VERSIÓN NEGATIVA

FRÍO, IMPLACABLEMENTE AMBICIOSO

En su versión negativa, los Capricornio pueden ser obstinados y absolutamente implacables. Suben por la escalera del éxito pisando a cualquiera que se interponga en su camino. Son fríos, materialistas y excesivamente ambiciosos. El poder es su objetivo principal y harán lo que sea para lograrlo.

La versión negativa de Escorpio también está motivada por el poder y es capaz de mostrarse implacable, pero en Escorpio todo gira en torno a la pasión y a una necesidad emocional de poder. La versión negativa de Capricornio, por el contrario, es tan gélida que raya en la psicopatía. Si alguien les hace quedar mal, lo erradicarán de su vida sin que el pulso se les acelere ni un ápice.

En una ocasión trabajé para un tirano Capricornio que acostumbraba a hacer que su secretaria les pidiera a los trabajadores que se presentaran en su despacho los viernes por la tarde para despedirlos. Cuando volvían a recoger sus abrigos, sus mesas ya estaban limpias y les había bloqueado el acceso a las computadoras, ¡así mismo!

Piensa en el presidente Mao, que nació bajo el signo de Capricornio. Se cree que bajo su mandato murieron entre dos y cinco millones de personas. Cuando superó su propia cuota de ejecuciones, declaró que las matanzas eran necesarias para asegurarse el mantenimiento del poder.

EL APRENDIZAJE

Si tienes una fuerte influencia de Capricornio en tu carta, mantén tu necesidad de estatus bajo control o corres el riesgo de alejar a la gente buena. Tienes mucho que ganar si aprendes de las emociones, que a menudo pueden parecerte desagradables, así como si combates tu miedo al fracaso. Debes saber que el fracaso no es necesariamente el final de todo. Puede utilizarse para seguir siendo humilde y realista. Lo que importa es lo que haces después, y mientras que algunas personas reconstruyen, otras van tras los logros ajenos. Ser capaz de desvincular las emociones de las decisiones complicadas es un rasgo positivo, pero también debes aprender a canalizar la compasión para mostrar la mejor versión de ti.

Si vives o trabajas con un Capricornio, conviene tener en cuenta que, para esa persona, su reputación lo es todo. Si lo avergüenzas o lo importunas en su carrera profesional, no te perdonará fácilmente. A menudo da la impresión de que la vida le parece una gran transacción económica, así que sé profesional en el trabajo y gánate su respeto. Si tienes una relación sentimental con un Capricornio, intenta limitar tus arrebatos emocionales. Los Capricornio tienden a enfocar las relaciones de manera eficiente, si bien esto puede reducirse si los otros signos ocupan un lugar predominante en sus cartas.

RESTRICTIVO Y CONTROLADOR

La versión negativa de Capricornio tiene tendencia a arrojar un jarro de agua fría sobre los planes y objetivos ajenos, incorporando verdades incómodas a la ecuación y aportando una dosis de realidad para enfriar su entusiasmo. Esto puede hacer que parezcan muy restrictivos y controladores. Por ejemplo, si tienes a Saturno (el planeta que rige a Capricornio) en tu ascendente, tu personalidad puede estar restringida en cierto sentido. Las personas con esta configuración habitualmente se vieron limitadas por unos padres autoritarios durante sus años de formación y, posteriormente, se convirtieron a su vez en controladoras. Conozco a un hombre gay que tiene exactamente esta configuración en su carta: se siente muy incómodo con su sexualidad, ya que se crió con un padre que la desaprobaba. Esto lo llevó a ser muy controlador en su vida personal, lo cual le impide encontrar el amor verdadero. Actualmente va al psicólogo para que le ayude a evadirse de la prisión que él mismo se ha impuesto.

EL APRENDIZAJE

Si tienes una fuerte influencia de Capricornio en tu carta, procura evitar la necesidad de que te consideren convencional. La mayoría de las personas triunfadoras nacidas bajo este signo son, según propia confesión, «obsesivas del control». Deberías preguntarte por qué actúas de ese modo. ¿Se debe a unos padres controladores o a alguna otra figura de autoridad cuya influencia es (todavía) demasiado fuerte? Es posible que no consideres que tu obsesión por el control sea un problema, pero aleja a la gente y te limita a la hora de experimentar la magia de la vida y el placer que las personas espontáneas y libres de espíritu pueden aportar a tu mundo, el cual, si no tienes cuidado, puede volverse aburrido. Todos necesitamos reglas y estructuras, pero estas deben ser lo suficientemente flexibles para cambiar en función de las circunstancias.

Si vives o trabajas con un Capricornio y es controlador, házselo saber (¡si te atreves!). Me he dado cuenta de que el comportamiento controlador limita el amor real y el libre flujo de creatividad, una energía que realmente necesitamos. Desde una perspectiva más mundana, las soluciones a menudo nacen de la creatividad, así que, si controlas todo con demasiada rigidez, ahogarás tu capacidad y la de los demás para generarlas. Si vives con un Capricornio, intenta ayudarle a elegir el lado más espontáneo de la vida. Enfréntate a él y cuestiona abiertamente sus motivos, ya que muchos de ellos actúan por puro hábito.

CIRCUNSPECTO Y DEMASIADO SERIO

Los nativos de Capricornio se toman las cosas en serio, lo cual puede ser una ventaja o un inconveniente, dependiendo de la situación. Cuando deciden emprender una acción determinada, se mantienen firmes y nunca permiten que nada ni nadie los disuada. Esto puede ser problemático, ya que significa que no están bien equipados para adaptarse rápidamente a nuevas situaciones (y la vida es cada vez más incierta e inestable). Tienen que aprender a adaptarse a los cambios y a adoptar un nuevo plan de acción si el suyo ya no es viable.

Tengo un cliente Capricornio auténticamente triunfador que fundó su empresa hace años y ahora tiene una enorme cuota de mercado. Realmente se esforzó para poder dejar de lado sus ideas fijas sobre cómo «deberían» ser las cosas, y no cabe duda de que su flexibilidad ha sido fundamental para su éxito. Cuando uno de sus directores fue tentado por la competencia, en lugar de mostrarse arrogante o emotivo, reaccionó de manera tranquila y rápida. Era consciente de la pérdida que supondría la marcha de esa persona, así que reestructuró toda la empresa y convirtió al director y a todos los demás a los que valoraba en socios accionistas. Un movimiento muy inteligente, ya que alejaron a la competencia y unos años más tarde colocaron a la empresa en el mercado bursátil. Ahora todos ellos amasan millones. Este es otro buen ejemplo de la capacidad de Capricornio para distanciarse de las emociones y tomar las decisiones adecuadas, al margen de cómo se sienta a nivel personal.

EL APRENDIZAJE

Si tienes una fuerte influencia de Capricornio en tu carta, puede que te cueste relajarte, pero te gustan los retos, así que haz de este una prioridad. Stephen Hawking, que durante más de cuarenta años sufrió una enfermedad motoneuronal crónica incapacitante, dijo en una ocasión: «La vida sería trágica si no fuera graciosa». Si en tu carta aparecen tus signos vecinos (Sagitario y Acuario), este no es tu caso, pero si eres fundamentalmente Capricornio, necesitas más amor, luz y humor en tu vida. Canta, baila y haz algo frívolo al menos unas cuantas veces al mes. ¡Aprende a dejarte llevar y no tengas miedo de qué pensarán los demás, ni de qué les parecerá a los vecinos! Eso es vivir una vida a medias. No esperes hasta el final de la tuya para darte cuenta.

Cuando te enfrentes a decisiones y situaciones profesionales importantes, es aconsejable dejar de lado las emociones. No me refiero a la empatía y la compasión, a las que no debes renunciar nunca, sino a tomarte las cosas como algo personal. Mi cliente pudo haber interpretado fácilmente la amenaza de su director como una afrenta personal, dejar que se fuera y sufrir importantes pérdidas en consecuencia. Este es un buen ejemplo de lo bueno que es distanciarse emocionalmente y no tomarte a ti mismo demasiado en serio.

Si vives o trabajas con un Capricornio, haz todo lo posible por ayudarle a relajarse y a adaptarse al cambio presentándole un argumento práctico. Por ejemplo, exponle las razones por las que el plan de acción actual está fallando y ofrécele alternativas. Si vives con un Capricornio serio, dile que necesitas más diversión y déjale claro que preferirías encontrar formas de pasártela bien con él.

CAPRICORNIO
EN VERSIÓN POSITIVA

GENIAL E IMPONENTE

La versión positiva de Capricornio es a menudo genial y siempre sabia —con frecuencia avanzada a su tiempo—, decidida, con elevados valores morales, muy inteligente, incondicionalmente confiable y de plena confianza. Sus valores profundamente arraigados, autoridad natural y naturaleza imperturbable les hacen instantáneamente atractivos para el resto de nosotros. Su nombre, *Capricornus*, viene del latín y significa «cabra montesa»; al igual que ese animal, tienen la capacidad de sobrevivir en un terreno agreste. Son extremadamente tenaces y nunca pierden la calma (¡al menos en público!). En lugar de lamentarse de sus circunstancias, siguen subiendo la montaña. Esto nos resulta reconfortante a los demás, ya que su constancia y buen sentido innato hacen que sean increíbles en momentos de crisis. ¡A menudo son como el poderoso superhéroe que acude al rescate!

EL APRENDIZAJE

A menos que ya ostentes una posición de autoridad, en cuyo caso se espera de ti que lo hagas, habitualmente lo mejor es que esperes al momento adecuado para intervenir y arreglarlo todo. Espera a que te pidan ayuda o parecerás arrogante e incomodarás a todo el mundo. No es lo que pretendes —eres totalmente capaz, habitualmente sabes lo que hay que hacer y estás deseando hacerlo—, pero algunas personas tienen demasiado ego y se ofenderán si lo haces. ¡Espera al momento adecuado y ve por ello!

—⊖ CONSTANTE Y SERVICIAL ⊖—

Los Capricornio apoyan contra viento y marea a las personas a las que quieren y respetan, siempre y cuando consideren que sus caminos son dignos y sus objetivos y sueños, prácticos y viables. (¡Si no es así, pronto darán su opinión!) Una vez que deciden participar en una idea, un proyecto o una persona, son infinitamente generosos con su gran apoyo práctico y su inversión (en todos los sentidos). No obstante, no soportan a los tontos ni apoyan a nadie por hacer el papel; al fin y al cabo, están regidos por «la reina Saturno», que no se inclina ante nadie.

EL APRENDIZAJE

Agradecemos mucho su apoyo, pero tienen que aceptar que no siempre tienen razón; abran la mente antes de tomar decisiones importantes. Dan lo mejor de ustedes cuando conocen todos los datos y las cifras, así que recábenlos primero y luego utilicen su capacidad ejecutiva. Como sucede en la mayoría de las cosas de la vida, prepárense para cambiar de táctica si se os presentan factores desconocidos. Asuman que los planes mejor diseñados pueden torcerse y que puede surgir algo aún mejor.

PRÁCTICO Y DE ALTO RENDIMIENTO

Si alguien está en apuros o necesita ayuda para resolver un problema, los Capricornio son el signo al que hay que acudir. Podemos relajarnos y estar seguros de que, por muy complicado que sea, averiguarán qué hay que hacer y lo harán. Son sumamente prácticos y pueden dejar a un lado las emociones a la hora de tomar decisiones que a menudo son complicadas para aquellos de nosotros más emotivos y sensibles. Su capacidad de detectar planes fallidos e identificar posibles obstáculos hace de ustedes los mejores consejeros, tanto personales como profesionales. Cuando deciden hacer algo, trabajan con constancia hasta conseguirlo y, aunque cumplen con sus obligaciones, acostumbran tener una actitud inamovible con respecto al trabajo y se desconectan cuando es necesario. Esto significa que son simplemente brillantes en el ámbito de los negocios: hacen las cosas bien y mantienen la calma en situaciones de caos sin ahorrar esfuerzos. Su lema es «hazlo bien o no lo hagas». No es de extrañar que tiendan a ser grandes triunfadores.

EL APRENDIZAJE

Puede que les parezca que siempre están ayudando a los menos organizados a salir de líos y embrollos. Sé que a veces puede ser difícil no perder la paciencia, pero traten de entender que los otros signos simplemente no son tan fabulosamente prácticos como ustedes. No pretenden ser una molestia, simplemente no es su fuerte. (¡Y recuerden que sin duda tendrán cualidades que lo compensen!) Puede ser útil ofrecer a los demás consejos prácticos para que en el futuro puedan arreglárselas solos. Intenten disfrutar de las oportunidades que les da la vida para poner en práctica sus considerables puntos fuertes y, por favor, ¡recuerden que se les valora!

AMOR

Los nativos de Capricornio se toman muy en serio las relaciones y son gente muy sincera. Son personas absolutamente dignas de confianza, entregadas y comprometidas y, en general, ni en sueños pensarían en ser infieles. Pueden ser tan serias en otros aspectos de su vida que a menudo desatan su lado obsceno en el dormitorio, lo cual puede ser bueno o malo, dependiendo de la reacción de su pareja. A algunos les gusta mantener este lado en secreto y, en lugar de darles a sus parejas la oportunidad de conocerlo, buscan en otros lugares. Esto tiende a causar grandes problemas porque un Capricornio puro no puede soportar el «fracaso» o la «vergüenza» de ser infiel, de modo que se sumen en la culpa y hacen daño a mucha gente, incluso a ustedes mismos.

Si se casan, suelen tomar en serio los votos y consideran el divorcio como un fracaso. A mis clientes Capricornio les digo que en la vida no todo es éxito o fracaso, y que algunas relaciones son un éxito hasta que, tal vez, vencen como un contrato temporal y llegan a su fin. Y punto. (Si esto te suena un poco frío, es probable que Capricornio no tenga una gran influencia en tu carta.) La vida es un largo viaje, y algunas personas que están ahí desde el principio se quedan, mientras que otras se marchan.

Los nativos de Capricornio buscan a menudo una mejor posición social a través de sus matrimonios y parejas. Concretamente, los hombres Capricornio tienden a ser tradicionales y de preferencias fijas. Son los típicos que buscan una mujer como trofeo. La duquesa de Cambridge es Capricornio y no cabe duda de que adquirió una posición destacada en la escena mundial al casarse con el segundo heredero en la línea de sucesión al trono británico.

Cuando una de mis clientas tuvo problemas con su novio, el cual se negaba a comprometerse, le aconsejé que se pusiera totalmente en forma. (Tiene una gran influencia de Tauro en su carta, y Tauro tiene que mantenerse en forma para lograr sus máximos niveles de energía.) También le aconsejé que «hiciera como la duquesa». Ya sabes, cuando el príncipe Guillermo puso fin a su relación, Kate Middleton, Capricornio, se sacudió el polvo, se vistió para impresionar y se dejó fotografiar entrando y saliendo de los mejores clubes de Londres. Al final, el príncipe no pudo soportar ver su hermosa imagen en los periódicos a la hora del desayuno, así que se le declaró. El príncipe Guillermo, por cierto, tiene el Sol en Cáncer, lo cual se opone totalmente al Sol en Capricornio de su esposa. Los opuestos pueden equilibrarse muy bien. Ambos tienen la Luna en Cáncer y Marte en Libra, lo cual ayuda, ya que tienen energía (Marte) y emociones (Luna) parecidas.

En una ocasión tuve como cliente a un músico de gran talento cuya pareja era Capricornio. Se puso muy enfermo y tuvo que ingresar en el hospital. Su pareja se negó a faltar al trabajo para atenderle e incluso les dijo a los familiares y amigos del hombre que le recriminaban su actitud que ella tenía una empresa que dirigir y facturas que pagar. Creía que la enfermedad de él era una absoluta molestia.

Al final, el hombre se recuperó y, no hace falta decirlo, la relación terminó. La versión negativa de Capricornio está tan centrada en el trabajo y se siente tan incómoda con las emociones que no puede ofrecer apoyo emocional a nadie que lo necesite. Al examinar más detenidamente la carta de la pareja de mi cliente, me di cuenta de que tenía la Luna en Capricornio, además del Sol. Era así por partida doble. Cuando la Luna, que rige las emociones, está en su versión negativa, puede tener una influencia devastadora. Ella exhibía todos los rasgos negativos de Capricornio en el ámbito de las emociones, de modo que era incapaz de apoyar a su pareja; su solución fue continuar construyendo su imperio y desvincularse.

TRABAJO

La carrera profesional, la influencia y el poder tienen una importancia fundamental para los nativos de Capricornio. Les gusta trabajar para ustedes mismos o en un entorno tradicional y estable que les ofrezca la posibilidad de avanzar, crecer y, por supuesto, dar rienda suelta a su ambición. A los Capricornio, como a su signo opuesto, Cáncer, les gusta construir imperios, y habitualmente se les da muy bien. No buscan la fama, como Leo, sino que prefieren ganarse el respeto y reconocimiento por sus logros, lo cual está en los primeros puestos de su lista de prioridades. Por este motivo, son adecuados para ocupar cargos que les concedan cierto grado de mando: son jefes, consejeros delegados, directores o fundadores de empresas por naturaleza.

Tienen un sentido de la autoridad natural y una fortaleza que gusta tanto a empresarios como a empleados, y les resulta fácil ganarse la confianza de la gente. Sin embargo, tienden a ser más bien despectivos con los compañeros de trabajo y no están especialmente dotados para administrar personas, ya que desconfían de la amabilidad en el ámbito laboral y carecen de inteligencia emocional y compasión.

Se entregan a su profesión, por humilde que sea, y siempre se puede confiar en que se presentarán y harán lo mejor posible. Son perseverantes y pacientes al ascender, pero esperan alcanzar el éxito y sufren si no lo logran al llegar a cierta edad. También tienden a ser adictos al trabajo y eso puede provocarles enormes problemas, ya que a menudo aleja a su familia y amigos. Asimismo, genera dificultades más adelante, cuando se acerca la jubilación.

Si este es tu caso, debes saber que un sinfín de entrevistas con personas a punto de morir nos indican que, cuando nos enfrentamos a nuestro último suspiro, lo que ocupa nuestras mentes no es la falta de éxito terrenal ni el hecho de no haber pasado suficiente tiempo en la oficina, sino el arrepentimiento por habernos perdido los primeros pasos de nuestro hijo o haber estado en un viaje de trabajo cuando nuestra pareja nos necesitaba desesperadamente. No te conviertas en alguien que acabe viviendo arrepentido.

Trabaja duro, pero aprende de mi triunfador amigo Capricornio: desconecta el correo electrónico a una hora determinada, nunca trabajes mientras comes, reserva tiempo para estar con la familia y da prioridad a pasar tiempo con tus seres queridos. Todos necesitamos ganar dinero, pero ¿cuál es el límite?

SALUD

Aparentemente, los Capricornio sufren especialmente de los huesos y las articulaciones, así que deben mantenerse flexibles y ágiles.

Mientras escribía esto, consulté un antiguo libro de mi estantería que receta remedios naturales con plantas para cada uno de los signos (*Complete Herbal* de Nicholas Culpeper, del cual me habló por primera vez mi siempre práctica y querida abuela Tauro). Recomienda amaranto para Capricornio, y profundizando un poco más, descubrí que ayuda a fortalecer los huesos y a reducir la presión arterial, dos cosas que tienden a dar problemas a los Capricornio (o a aquellas personas con gran influencia de Capricornio en sus cartas).

El yoga les iría de maravilla, ya que es doblemente beneficioso: además de aumentar su flexibilidad, también les permitiría desconectar de un enfoque puramente pragmático de su tiempo y vivir el momento. Pasan tanto tiempo centrados en trabajar duro que tienen que aprender a relajarse y tomar las cosas con más calma en muchos sentidos.

Uno de los Capricornio más triunfadores que conozco apaga el correo electrónico durante el fin de semana. Dice que la señal de que alguien no ha triunfado o bien no se siente triunfador es tener el teléfono en la mesa mientras cena o se toma una copa con amigos o familiares. ¡Sin duda, algo que debería hacernos pensar!

EL AJUSTE DE CAPRICORNIO

1. **Relájate.** Haz todo lo posible por no tomarte la vida tan en serio. Permítete hacer el tonto. Ve a espectáculos cómicos, haz volar una cometa en el parque, búscate un pasatiempo. Prueba cualquier cosa que te permita dejar de centrarte por un momento en tu carrera profesional o en tus responsabilidades.

2. **Deja pasar las cosas.** Haz todo lo que puedas en todos los ámbitos de la vida que te importan y luego para. Confía en el flujo del universo y evita la necesidad de controlar todas las situaciones (y, desde luego, a tus seres queridos).

3. **Domina** tus ambiciones y ríete de ellas. Dile a la gente que eres ambicioso y propenso a pisotear a los demás. Haz bromas al respecto. Así, al menos, estarán preparados, y si puedes reírte de ti mismo, ¡los demás se reirán contigo, no de ti!

4. **No seas tan duro contigo mismo,** sobre todo si crees que has fracasado en algunos aspectos de tu vida. Perdona tus fallos y piensa que, a menudo, la vida es solo un juego. Si eres feliz con la gente que te rodea, eso es indudablemente un éxito. Es más importante que tener millones en el banco.

5. **Trata de que tu necesidad de tener un estatus no se interponga en tu camino.** Eso puede impedirte atraer al amor verdadero, el cual es mucho más beneficioso para ti que cualquier título o imagen pública.

6. **Muéstrate abierto,** especialmente a aprender nuevas habilidades u oportunidades para cambiar. Quien eras hace un momento no es quien eres ahora. Puedes liberarte de tu limitada percepción de quién eres realmente. Encuentra signos más livianos como Sagitario o Leo en tu carta y canaliza su energía positiva.

— ACUARIO —
EL ACTIVISTA

SIGNO DE AIRE

OPUESTO A LEO

ONCEAVO SIGNO DEL ZODIACO

ONCEAVA CASA

REGIDO POR SATURNO/URANO

Acuario es un signo de aire intelectual y, como su compañero Géminis, es inteligente y lógico. También es brillante y relajado, y puede ser ligero como el aire. Además de inteligente, en su versión positiva, Acuario es realmente perspicaz, casi clarividente. Está regido por Saturno (asociado a la disciplina, el autogobierno y las lecciones vitales), pero también se relaciona firmemente con Urano, el cual, en astrología, es conocido como el gran despertador que señala los ámbitos en que tenemos que ser más conscientes. En Acuario todo gira en torno a la libertad, la independencia y el despertar de la conciencia.

Las personas con planetas en Acuario son, a menudo, las revolucionarias del zodiaco. Impulsan cambios progresivos y ayudan a que se produzcan giros en la conciencia colectiva: algunas personas creen que ahora estamos viviendo en su era. Muchos astrólogos estadounidenses afirmaron que se inició en la década de 1960 con el movimiento *hippy* en favor de la paz y el amor. Otros creen que empezó en 2012, pero yo creo que está íntimamente ligada a la revolución digital, la cual empezó en la década de 1950 y se ha ido acelerando desde entonces. Al margen de cuándo empezara, todos sentimos su influjo. En 2020, tanto Júpiter como Saturno estarán en Acuario, y podemos estar seguros de que los cambios saltarán a la vista.

James Dean, la seductora estrella de cine, tenía el Sol en Acuario, y una de sus películas más famosas fue *Rebelde sin causa*. ¡Muy propio de Acuario! Los Acuario necesitan una causa por la que luchar. De lo contrario, se vuelven obtusos y rebeldes sin motivo, lo cual no beneficia a nadie.

En su versión positiva, los Acuario son personas encantadoras, simpáticas, amables y compasivas. Es emocionante estar a su lado. Son interesantes y les interesan las personas. En general, saben escuchar y son confidentes de los que uno se puede fiar. A menudo, sus numerosos amigos les piden sus consejos lúcidos y directos. Tienen un gusto ecléctico en todo, incluida la gente, y forman grupos de amigos tan diversos como bolsas de golosinas. Les encanta combinar, mezclar y compartir experiencias e ideas, especialmente si tienen que ver con ideales comunes más elevados. Tienen una gran inventiva y, a veces, son auténticos genios, ya que tiene la capacidad de pensar de forma creativa, pero sus innovaciones están fuertemente impulsadas por la lógica. Esa puede ser una combinación fabulosa.

En la versión negativa aparece el lado menos atractivo de Acuario. A menudo rechazan las costumbres solo para que se les considere como «rebeldes», lo cual se hace pesado y agotador. Su arraigada necesidad de cuestionarlo todo, cosa que con mucha frecuencia es una virtud, puede hacerles parecer obstinados y complicados. Este problema se magnifica por el hecho de que no siempre son las personas más sutiles emocionalmente hablando. De hecho, en ocasiones, son sorprendentemente directos, lo cual puede perturbar a los más sensibles o a aquellos que prefieren las trivialidades que se dicen por cortesía.

Y luego está el otro tipo de Acuario: no aquel que se opone a las normas y a la autoridad y que está regido por Urano, el amante de la libertad, sino aquel que cumple, que tiene la tendencia negativa a mantenerse distante. Pueden ser reservados y no hablar de cosas triviales, lo cual puede hacer que sea difícil conocerles y da impresión de frialdad. Les rige Saturno, el planeta que representa la autoridad y el poder dominante, y pueden ser excesivamente serios y distantes, sintiéndose bastante superiores. (Sin embargo, según mi experiencia, incluso este Acuario más atípico va camino de acabar rebelándose. ¡Los veremos a los noventa años corriendo desnudos por un campo de golf!)

Los Acuario de toda índole tienen tendencia a ser extremistas e impredecibles, lo cual puede ser encantador o complicado, dependiendo de la situación. Extremadamente afectuosos o fríos: pueden irse a ambos polos en cuestión de minutos. Provocan en la gente una falsa sensación de seguridad y, de repente, dicen algo tan inesperado que la persona que está enfrente no tiene ni idea de con quién estuvo hablando durante la última hora. Si les llaman la atención por ello, utilizarán su memoria robótica para recordar toda la conversación y, a continuación, preguntarán de manera excesivamente inocente dónde estaba la confusión. Puede ser un poco desconcertante para el interlocutor. Acuario es aterradoramente imprevisible.

Acuario también puede ser fanático, lo cual es peligroso. Si naciste bajo este signo y eres un fanático de alguna causa o religión, debes controlar ese rasgo antes de que se te vaya de las manos y desate el caos. *Caos* es una palabra estrechamente relacionada con tu signo.

Wolfgang Amadeus Mozart, el compositor de fama mundial, nació bajo el signo de Acuario. Fue un niño prodigio que ya componía a los cinco años de edad, y su carrera no fue fácil. Era muy rebelde y, como es típico de su signo, solamente respetaba a quienes consideraba que se habían ganado su respeto. Fue célebre su enfrentamiento con el arzobispo Colloredo de Viena, que intentó controlarlo sin éxito. A Mozart se le concedió un cargo en la corte de Salzburgo, pero lo dejó para dedicarse a cosas más importantes, lo cual es muy típico de su signo. A los Acuario no les gusta echar raíces, así que mientras que mucha gente habría permanecido en la corte simplemente por la posición social que ello conllevaba, Mozart se dispuso a perseguir sus objetivos. Estaba decidido a conocer a José II, el emperador del Sacro Imperio Romano Germánico, y así lo hizo. Posteriormente, el emperador le apoyó haciéndole encargos y dándole un cargo a tiempo parcial en la corte imperial. Si tenemos en cuenta las cartas que escribía, Mozart también tenía un escandaloso sentido del humor. A los Acuario les encanta reír y burlarse, y si les haces reír, te los habrás ganado pase lo que pase.

ACUARIO
EN VERSIÓN NEGATIVA

—⊖— OBSTINADO, COMPLICADO, CONTROLADOR —⊖—

Los nativos de Acuario que se esfuerzan demasiado por encajar se sienten desgraciados y pueden dar la imagen de personas frías, complicadas y obstinadas, que les cuesta definirse y que no se comprometen, como sus vecinos Piscis. Su falta de tolerancia por lo que respecta a las emociones significa que son capaces de ser extremadamente groseros, desagradables, despegados, distantes y obtusos.

En los casos más extremos les encanta provocar el caos y dividir a la gente. Un Acuario infeliz es un personaje oscuro al que le cuesta mostrarse tal como es. Crean el caos únicamente para entretenerse y siembran cizaña entre los demás por pura diversión. Lo peor de todo es que lo hacen de manera tan inteligente que los demás no tienen ni idea de que están atrapados en su red cósmica de caos.

Acuario puede ser uno de los signos más controladores, arrebatándoles incluso el puesto a Escorpio y a Virgo. Creen saber qué es lo mejor para todo el mundo (y con frecuencia así es). Habitualmente, las cosas se hacen como ellos dicen y punto.

EL APRENDIZAJE

Si tienes una fuerte influencia de Acuario en tu carta, busca una causa más elevada por la que luchar y redirige esa energía rebelde hacia algo que valga la pena para alinearte con tu objetivo espiritual. Procura ser consciente de cuando eres controlador, obstinado o complicado sin motivo. Ten compasión de las personas que pueden estar intentando aplicar una estructura y unas normas. Si eres una de las personas regidas por Acuario que disfruta con el caos, debes alzarte e ir tras tu objetivo más elevado, que es servir y ayudar a la humanidad, no dañarla. Si no lo haces, te arrepentirás mientras vivas por haber perdido el tiempo siendo un embaucador.

Si vives o trabajas con un Acuario, sé directo con él o ella. Puede soportarlo y, además, a menudo reparte golpes a diestra y siniestra. Le atrae la lógica y preferiría oír la verdad. Puede que te responda con rebeldía, pero las cosas no tardarán en calmarse. Si es obstinado, ofrécele una alternativa (eso evitará la rebelión); si es complicado, pregúntale cómo haría las cosas o qué cambiaría, y eso hará que se pare a pensar.

FRÍO, EMOCIONALMENTE DISTANTE

La versión negativa de Acuario es fría como el hielo. Pueden ser aterradores cuando se distancian del mundo. A quien interactúa con ustedes no se le podría reprochar que pensara que abandonaron su cuerpo y los reemplazó un robot sin corazón.

Se sienten muy incómodos con las emociones desenfrenadas porque tienden a verlo todo desde una perspectiva distante y muy lógica. Para ustedes, todo es cuestión de motivos. Hacen preguntas y lo analizan todo, desmenuzando un argumento y descubriendo la causa fundamental del comportamiento de una persona antes de golpear con el mazo y emitir una sentencia condenatoria, aunque muy a menudo acertada.

Odian tener que dar explicaciones, y aunque no estén haciendo nada malo, se negarán obstinadamente a responder a ninguna pregunta que consideren irrelevante o que invada su intimidad. Puede que eso les haga parecer evasivos, de modo que resulte muy difícil acercarse a ustedes. Generalmente, tienen un montón de conocidos y contactos, pero muy pocos amigos.

EL APRENDIZAJE

Si tienes una fuerte influencia de Acuario en tu carta, debes tener en cuenta las emociones de los demás. Ten compasión. Si son abrumadoramente emotivos, explícales que careces de las herramientas necesarias para afrontar ese comportamiento y sugiéreles que busquen ayuda. Ofrécete a hacer lo posible por evitar los arrebatos y esfuérzate por realizar cambios. Todos tenemos que responder ante otras personas, así que trata de ser un poco más paciente (a menos que estés tratando con alguien paranoico e inseguro, en cuyo caso encamínale a que busque ayuda profesional). Deja de considerar la necesidad de hacer concesiones en las relaciones y de hacer cambios como una limitación directa de tu expresión individual.

Si vives o trabajas con un Acuario, apela a su compasión; no debería costarte, ya que es innata. Si se distancia o se muestra frío, pregúntate si no estás siendo innecesariamente sensible.

CRÍTICO, TESTARUDO, PROPENSO A POSICIONES EXTREMAS

Por lo general, son el menos crítico de los signos, pero son personas extremistas, así que todo es posible, y de vez en cuando, Acuario reacciona muy mal en este sentido.

Acuario valora a las personas inteligentes e interesantes, y prefiere las interacciones profundas y significativas que sirven a un fin; en general no les gusta la superficialidad. Y aunque la mayoría de ustedes nunca juzgaría a nadie por su acento o por su ropa, seguro que los juzgarían si no los consideran interesantes, ni inteligentes ni graciosos. Como se dice a menudo, «pero ¿eso importa realmente?». Si deciden que alguien es falso, superficial o aburrido, harán lo que sea por librarse de él. Pueden ser indiferentes casi hasta rozar la crueldad. En el peor de los casos son muy elitistas y están convencidos de que sus opiniones y las de su pequeña camarilla son infinitamente superiores a las de cualquiera.

Una vez que emiten un juicio, es casi imposible que cambien de opinión. Son un signo firme, y no sabemos hasta qué punto. Pueden ser testarudos, obstinados e inamovibles. Se niegan a aceptar disculpas o perdonar a los demás, y en lugar de ello, los apartan fríamente de su vida. Se alejan de cualquiera que se interponga en su camino (socios, amigos e incluso familia) y los culpan testarudamente de lo que hizo que se marcharan, sea lo que sea. Gracias a su mente veloz como el rayo y a su extremada conciencia, pueden convencer a la gente de cualquier cosa, así que deben trabajar con la verdad y los datos objetivos, y evitar el fanatismo, tanto en ustedes mismos como en los demás.

EL APRENDIZAJE
Si tienes una fuerte influencia de Acuario en tu carta, asegúrate de disponer de datos objetivos antes de empecinarte. Procura tener más paciencia con las personas aparentemente superficiales; esto es algo que suele deberse a la inseguridad y al miedo, así que la compasión es clave. Si tienes tendencia a ofrecer opiniones extremas, debes rectificar y analizar tus conclusiones. Tienes la capacidad de despertar a la gente, así que hazlo únicamente por el bien de todos. Recuerda que todo lo que decimos y hacemos es como una semilla plantada;

las semillas buenas dan buenos frutos. No seas elitista, pues todos estamos interconectados. Cuando uno sufre, todos sufrimos, así que haz un pacto para ayudar a toda la humanidad.

Si vives o trabajas con un Acuario y es crítico, preséntale hechos lógicos y (¡al final!) debería entrar en razón. Intenta animarle a que sea más tolerante y compasivo; una vez más, esta es la clave: en general son capaces de entender los puntos de vista de los demás, pero algunos necesitan que se les recuerde. Sé directo y categórico, aunque siempre sincero, pues los Acuario calan bien a las personas y las situaciones, de modo que es mejor no priorizar tus propios intereses egoístas a la hora de hacerles modificar su comportamiento.

ELITISTA

En su versión positiva, los Acuario son personas humanitarias convencidas de que luchan por la igualdad, pero en su versión negativa son el polo opuesto, y luchan incluso por el uno por ciento, con tal de mantener su estatus y su obscena riqueza para construirse un paraíso que esperan que los proteja del resto de nosotros cuando llegue el momento.

EL APRENDIZAJE

Si tienes una fuerte influencia de Acuario en tu carta y deseas ser feliz a nivel espiritual, es vital que contribuyas y trabajes para servir a la humanidad. No basta con escribir canciones sobre la revolución sin hacer nada para llevarla a cabo; tienes que ensuciarte las manos y contribuir a recuperar el equilibrio. Defiende aquello en lo que crees: trabaja de voluntario en un comedor popular, colabora en un refugio de animales, recauda fondos para causas que valgan la pena o escribe blogs que fomenten el cambio donde sea necesario. Acuario, más que ningún otro signo, tiene el poder de cambiar la situación, y cuando te pongas en marcha, su espíritu experimentará una felicidad real y duradera.

Si vives o trabajas con un Acuario, acepta el hecho de que, con mucha frecuencia, tiene un carácter obstinado, y trabaja en ello. Si le dejas elegir, cumplirá las normas. Si intentas controlarlo o atraparlo, lanzará bombas mentales que harán tambalear cualquier estructura que hayas intentado construir. Se distanciará de ti y reorganizará sus fuerzas, o simplemente provocará un caos absoluto. Mi hijo tiene a Saturno en Acuario (Saturno indica el signo que debes dominar) y era, y sigue siendo, un auténtico rebelde. En lugar de obligarle a cumplir las normas, le propongo alternativas y le explico las posibles consecuencias de cada una, dejando en sus manos la responsabilidad última. Mete a cualquiera que tenga una fuerte influencia de Acuario en una jaula y destruirá toda la ciudad intentando liberarse.

ACUARIO
EN VERSIÓN POSITIVA

◯— COMPASIVO, HUMANITARIO —◯

En su versión positiva, los nativos de Acuario luchan por la libertad y suelen estar profundamente implicados en causas benéficas, muy centrados en «devolver» y motivados para servir a la humanidad. Son unos defensores y unos activistas tremendos. Normalmente son muy compasivos, pero, si deciden que una persona es excesivamente dependiente, su compasión tiene sus límites. Las personas dependientes no atraen a los Acuario, y carecen de tolerancia ante cualquiera que sea egocéntrico o unidimensional.

Pero una vez que se unen con una causa o con una persona, la defienden incansablemente. Su inconformismo innato hace que no les dé miedo apoyar a alguien a quien nadie más apoyaría. Dado que tienden al extremismo, a veces hacen y dicen cosas únicamente para impactar o despertar a la gente, su pasatiempo favorito, ¡tanto literal como metafóricamente!

EL APRENDIZAJE

Para su bienestar es vital sentirse parte de una misión o causa superior, pero dada la tendencia (en su versión negativa) al fanatismo, deben evitar ser demasiado extremistas. Por ejemplo, yo no apruebo la cruel producción de prendas de piel, pero tampoco me parece bien que los activistas hagan daño a las personas que las visten o las venden. Defiendas lo que defiendas, trata de ser compasivo y tolerante.

IGUALITARIO

Acuario es el signo antisistema por excelencia y, por lo general, le atraen las causas humanitarias y progresistas. No tiene tiempo para pensar en las anticuadas ideas de género, clase, raza, ni nada por el estilo. Acuario solo ve personas, y las considera a todas iguales. Pueden conectar con personas de muy diversos orígenes. Son gente sociable, segura e instructiva. Son los conectores naturales del zodiaco que combina personas y conceptos; les encanta hacer que las cosas cuadren.

EL PERSONAJE

Deben tener cierta tolerancia con quienes son menos progresistas que ustedes. No se peleen con alguien de creencias fijas. En su lugar, traten de abrir sus mentes con delicadeza. No todo el mundo puede ver más allá de la raza, la clase social, las creencias religiosas o el estatus, así que limítense a aceptarlo y sean compasivos. Recuerden que, habitualmente, es el miedo lo que le impide a la gente aceptar a los demás como iguales. Sigan conectando personas e ideas y observen cómo encajan. No pierdan la confianza porque de vez en cuando a alguien le horrorice su actitud progresista.

ESPÍRITU LIBRE, GENUINO

Las personas Acuario tienen fama de ser diferentes, incluso «de otro mundo», y en mi experiencia, dicha fama es merecida y puede ser algo maravilloso. (¡Qué voy a decir si yo tengo el Sol, Júpiter, Venus y unos cuantos planetas más en Acuario!) La extravagancia está en el ADN de Acuario: en su versión positiva asumen sus peculiaridades y pasiones, y son quienes quieren ser desde el principio. Su sentido del deber hace que no les importe lo que piensen los demás. Son totalmente impredecibles y excéntricos, y es más probable encontrarlos en una vieja tienda de curiosidades que en unos grandes almacenes con productos fabricados en China.

Acuario es muy polifacético y tiene tantas capas como una cebolla. Tienen intereses y habilidades eclécticas y se sienten cómodos con atuendos muy diferentes, dependiendo de lo que hagan y con quién lo hagan. Aunque muestren muchas caras al mundo, todas ellas son auténticamente suyas. En el caso de Acuario, lo que ves es lo que hay; en su versión positiva, nada es fingido.

EL APRENDIZAJE

No intentes ser diferente porque sí. Limítate a ser tú mismo y los demás te seguirán. Por supuesto, están los Acuario conservadores regidos por Saturno, pero incluso a ellos les encanta llevar calcetines disparejos. Sé un espíritu libre, pero céntrate en no hacer daño a nadie por el camino. La sociedad creó unas expectativas para asegurarse de que todo funciona; no te niegues a las costumbres.

AMOR

En el mejor de los casos, Acuario es una pareja deslumbrante, emocionante y comprometida, que aporta grandes dosis de diversión a la relación. Dan más prioridad al hecho de ser amigos de su pareja que a cualquier otra cosa. Generalmente, se toman su tiempo para formar una unión a largo plazo y rara vez eligen a alguien que no posea una vida y una mente polifacéticas. Son maestros en las relaciones amorosas a distancia; a menudo os estimula tanto la inteligencia como el físico. Habitualmente, tienen muchos amigos de ambos sexos. Muchas personas con planetas en Acuario, especialmente Marte y la Luna, son bisexuales en sus cartas, puesto que no ven la diferencia entre hombres y mujeres; solo ven personas.

En su vertiente negativa, muchos carecen de capacidad de permanencia y no son muy buenos para el arte del compromiso, al considerar cualquier forma de concesión como un plan encubierto para atraparles y limitar su independencia. Buscan siempre la «luna de miel» y tener nuevas relaciones interesantes con muchas personas, de modo que puede que se les considere promiscuos y rebeldes. En su versión negativa, a menudo son los grandes jugadores del zodiaco: si aparece alguien más excitante, son capaces de abandonar a su pareja y superarlo muy rápido mientras que esta tarda años en recuperarse de su corazón roto y sus sueños destrozados. ¡Qué frialdad la suya!

Su falta de inteligencia emocional puede ser un problema grave en las relaciones. A menudo no saben cómo hacer que las personas se sientan cuidadas y amadas, y pueden parecer totalmente indiferentes, confiando demasiado en el pensamiento lógico y racional. Desde luego, este no es el caso si tienen un planeta más sensible influyendo en su vida amorosa; o Cáncer o Piscis como ascendente; o la Luna o Venus en Piscis, por ejemplo.

Dado que rara vez sienten celos, no responden bien a los celos o a cualquier tipo de actitud posesiva por parte de su pareja, y no reaccionan con tolerancia cuando reconocen este rasgo en los demás.

Si tienes una relación sentimental con Acuario, debes saber que, cuando le das libertad y confianza, generalmente te recompensa con total lealtad y respeto, sin difamarte nunca ni hablar mal de ti a los demás. Habitualmente, son personas muy reservadas, que se guardan sus problemas para sí hasta haberlos resuelto. Esto puede hacer que sea difícil establecer una relación de profunda intimidad y confianza con los Acuario. Están acostumbrados a estar solos, y eso puede resultarte complicado, ya que son extremadamente independientes. Parece como si te ocultasen aspectos de su vida íntima.

Si te vuelves celoso o posesivo, generalmente encontrarán la salida más cercana y se marcharán rápido. Sin embargo, la mayoría no son materialistas, así que probablemente te dejen la casa y su contenido en su afán de libertad, aunque los hayas traicionado. Si les dejas la puerta abierta, permanecerán fieles y serán las mejores parejas; muchos siguen siendo amigos de sus exparejas, incluso después de que haya habido una infidelidad, ya que son indulgentes. No obstante, más vale que te lleves bien con sus amigos, ya que Acuario, al igual que su signo opuesto, Leo, se entrega a sus amigos verdaderos. Si intentas controlar a los Acuario, acabarás perdiéndolos para siempre. Esto es indiscutible. Te amputarán como a un miembro gangrenado.

Si eres una persona emotiva, suelen distanciarse, ya que intentan racionalizar tus crisis. A menudo carecen de la capacidad para gestionar una crisis, así que pueden parecer fríos e indiferentes. En el peor de los casos, si creen que eres muy dependiente, se negarán obstinadamente a consolarte, optando, por el contrario, por castigarte con su silencio, marchándose o alejándose si se tienen que quedar.

Recientemente, trabajé con una clienta cuyo marido aparentemente intolerante es Acuario. Él minó la confianza de mi clienta (sin duda, ella lo permitió), ya que ella se ha vuelto insegura y dependiente. Él se niega a renunciar a su amistad con antiguas compañeras de la universidad, a pesar de haber tenido relaciones con unas cuantas. Ella es Escorpio y se volvió insegura, resentida y celosa. Esos dos signos a menudo forman una unión bastante complicada, ya que Escorpio desea un alma gemela dedicada en exclusiva a su persona y Acuario (aparentemente de forma egoísta) quiere seguir siendo libre para relacionarse con otras personas. Incluso aunque el miembro Acuario de la pareja sea fiel, no renunciará por nadie a su sentido de la libertad durante mucho tiempo. Tienes que despertar su compasión para que un Acuario en versión negativa entienda tu punto de vista, y asegurarte de que no te muestras inseguro o dependiente.

Por otro lado, si esto ya suena un poco deprimente, tengo un cliente Acuario que lleva diez años casado con su mujer. Todos decimos que no cabe duda de que las estrellas se alinearon en el momento en que se conocieron y ¡así fue! Ella tiene a Júpiter en Acuario, de modo que le entiende profundamente a nivel espiritual, y ambos se tienen mucha confianza, se conceden libertad y se tienen respeto; si Acuario no tiene nada contra lo que rebelarse, se entrega y puede relajarse. Hacen una magnífica pareja. A menudo tienen un amplio grupo de amistades con intereses diversos, pero siempre se toman el tiempo suficiente para mantener viva su unión y su vínculo fuerte.

TRABAJO

Acuario es extraordinariamente apto para trabajar en causas revolucionarias y organizaciones benéficas. Este signo también rige la industria de los medios de comunicación y todo lo que conecte a las masas de alguna manera, como el mundo digital, las nuevas tecnologías y los inventos. Los nativos de Acuario son futuristas y suelen adelantarse a su época, rasgo que comparten con Piscis. Piscis tiene la visión y Acuario tiene el conocimiento y la capacidad de pensar a lo grande. Son buenos programadores de *software*, agentes de bolsa, operadores de futuros, ejecutivos de medios de comunicación, astrólogos y profesionales de la publicidad, porque evaluan las tendencias futuras antes que la competencia.

Acuario piensa a lo grande: ven la imagen global y con frecuencia eso los convierte en titanes de la industria y líderes en su campo. Dos de los personajes más importantes de la televisión son Acuario: Oprah Winfrey y Ellen DeGeneres. Al margen de lo que opines de cualquiera de las dos, no se puede negar que colaboran en causas humanitarias.

Acuario suele ser popular en el trabajo, ya que tiene en cuenta las necesidades de todo el mundo. Nunca esperan de nadie lo que ustedes mismos no harían y son compañeros agradables y considerados, y jefes progresistas.

Son muy buenos con la gente y muy intuitivos, lo cual hace que triunfen en cualquier profesión que implique trabajar con la humanidad a diario. Son buenos comerciantes que saben complacer a los clientes rápidamente y captar sus necesidades. Siempre sirven a los demás con sentido del humor y una actitud positiva.

En vuestra versión negativa solo se sirven a ustedes mismos, sin importarles demasiado nadie fuera de su grupo. Son extremistas fanáticos que trabajan con cierta fría indiferencia hacia cualquiera que tenga opiniones diferentes a las suyas.

SALUD

Acuario es un signo de aire intelectual, y tienden a padecer trastornos mentales como estrés y ansiedad. Tienen cierta energía nerviosa que, muchas veces, no saben desconectar, así que tienen propensión al agotamiento y los berrinches. Tengo varios clientes que tienen a Marte (el planeta que rige la energía) en Acuario y les he dicho que deben desconectarse de la electricidad para curarse. Les sugerí que durmieran en una «cueva», sacando televisores, computadoras portátiles y teléfonos móviles de sus dormitorios, ya que la luz artificial puede engañar al cerebro para que se mantenga despierto; los televisores y los despertadores generan campos electromagnéticos perjudiciales para la relajación. Únicamente deberían dejar en el dormitorio una lámpara y lo que sea indispensable. Todos ellos, sin excepción, concluyeron que habían dormido más profundamente.

Si eres Acuario, o ese signo ocupa un lugar destacado en tu carta, tienes que encontrar tiempo para apartarte del constante bombardeo de la vida o corres el riesgo de caer en el agotamiento. Sabiendo esto, no deberías llegar nunca a ese punto, pero muchos nativos de este signo que conozco han sufrido crisis mentales, pues tienen una antena que descarga constantemente información; no se apaga nunca, así que tienen que aprender a desconectarla. La meditación es un salvavidas para vosotros, igual que salir a la naturaleza sin teléfonos ni otros dispositivos digitales.

EL AJUSTE DE ACUARIO

1. **Duerme en una cueva.** No tengas nada conectado mientras duermes. Un televisor en el dormitorio está claro que tampoco va bien. Apaga todo o, mejor aún, evita tener conectado nada cerca de tu cabeza.

2. **Aprende a saber cuándo parar.** No te presiones hasta el extremo, ya que eso hace que pierdas tu tolerancia y compasión, y probablemente te provocará un cortocircuito.

3. **Usa tu conciencia** para conectar con un grado más elevado de conocimiento, bondad y compasión, y encuentra la causa fundamental del comportamiento ajeno. Esto te permitirá tener compasión en lugar de provocar el caos.

4. **Cede en las relaciones.** No interpretes las exigencias de los demás como un intento directo de restringir tu individualidad y limitar tu expresión personal.

5. **Diseña tu espacio siguiendo el método *feng shui*.** Eres natural y deberías saber limpiar un espacio de energía negativa o estancada. Si no es así, busca información sobre «cómo despejar espacios» en Internet e invierte en herramientas que puedan ayudarte, como pueden ser el incienso, la salvia o el palo santo.

6. **Pasa tiempo a solas.** Tienes que reponer tu energía, y pasar tiempo a solas te ayudará a hacerlo. Explícales a tus amigos y compañeros que es una necesidad emocional básica para que no se sientan excluidos.

— PISCIS —
LA VISIÓN

SIGNO DE AGUA

OPUESTO A VIRGO

DOCEAVO SIGNO DEL ZODIACO

DOCEAVA CASA

REGIDO POR NEPTUNO

Los Piscis tienen un don para percibir las cosas que están ocultas para la mayoría. Son soñadores que ven la imagen global, y a menudo son capaces de convertir su visión en realidad. En definitiva, son personas realmente geniales.

Tomemos como ejemplo la vida y la obra de un Piscis famoso, Albert Einstein. Su visión es legendaria y no puede haber un personaje mejor para mostrar a este signo en acción. La teoría de la relatividad de Einstein cambió por completo nuestra forma de entender el tejido mismo del universo. Tuvo problemas con la formalidad y rigidez del sistema educativo tradicional y creía que su enfoque estricto ahogaba el proceso creativo. Esto es típico de los Piscis, que detestan sentirse limitados u obligados a desconectar de su creatividad interna. El amor de Einstein por la música está bien documentado y es un rasgo compartido por la mayoría de los Piscis o por quienes tienen una fuerte influencia de Piscis en su carta astral. (Muchos grandes músicos nacieron bajo este signo: Chopin, Kurt Cobain, Nat King Cole, Johnny Cash, Aretha Franklin y Al Green, por nombrar solo algunos.) Asimismo, las investigaciones muestran que, cuando Einstein parecía comprometido en una relación amorosa, generalmente anhelaba a otra persona, otro rasgo típico de Piscis.

Miguel Ángel es otro Piscis famoso que fue un auténtico genio del arte. Si alguna vez has visto el hermoso y sobrecogedor fresco del techo de la Capilla Sixtina en el Vaticano, sabrás que su visión se hizo realidad para que todo el mundo pudiera contemplarla. La historia tras su concepción ilustra diversos rasgos típicos de Piscis. El fresco no era un medio al que Miguel Ángel estuviera acostumbrado, y uno de sus colegas, Bramante (un Aries competitivo con Saturno en Escorpio), lo sabía. Bramante le sugirió al papa que le encargase la obra a Miguel Ángel, esperando que su rival fracasara, pero el tiro le salió por la culata de manera espectacular. Miguel Ángel intentó rechazar el encargo, pero el papa le dijo que «Dios había hablado», e insistió en que se hiciera cargo del trabajo. El fresco tardó cuatro años en acabarse y resultó ser una de las obras de arte más importantes de Occidente. El cardenal Biagio de Cesena, que había apoyado a Bramante, le provocó a Miguel Ángel un constante sufrimiento a lo largo de todos los años en que se dedicó al proyecto (¡sufrir por amor al arte también es un rasgo típico de Piscis!), así que el artista pintó un retrato de Cesená en el infierno, donde ha permanecido hasta hoy. Aquí la lección es que nunca hay que provocar a un Piscis. Cuando montan en cólera, su ira es colosal. Y si encima son artistas, puede que te inmortalicen de alguna forma poco favorecedora.

PISCIS
EN VERSIÓN NEGATIVA

POCO CONFIABLE

Con Piscis rara vez hay un término medio: o son las personas más fiables y comprometidas, o bien inspiran desconfianza. Pueden ser personas que no se comprometen, evasivas, y tratar con ustedes puede ser una pesadilla para los demás, simples mortales. Una de mis clientas castigaba con regularidad a su hijo Piscis porque este no hacía más que escabullirse de su habitación y deslizarse por la tubería del desagüe. Los Piscis necesitan límites claros, coherencia, que se les indique claramente por qué su comportamiento puede ser perjudicial. Por regla general, los Piscis tienen buen corazón, de manera que, cuando saben lo perjudiciales que son sus acciones para los demás, habitualmente intentan corregirlas, lo cual es encantador. Cuando mi clienta le explicó a su hijo que la inquietaba no saber dónde estaba, el niño empezó a tener en cuenta los sentimientos de su madre antes de plantearse escaparse de nuevo.

Otro de mis clientes Piscis no es tan brillante a la hora de manejar su día a día. Siempre hay un cincuenta por ciento de posibilidades de que se presente a nuestras citas. A algunas personas les horrorizaría esta perspectiva, pero yo siempre me siento tranquila porque sé que eso está en su naturaleza de Piscis. Procuro programar sus citas cuando estoy en mi escritorio trabajando en otros proyectos, por si acaso no se presenta.

EL APRENDIZAJE

Si tienes una fuerte influencia de Piscis en tu carta, estás aprendiendo acerca del compromiso en general y debes ser claro en cuanto a lo que puedes y no puedes ofrecer. Asumir compromisos y mantenerlos siempre que sea posible te ayuda a desarrollar fuerza de voluntad, aunque tu enfoque debe ser realista. Por ejemplo, si cancelas tus citas constantemente, deja de aceptarlas hasta que sepas con seguridad que podrás asistir. Piscis tiene que aprender a cumplir sus promesas o dejar de hacerlas.

Esfuérzate por crear una estructura y unos límites firmes para tu persona; aprende a utilizar una agenda para establecer prioridades y, a continuación, consúltala diligentemente antes de comprometerte en proyectos, reuniones o citas, y elabora una lista asequible de cosas por hacer para los días en que tengas que completar tareas. Procura administrar tu tiempo dedicándote a una única actividad durante media hora y programa una alarma que te indique cuándo se acabó el tiempo. Al final, la administración del tiempo se convierte en un hábito natural, pero hace falta esfuerzo para conseguirlo.

Intenta ser todo lo honesto posible para evitar estresarte o atraer la rabia y la decepción de los demás. Todo esto ayuda a fortalecer tu carácter y determinación.

Si vives o trabajas con un Piscis, tienes que mostrarle la imagen completa, explicándole cómo su comportamiento influye negativamente en la gente que le rodea. Esto fomenta su empatía y aumenta el entendimiento. No des por sentado que siempre es consciente, ya que puede que viva en su propia versión de la realidad.

EXCESIVAMENTE OBSTINADO

Como acabamos de ver, los Piscis no suelen tener una gran fuerza de voluntad, pero si eres uno de los que son conscientes de eso, puede que te estés yendo al extremo opuesto para compensar. Algunos de los Piscis que conozco están tan decididos a no inspirar desconfianza y a que los demás no se aprovechen de ellos que se vuelven excesivamente controladores e inflexibles. Este es un rasgo que comparten con su signo opuesto, Virgo.

EL APRENDIZAJE

Si tienes una fuerte influencia de Piscis en tu carta y sospechas que eres más del tipo controlador que del tipo que inspira poca confianza, lo primero que tienes que hacer es liberarte de tu ansiedad. Puede ser aterrador renunciar siquiera a un poquito de control, pero, como probablemente sepas, también es aterrador sentir que eres la persona en la que recae toda la responsabilidad. Esto puede hacerte creer que los demás se aprovechan de ti. Si admites sentirte vulnerable, esto permite que el universo y los demás intervengan para ayudarte. Si vuelves al comportamiento controlador, eso a menudo tiene el efecto contrario y molesta a la gente. Intenta hacer pequeñas concesiones al punto de vista de otra persona, aunque eso te saque de tu zona de confort. Esto requiere práctica (como con cada patrón de conducta que tratamos de cambiar), pero al final te demostrará que la vida es más fácil y mejor cuando controlas lo que puedes controlar y luego te dejas llevar y confías más.

Si vives o trabajas con un Piscis, ofrécele cualquier oportunidad de realizar pequeñas concesiones que le ayuden a apartarse de su comportamiento controlador. Recuerda que esta tendencia refleja el intento de los Piscis de enfrentarse a su fuerte propensión a crear desconfianza. Ten compasión; si los motivas, ¡pueden acercarse al punto medio!

SENSIBLE

La vida puede ser muy difícil para los Piscis porque necesitan experimentar algo personalmente para empatizar con los demás. Esto puede hacer que se sientan como víctimas o mártires y que en seguida culpen a los demás de todo lo que va mal. Si no entregan a tiempo, a menudo le echan la culpa a todo menos a su tramposo sentido de la planificación. Le echarán la culpa al transporte, a otras personas y a todo lo que se les ocurra. El auténtico crecimiento surge de asumir la responsabilidad y deben fijarse en qué podrían haber hecho (si es que podrían haber hecho algo) para cambiar el resultado o impedir que se repitieran los patrones.

Muchos nativos de Piscis achacan su forma de ser a experiencias negativas de su infancia, como unos padres distantes o controladores, el acoso escolar o sus parejas infieles, pero los más conscientes de ustedes deciden no ser víctimas del pasado. Asumen el presente, sabiendo que todos y cada uno de nosotros tenemos la capacidad de sanarnos y convertirnos en una persona diferente, capaz de crear una vida mejor. Esta es una lección vital general para todos nosotros, pero es especialmente importante en el caso de los nativos de Piscis; cuando les echamos la culpa de nuestros fracasos a sucesos externos o a otras personas, estamos optando activamente por rechazar oportunidades de crecimiento.

Muchos ven y sienten las cosas tan intensamente que tienen la necesidad de evitar el impacto de sus poderosas habilidades proféticas y clarividentes. Los niños y las niñas Piscis (¡y algunos adultos!) desaparecerán en un mundo de fantasía: películas, videojuegos y cualquier otra forma de ficción interactiva. Los adultos son propensos a caer en el alcohol, las drogas, o ambas cosas. Cuando surgen problemas o se fraguan conflictos, en lugar de abordar la situación para encontrar la solución, tienen tendencia a ignorar los frenéticos intentos de contactar con ustedes y agarran la botella o la consola, o desaparecen bajo una nube de humo de marihuana.

EL APRENDIZAJE

Si tienes una fuerte influencia de Piscis en tu carta y sientes la necesidad de escapar de los sentimientos dolorosos, hazlo, pero busca un método más útil, como puede ser un pasatiempo creativo: escribir, pintar o cantar. Si abusas del alcohol o te excedes en otras actividades perjudiciales de manera regular, debes admitir que tienes un problema y tratar de reducir ese abuso a uno o tal vez dos días por semana. Esto te ayudará a desarrollar tu fuerza de voluntad. Y si descubres que no puedes controlar la bebida u otras conductas autodestructivas (lo cual no es infrecuente en los Piscis), existen numerosos grupos de apoyo en Internet y en tu comunidad, así como ayuda profesional a la que puedes recurrir. No te limites a aceptar que «esto es lo que hay»; haz que sea como era antes.

Intenta evitar a las personas, las sustancias tóxicas y las situaciones duras, y adopta una existencia más tranquila. Aquí, el ajuste que debes llevar a cabo consiste en dedicar tiempo con regularidad a actividades espirituales como la meditación o el yoga; cualquier cosa que te ayude a lograr la armonía con tu yo más profundo y encontrar la paz con el mundo exterior. Algunos Piscis encuentran especial consuelo en las actividades acuáticas (sobre una tabla de *surf*, por ejemplo, surcando las olas); pero, elijas lo que elijas, es importante que abordes los problemas que plantean la familia, los colegas, las amistades y las parejas en lugar de evitarlos. De lo contrario, simplemente seguirán sucediendo.

Procura recordar que, si sigues cayendo en el hábito de culpar a los demás cuando las cosas no van bien, o estás muy cómodo con tu propia identificación como víctima o mártir, en definitiva, la única persona con la que estás siendo injusto es contigo mismo.

Si vives o trabajas con un Piscis, trata de tener en cuenta que su costumbre de eludir la responsabilidad procede de la ansiedad, no de la arrogancia. Todo lo que puedas hacer para ayudarle a solucionar las cosas en lugar de huir será útil para Piscis y para ti.

CARÁCTER VIOLENTO

Llevado al límite, Piscis estallará en una rabia furiosa. Todos los signos tienen un planeta regente, o un jefe, como yo lo llamo, y los Piscis están gobernados por Neptuno, señor y protector de los océanos y los mares. Como si el Dios Neptuno azotara su tridente para crear grandes olas, el mal genio de Piscis puede provocar una enorme devastación. Cuesta mucho sacarlos de quicio, pero nadie debería intentar hacerlo a menos que esté preparado para un tsunami lo suficientemente poderoso como para llevárselo por delante. Por otra parte, los bebés neptunianos pueden ser dulces, sanadores y dejarse llevar.

EL APRENDIZAJE

Si tienes una fuerte influencia de Piscis en tu carta, recuerda que debes abordar los problemas con delicadeza pero de frente, como surjan y cuando surjan. Estás aprendiendo sobre los límites y, a menudo, atraes a personas y situaciones que ponen a prueba los tuyos. No debes reprimir ni eludir las cosas, ya que eso provoca una acumulación de resentimiento y rabia que acaba provocando el tsunami, y para entonces suele estar totalmente fuera de lugar.

Si tratas con un Piscis que exhibe esta conducta, dale espacio y luego vuelve a entrar (¡no lo dejes demasiado tiempo!) y expón tus argumentos con calma. Utiliza el recurso predeterminado de darle una visión global para mostrarle cómo su rabia influye en ti y en los demás.

PISCIS
EN VERSIÓN POSITIVA

—◯— ESPIRITUAL —◯—

Los Piscis están tan en sintonía con los ritmos de la vida que todo fluye en ustedes y tienen una cierta magia. Son espirituales e intuitivos, algunos dirían que psíquicos. Con mucha frecuencia tienen sueños que posteriormente se hacen realidad, y muchos de ustedes tienen dones proféticos. Mi maestro solía decir que los Piscis eran los «médiums» o los «intermediarios» entre la vida, Dios y el universo.

Piscis ocupa un lugar destacado en las cartas astrales de los mejores sanadores y psíquicos que conozco. Por «sanadores» no me refiero únicamente a maestros del *reiki*, sino a todas las personas que tienen el impulso de ayudar a los demás y están conscientizadas para hacer del mundo un lugar mejor para todos. Mi maestro solía decir que todos los auténticos sanadores tienen habilidades psíquicas, pero que no todos los psíquicos son sanadores. A lo largo de mi vida he descubierto que es así. Por lo que a mí respecta, los que conservan la humildad, sanan a la gente y solucionan los conflictos discretamente son los verdaderos héroes anónimos.

La versión positiva de Piscis parece saber siempre qué decir para hacerte sentir mejor, y su consideración tiene la capacidad de calentar los corazones fríos o endurecidos. Son seres increíblemente bondadosos y tienen una energía casi etérea que nos recuerda a todos la belleza que puede encontrarse en la verdadera humanidad.

EL APRENDIZAJE

Si tienes una fuerte influencia de Piscis en tu carta, has de aprender a protegerte para mantener limpia tu energía. (Esta es una necesidad que compartes con los otros signos de agua, Cáncer y Escorpio.) De nuevo, es cuestión de límites. Saber cuándo crear espacio y cómo decir «no» son habilidades que vienen muy bien. Pasar tiempo a solas para sanarte y recobrar la energía en un ambiente libre de caos obra maravillas cuando lo estás pasando mal. Una iluminación suave, la música tranquila, la meditación y la oración ayudan a mantener una fuerte conexión con tu yo superior. Ser una persona sensible y espiritual no significa que permitas que los demás te pisen. Todo lo contrario. Vivir una vida basada en valores espirituales conduce al respeto por uno mismo, e intentar tratar a los demás como nos gustaría que nos trataran nos fortalece y sube la moral de toda la humanidad.

CONEXIÓN CON LA NATURALEZA

Cuando estás en contacto con la naturaleza, especialmente en el mar, estás en tu elemento. Conocí a un hombre muy brillante, el capitán Paul Watson, un activista dedicado a salvar nuestros mares y la fauna marina del daño medioambiental provocado por el hombre. Aposté con un amigo a que tenía una gran influencia de Piscis en su carta y acerté. Tiene a Júpiter en Piscis.

EL APRENDIZAJE

Están regidos por Neptuno, señor de los mares, y necesitan agua como las flores necesitan la luz; así es como sanan. El suave sonido de un arroyo borboteante o de las olas rompiendo en el océano es como una terapia para Piscis. Si no tienen la suerte de vivir junto al mar, toman unos días de descanso tan a menudo comopuedan para ir a curarse junto a él. Por lo general, no soy muy aficionada a tener animales en cautiverio, pero, interpretándolo como una especie de rescate, podrían comprar algunos peces en una tienda de animales e invertir en un bonito y espacioso acuario. Contemplarlos deslizarse por el agua sin ninguna preocupación tendría el mismo efecto relajante que un masaje.

En su versión positiva, Piscis está extremadamente conectado con la vida salvaje y hará todo lo posible por preservar la vulnerable vida marina y la de otros animales. Los más sensibles de entre los Piscis y los más fieles a su signo crean a menudo formas innovadoras de salvar los océanos y, por supuesto, no se los verá vestidos con pieles, dada su conexión con el sufrimiento y la naturaleza en general.

La versión positiva de Piscis es tranquilizadora, como las gotas de lluvia en el calor del desierto, ya que nos aportan cierta calma y frescor al resto de nosotros, simples mortales, cuando lo necesitamos.

AMOR

En el mejor de los casos, los Piscis son amantes entregados que hacen todo lo posible por facilitarle la vida a la pareja y se dedican a hacerla feliz y a que la relación fluya. Generalmente son desinteresados, pero, dependiendo de a quién decidan abrirle su corazón, esto puede hacer que tengan la impresión de que se han aprovechado de ustedes si su pareja no se entrega al cien por ciento. Tienen unas expectativas muy elevadas que son difíciles de cumplir.

Cuando a los Piscis les hacen daño, su sensibilidad les puede impedir que vuelvan a confiar. Otros signos se sacuden el polvo y siguen adelante, pero a Piscis le cuesta recuperarse de la traición. Eso a menudo les representa un lastre, ya que el amor siempre provoca algún tipo de dolor, incluso cuando es «hasta que la muerte nos separe». Si te hirieron, tienes que aceptarlo, perdonar e intentar seguir adelante siendo tan abierto como eres cuando estás enamorado.

Piscis tiene tendencia a engañar a su pareja o a que su pareja le engañe. Es posible que te sientas tentado a romper la relación por alguien que te parezca más adecuado para ti. Te encantan las fases iniciales del romance, pero, cuando entra en juego la realidad, a menudo te echas para atrás. Lo que realmente ayuda, sea como sea la dinámica, es la compasión y el perdón. Para algunas parejas la solución es una relación abierta.

Piscis a menudo miente para evitar el conflicto y huye simplemente de los resultados. Cuando haces eso, estás asumiendo pasivamente el control de las situaciones, desapareciendo y rechazando cualquier conclusión. En lugar de eso, intenta distanciarte un poco de la situación y, luego, sin dejar que pase demasiado tiempo, afróntala honestamente. Comprueba que tu motivación sea pura y actúa para solucionar la situación con integridad. Si no puedes afrontarla directamente, escribe una carta o pídele ayuda a un mediador de confianza.

Si tienes una relación sentimental con un Piscis, tienes que estar presente y hacer todo lo posible por asegurarle que estás entregado y comprometido, para así atenuar sus temores. Necesitan mucho espacio, pero el romance que te aportan tras pasar algún tiempo a solas hace que todo valga la pena.

Si estás tratando con una persona regida por Piscis a la que le cuesta abrirse, no te enfades, ya que eso hace que se cierre aún más. Afróntalo con delicadeza y explícale cómo su comportamiento te hace daño y le perjudica a la larga. Una vez más, si antes creas espacio y trabajas para disipar la ira, evitarás proyectar tu dolor en él y le ayudarás a reconocer lo dañino que es su comportamiento para ambas partes. Puede que no tengas éxito, pero la clave está en intentarlo.

No persigas a un Piscis: una vez decida marcharse, se escurrirá entre tus dedos hacia las turbias profundidades, como un pez resbaladizo, fuera de tu alcance para siempre. Si puedes aceptar su falta de compromiso, todo irá bien, déjate llevar por la corriente, pero, si eres consciente de que necesitas una pareja más estable, no te engañes pensando que podrás cambiarlo. Solo ellos tienen esa capacidad, y requiere trabajo, disciplina y compromiso.

TRABAJO

A menudo les atrae la industria de la creatividad: el cine, la moda, la fotografía, el diseño, la música y la televisión. Eso no significa que todos trabajen en esos campos, por supuesto, y muchos de ustedes que tienen una importante presencia de Piscis en su carta expresarán su creatividad de diferentes maneras. Los Piscis también tienen visión de futuro, lo cual les permite extraer soluciones casi de la nada. Aquellos de ustedes que no están en sintonía con las artes harían bien en abrir la puerta a esos talentos, a veces latentes. Ser realistas con sus objetivos es fundamental para su satisfacción. Por ejemplo, si eres un Piscis que quiere aportar más creatividad a su vida, pero tienes que pagar las facturas con un trabajo de nueve a cinco, estudia algo creativo en tu tiempo libre y deja salir al artista frustrado que llevas dentro.

Tienen visión y están dispuestos a perseguir sus sueños. Aquellos que tienen éxito siguen su gran intuición natural. Invierten, diseñan y producen con entusiasmo, a menudo trazando sus caminos con años de antelación y siguiendo ese plan al pie de la letra. Los Piscis no quieren perderse en fantasías ajenas. Otros representan la otra cara de esta propensión a soñar: tienen tendencia a quedarse atascados imaginando cómo sería su vida si tuvieran la profesión adecuada, en lugar de hacer algo al respecto.

Cuando mejor les va es cuando tienen una rutina diaria estructurada y, por esa razón, muchos de ustedes, al menos al inicio de su vida profesional, tienden a trabajar en industrias con normas y regímenes estrictos. O eso, o bien se crean una estructura rígida ustedes mismos. Un gran amigo mío fue policía durante varios años antes de sufrir una lesión. Luego dedicó su vida a su verdadera pasión, la música. Firmó un contrato de grabación y, al poco tiempo, su música aparecía en películas de Hollywood. Todo muy típico de Piscis: primero trabajó en un sector con normas y estructuras rígidas y luego se pasó al mundo de las artes para cumplir sus sueños.

Con frecuencia, los Piscis tienen un sentido del tiempo claramente inconexo, así que incumplir los plazos de entrega no es nada nuevo para muchos de ustedes. Dejan las cosas para mañana y cuentan el tiempo que falta para llegar a casa y poder volver a conectarte con una botella de vino y un atracón de Netflix. Si eres propenso a esto, pregúntate qué puedes hacer para cambiar tu rutina, implicarte más y ser más fiable. Vuelve a la página 297 y refréscate la memoria sobre cómo puedes aprender a reducir tu tendencia a resultar poco fiable. Busca la pasión en tu corazón y da pasos para incorporar lo que te gusta a tu vida cotidiana. (Esto sirve tanto para lo que haces en tu tiempo libre como para tu trabajo.) Prepárate a hacer sacrificios si tienes que cambiar de profesión y empezar de nuevo. La vida es demasiado corta para quedarse esperando ni siquiera un segundo.

SALUD

Tienen que salir de la mente y entrar en el cuerpo. Cualquier cosa que les permita sentirse en armonía con la naturaleza y el universo contribuye a que logren su óptimo estado de salud. A los Piscis los relaja cualquier actividad acuática: les encanta el mar abierto y les atrae hacer surf, nadar, ir en kayak y hacer esquí acuático. El simple hecho de sentarse junto al océano puede reanimarlos y darles una nueva perspectiva.

Como los demás signos de agua, los Piscis tienden a la depresión, la ansiedad y la desesperación. Deben elevar sus niveles de serotonina como sea, si es posible sin ayuda de medicación. El ejercicio es importante para todos los signos, pero a los Piscis les puede proporcionar la dosis regular de endorfinas que necesitan. Técnicas como la meditación y el *mindfulness* también pueden ser especialmente beneficiosas para ustedes, ya que les permiten conectar con su intuición y visión interior.

A pesar de su predisposición al escapismo, los Piscis son más felices cuando mantienen el control. Tienen que estar atentos para asegurarse de que sus miedos, las drogas y el alcohol no rijan sus vidas. Conocí a una Piscis con un talento extraordinario, una de las personas más creativas que he conocido en mi vida. Tenía todo lo positivo de Piscis. En un trágico año perdió a sus padres y a su pareja, y recurrió a las drogas ilegales para escapar del dolor de su pérdida. Muchas personas pueden desengancharse de los hábitos, pero a Piscis y Escorpio, otro signo de agua, les cuesta más que a la mayoría. A pesar de contar con el apoyo de sus seres queridos, se sumió en la confusión neptuniana y siempre estaba drogada. Si conoces a alguien que comete este tipo de excesos, puedes apostar lo que quieras a que tiene planetas destacados en Piscis en su carta, independientemente de cuál sea su signo solar.

EL AJUSTE DE PISCIS

1. **Para despertar confianza en los demás, cómprate una agenda** o busca una herramienta de planificación en Internet y oblígate a utilizarla, consultándola cada mañana y cada noche antes de irte a la cama.

2. **No te comprometas por encima de tus posibilidades.** Practica la forma de decir que no amablemente, o gana tiempo.

3. **Para controlar tu sensibilidad,** encuentra una forma sana de eludir (temporalmente) las situaciones dolorosas. Podrían ser cinco minutos de *mindfulness* o un pasatiempo creativo que sustituya la costumbre de beber vino a diario.

4. **Asume la idea de que no eres una víctima** o un mártir, sino un adulto independiente que tiene el control de su vida. El pasado ya no está y el futuro lo creas tú.

5. **Da rienda suelta a tu creatividad.** Toca un instrumento. Conecta con tu naturaleza artística y delicada.

6. **Evita las sustancias y las personas tóxicas** que menoscaban tu sensibilidad.

7. **Viaja con regularidad a sitios con agua.** Un lago, un río o la costa: cualquier lugar cerca de una masa de agua te tranquilizará. Una piscina puede servir, ¡aunque el cloro no ayuda demasiado!

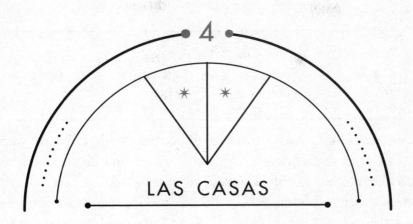

LAS CASAS

Estamos llegando a la última pieza del rompecabezas. Espero que aún sientas el entusiasmo que habrás experimentado en esos emocionantes momentos en que te hayas sentido identificado y que tengas ganas de introducir cambios en tu vida en función de todo lo que estás descubriendo. A estas alturas, probablemente ya te sientas con más seguridad para reunir las pistas de tu carta astral y te hayas familiarizado con todos estos conocimientos, sin dejar de confiar en tu intuición.

Tras habernos centrado hasta ahora en los planetas (el «qué») y los signos (el «cómo»), pasemos ahora al último elemento de tu carta, las casas (el «dónde»).

Las cartas se interpretan correlacionando constantemente las tres áreas, pasando de un capítulo a otro de este libro para crear una imagen más completa y entenderlas mejor. Ya hablamos un poco acerca de las casas, especialmente en relación con la influencia de planetas generacionales como Urano, Neptuno y Plutón. Probablemente ya te hayas hecho una idea de lo que representan las casas. Sin embargo, el objetivo de este capítulo es añadir otra dimensión a tus interpretaciones, fijándote en el contexto de cómo se combinan tus planetas y signos. Por tanto, la principal pregunta que te harás en este capítulo es: «¿Dónde [en qué ámbito de mi vida] intervendrá cada planeta y su signo?». Vale la pena recordar que la astrología es un lenguaje nuevo y, como sucede al aprender cualquier lengua, mejorarás y adquirirás fluidez con la práctica.

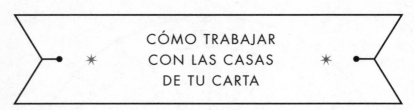

CÓMO TRABAJAR CON LAS CASAS DE TU CARTA

Para refrescarte la memoria, el zodiaco se divide en doce signos, y todos tienen planetas regentes y residen en una de las doce casas. A esto lo llamamos «configuración predeterminada». Cada casa representa un aspecto diferente de tu vida, como los recursos económicos y los valores, o la espiritualidad. Así, Aries es el primer signo del zodiaco, su planeta regente es Marte y su configuración predeterminada es la primera casa. Tauro, el segundo signo, tiene su ubicación natural en la segunda casa y su planeta regente es Venus. Géminis, regido por Mercurio, es el signo de la tercera casa, etcétera.

Sin embargo, como ya has visto, la configuración predeterminada no siempre se da en tu carta. No todos los planetas, los signos y las casas van unidos. Los tres elementos se mueven independientemente unos de otros para crear la foto instantánea exclusiva del espacio en el preciso momento de tu nacimiento que constituye tu carta astral.

Un recordatorio rápido de la forma en que los planetas (y sus signos correspondientes) se ubican en las casas. Al examinar tu propia carta, ya habrás observado que tal vez los planetas no estén distribuidos uniformemente en ella. Puede que algunas casas estén vacías y otras repletas. Eso ya es una gran pista en sí misma. Si una casa está repleta, es una clara señal de que tienes que dedicar más atención a las partes de tu carácter a las que se refieren esos planetas, relacionándolas con los aspectos de la vida representados por la casa en que se ubican.

Una casa vacía no significa que no haya nada para ti en ese aspecto de la vida. Puede significar simplemente que ya tienes grandes conocimientos (conscientes o inconscientes) en ese ámbito concreto. Tal vez, en términos generales, ya lo hayas averiguado. O tal vez significa que las lecciones que tienes que aprender están integradas en el signo residente en la casa.

Por tanto, fíjate en la actividad planetaria en tus casas, determina qué signo rige en cada casa en tu carta y parte de ahí. ¡Ve en busca de pistas!

Para identificar los signos residentes en cada una de tus casas, fíjate en el borde exterior de la rueda de tu carta, donde verás que aparece el símbolo de un signo en cada casa. Empieza siempre a las nueve en punto, donde la punta de la flecha señala tu signo ascendente, el cual es también el signo residente en tu primera casa. A partir de ahí, desplázate por la carta en sentido contrario a las manecillas del reloj. El siguiente signo del borde exterior es el signo residente en tu segunda casa, y así sucesivamente. Tendrás que volver a consultar la tabla de símbolos de los signos de la página 25 si todavía no conoces su orden natural.

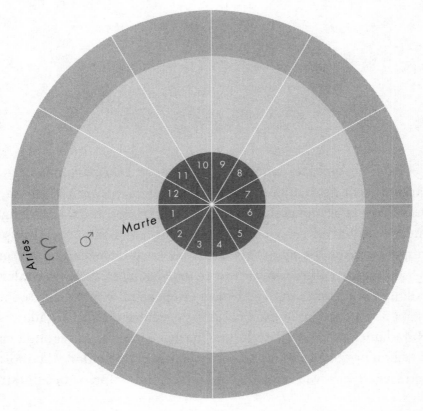

CHARLES CHAPLIN, MARTES, 16 DE ABRIL DE 1889

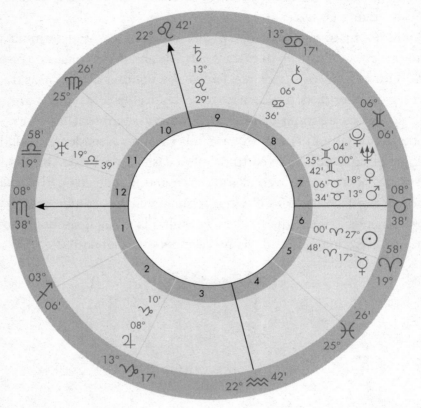

En el ejemplo de carta anterior, verás que en esta persona (Charles Chaplin) Escorpio rige la primera casa, Sagitario rige la segunda, la Luna está en la primera casa, Júpiter está en la segunda, no hay ningún planeta en la tercera, etcétera. Por tanto, esta persona debería buscar también pistas en los signos que rigen las casas de su carta y, a continuación, relacionarlas con las asociaciones de cada casa, las cuales se detallan más adelante en el apartado «Repaso relámpago a las casas» (página 320), con el planeta y el signo predeterminados de cada casa.

Rápidamente, en el ejemplo de Charles Chaplin, su segunda casa está regida por Sagitario (Sagitario se centra en la verdad y la oportunidad en general), y la segunda casa indica cómo obtenemos nuestros recursos económicos; Chaplin financió la mayor parte de sus películas y le obsesionaba realizar cada movimiento en el momento justo hasta que le parecía correcto. A Sagitario solo le interesa lo correcto. El hecho de tener a Júpiter, regente de Sagitario, en la segunda le concedió la capacidad (Júpiter representa las habilidades y capacidades) de expresar las verdades políticas de su época. Pero Júpiter también señala dónde somos propensos al extremismo, y Chaplin era conocido por ser un extremista en lo relativo a su producción cinematográfica.

Vale la pena recordar que dado que los signos, los planetas y las casas tienen configuraciones predeterminadas, sus rasgos y comportamientos tienden a solaparse. Aries, Marte y la primera casa tienen mucho en común, por ejemplo, así que si lees aquí algo que crees que ya has leído en otra parte del libro será porque la configuración predeterminada se está haciendo notar. Puede tener mucha fuerza. Por ejemplo, tengo un cliente que es muy Acuario en su forma de actuar, a pesar de tener el Sol y Mercurio en Aries. Sin embargo, en su carta, ambos planetas están en su onceava casa (la configuración predeterminada de Acuario) y la influencia de Acuario realmente se nota muy intensamente en su caso.

Un último apunte general: las casas no siempre son iguales. En teoría, una carta se divide en doce secciones iguales de treinta grados. No obstante, si tienes una casa mayor de los treinta grados habituales, eso se conoce como «interceptación». (Esto puede parecer un poco confuso, así que, para simplificar, mantengámoslo lo más sencillo posible.)

Una casa «interceptada» es una casa que fue sacada a la fuerza de su ubicación natural en tu carta por el exceso de actividad dentro de ella. Podría ser que la casa contenga muchos planetas, o que el planeta y los signos relacionados que contiene sean especialmente relevantes en tu carta. Pero, básicamente, si una casa está interceptada significa que hay mucho que aprender de ella, así como de los signos que influyen en ella. Mi maestro solía decir que las interceptaciones significaban que algo nos había ido un poco mal con esos signos y casas en los primeros años de nuestra vida actual, o incluso en una vida anterior, así que tenemos mucho que descubrir de ese aspecto en esta vida. Pero dejémonos de vidas pasadas y ¡centrémonos en el presente!

Dado que cada signo y cada casa tienen su opuesto, siempre habrá al menos dos signos y casas implicadas en una interceptación. Por ejemplo, en la carta de David Bowie que se muestra más adelante, la primera casa (que en su caso tiene como residentes a Acuario y Piscis) y la séptima (Leo y Virgo) son casas interceptadas. Se aprecia porque son las porciones más grandes del «pay» y, como ves, se oponen entre sí.

Así, cabría esperar que Bowie hubiera tenido que aprender lecciones concretas del estudio de los rasgos negativos y positivos de Acuario y Piscis en relación con los aspectos de la vida asociados con la primera casa (que, como verás en «Repaso relámpago a las casas» de la página 320, están todos relacionados con el ego, la personalidad, la imagen pública y cómo te muestras al mundo). También resultaría especialmente instructivo prestar más atención a los rasgos negativos y positivos de Leo y Virgo, y relacionarlos con los aspectos de la vida asociados a la séptima casa (básicamente, la casa de las relaciones). Los signos interceptados tienden a indicar que tus primeros años te impidieron de algún modo desarrollar los rasgos positivos de los signos en cuestión. En el ejemplo de Bowie, su Piscis interceptado tal vez no fue nada capaz de racionalizar o de ser práctico en su primera casa (la casa del ego). En la casa opuesta, donde Virgo es interceptado, puede que haya sido un perfeccionista centrado obsesivamente en minúsculos detalles.

Puede que tengas casas interceptadas en tu carta o puede que no. Si las tienes, simplemente toma nota de que esas casas en concreto, sus signos residentes y cualquier planeta que se ubique en ellas te ofrecerán abundante información que tendrá un significado más profundo para ti.

Un apunte aclaratorio adicional para quien tenga casas interceptadas: eso significa que también tendrás signos duplicados en la rueda exterior de tu carta (es decir, verás el mismo símbolo dos veces). Eso no significa que tengas que contar ese signo dos veces. Simplemente descuéntalo la segunda vez que aparezca, pasa al siguiente símbolo del borde exterior de la carta y asígnalo a la siguiente casa. Los signos duplicados y sus casas interceptadas pueden mostrar una salida a las dificultades causadas por la interceptación. Por ejemplo, una persona con Cáncer y Capricornio duplicados haría bien en hacer uso del máximo de rasgos positivos de Cáncer y Capricornio. Deberías recordar que Cáncer nos muestra dónde tenemos que desarrollar nuestra propia seguridad, dónde nos tenemos que «sentir a salvo». Capricornio, en cambio, muestra los aspectos de la vida en los que deberíamos ser más organizados y tener más criterio.

DAVID BOWIE / NATAL / 8 DE ENERO DE 1947

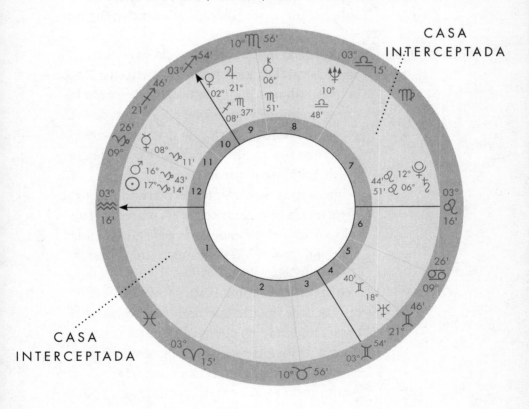

Recupera ahora tu carta astral y sigue los pasos expuestos a continuación. Al final del apartado de cada casa hay un espacio para que tomes notas mientras vas leyendo sobre las asociaciones de esa casa. Con suerte, ya dominarás el tema. La clave está en releer y practicar; el objetivo, como siempre, es responder de forma intuitiva, además de analítica, y tomar nota de todo lo que te llame la atención. También hay una tabla en la que puedes crear tu propio resumen de tus interpretaciones al combinar cada planeta, signo y casa de tu carta.

PASO UNO — Haz un repaso de lo que representan los planetas y de cómo se manifiesta en tu caso el signo en que se ubican. Consulta tus notas sobre la influencia de cada planeta en tu carta.

PASO DOS — Comprueba qué signo rige cada casa en tu carta astral. Empieza por la primera casa. Sigue la línea con una punta de flecha que marca las nueve en punto y verás que señala uno de los signos del borde exterior de tu carta. Ese es el signo que rige tu primera casa. (Recuerda que puede ser el signo predeterminado de la primera casa o no). Sigue desplazándote por tu carta en sentido contrario a las manecillas del reloj. Anota el signo de cada casa en las tablas al final de la sección dedicada a cada casa.

PASO TRES — Lee la información de este capítulo sobre las áreas de la vida que representan las doce casas, teniendo en cuenta lo que ya sabes acerca de los planetas y los signos ubicados en cada una de esas casas en tu carta. Anota todo lo que te parezca relevante para así dejar espacio libre en tu mente.

PASO CUATRO   Completa tu resumen personal sobre cómo se interrelacionan en tu caso los planetas, los signos y ahora las casas, e intenta formular una interpretación general para cada casa.

Puede que tengas que volver a consultar tus anteriores resúmenes y extraer las palabras clave relacionadas con los planetas y los signos. No existe ninguna forma de hacer bien o mal este ejercicio; te corresponde a ti determinarlo. Depende en gran medida de tu propia intuición y solamente ofrece un marco. El objetivo es simplemente empezar a agrupar todo lo que aprendiste hasta ahora y elaborar tu propia interpretación general.

A lo largo del libro trabajaste muchas cuestiones y problemas presentes en tu carta. Los planetas y sus signos son los responsables de desencadenarlos, y debería haberte dado la impresión de que tu cerebro te estaba enviando señales conforme iba dando sentido a las pistas.

En lo que respecta a las casas, se trata más bien de utilizar las cuestiones que ya revelaron tus planetas y sus signos y ponerlas en relación con el área en la que pueden aportar más información. Por poner un ejemplo sencillo, si tienes a Quirón, el sanador herido, en la séptima casa, que es la casa estrechamente vinculada a las relaciones (entre otras cosas), es muy probable que tengas una vulnerabilidad que requiere atención en ese aspecto de tu vida.

Este capítulo es breve y sencillo. Ya hiciste la mayor parte del duro esfuerzo mental al identificar e interpretar tus planetas y signos. Ahora es momento de averiguar en qué ámbitos de la vida influyen, leyendo sobre sus casas. Este capítulo pretende que aproveches tu intuición para identificar en las listas qué ámbito específico de tu vida está en juego. La intuición consiste a menudo en una idea o un pensamiento espontáneos, basados en corazonadas sutiles. Es la fase previa a la lógica. Al trabajar con las casas, aparece realmente la última pieza del rompecabezas, la que te proporcionará conclusiones.

REPASO RELÁMPAGO
A LAS CASAS

PRIMERA CASA

La casa del «ego», es decir, tu imagen pública, tu personalidad y tu identidad propia. Tu imagen de cara al exterior, cómo te muestras al mundo y la primera impresión que causas en los demás (a veces entran en juego características físicas). Las asociaciones de la primera casa son las mismas que las del signo ascendente.

SEGUNDA CASA

La casa de los recursos económicos y los valores, tus finanzas personales; cómo obtienes tus ingresos; los asuntos económicos y las posesiones; tus valores, lo que valoras y tu actitud frente a la riqueza.

TERCERA CASA

La casa de la mente y del aprendizaje en general; la comunicación contigo mismo y con los demás; las relaciones con los hermanos; tu entorno inmediato; los viajes cortos.

CUARTA CASA

La casa de la seguridad, el hogar y la familia; tu infancia y tus raíces ancestrales; tu experiencia de la maternidad y las influencias maternas en general; la crianza y la sensibilidad.

—◯ QUINTA CASA ◯—

La casa del amor, la diversión y el humor; tu inspiración y expresión creativas; la inversión en uno mismo; los hijos; el drama y el ego propio.

—◯ SEXTA CASA ◯—

La casa de tu vida diaria, las rutinas y los hábitos; la salud en general; la actitud ante el trabajo y el servicio; el sacrificio personal y la sanación.

—◯ SÉPTIMA CASA ◯—

La casa de las relaciones; el romance; las aventuras; las asociaciones de todo tipo; las negociaciones, la paz y la armonía.

—◯ OCTAVA CASA ◯—

La casa del poder, el sexo, las drogas y el *rock and roll*; los recursos ajenos; la muerte y la herencia; la transformación y nuestra capacidad de cambiar profundamente; los rituales de todo tipo y lo oculto.

—◯ NOVENA CASA ◯—

La casa de la espiritualidad y la religión; los viajes de larga distancia; la educación superior; la filosofía; el derecho; la edición; la expansión y la suerte.

—◯ DÉCIMA CASA ◯—

La casa de tu relación con el compromiso, el estatus, la autoridad y la reputación; la posición social; la trayectoria profesional; las instituciones públicas; las empresas; las figuras de autoridad en general.

—⊖ ONCEAVA CASA ⊖—

La casa de la vida social, los contactos y las relaciones; los amigos y tu conexión con la humanidad en general; las asociaciones y los grupos; las esperanzas y las aspiraciones; los ideales; la industria de los medios de comunicación.

—⊖ DOCEAVA CASA ⊖—

La casa de tus inclinaciones espirituales y tu conexión natural con el universo; los sueños y el inconsciente; lo oculto; la música; la danza; la meditación; el yoga y todo lo metafísico, como tu intuición.

LAS CASAS
EN PROFUNDIDAD

PRIMERA
CASA

ASOCIADA CON EL EGO EN GENERAL, Y TU PERSONALIDAD EN PARTICULAR

PLANETA PREDETERMINADO: MARTE

SIGNO PREDETERMINADO: ARIES

—⊖ ASOCIACIONES ⊖—

Las asociaciones de la primera casa se superponen casi por completo con las de tu signo ascendente, el cual es también su signo residente.

(Un rápido recordatorio sobre cómo identificar tu ascendente: busca el símbolo en el borde exterior de tu carta, el que tiene la punta de flecha señalando a las nueve en punto.)

La primera casa representa el ego en general y tu personalidad en particular. Habitualmente, te proporciona una clara indicación del signo que permites ver a los demás, la clase de rasgos que hacen que la gente se forme una primera impresión de ti; es decir, tu personalidad. Si alguien llama a tu puerta inesperadamente, el signo ascendente, o la primera casa, es el modo en que le recibes antes de tener ocasión de ir al armario y escoger qué te vas a poner para la ocasión. Tu carta puede considerarse tu armario de energía; el signo ascendente es casi como la desnudez. También muestra cómo nos hacemos valer, lo cual enlaza con Marte, su planeta predeterminado.

─⊖─ CÓMO SE MANIFIESTA ─⊖─

Empecemos fijándonos en la influencia del signo residente, porque es especialmente importante cuando nos referimos a la primera casa. Por ejemplo, si Aries rige la primera casa de alguien (es decir, si Aries es su signo ascendente), es especialmente fuerte, ya que se encuentra en su configuración predeterminada. Esa persona habitualmente se mostraría (y sería considerada) resuelta, dinámica y motivada en algunos ámbitos de la vida. Por supuesto, en su versión negativa parece más bien competitiva, en el peor de los casos agresiva o pasivo-agresiva, y propensa a controlar.

Si alguien tiene a Leo en la primera casa, generalmente quiere que le vean como alguien seguro, audaz y deslumbrante. Tengo una clienta con ascendente Leo que es simpática, muy divertida y creativa, pero necesita constantemente atención o que se aprecien o reconozcan sus logros, ¡todos ellos rasgos de Leo! Si una persona tiene a Cáncer como regente de la primera casa, generalmente querrá que la consideren delicada, amable y cariñosa.

Los planetas presentes en la primera casa aportan datos adicionales sobre la identidad y la personalidad. Conozco una mujer que tiene la Luna en la primera casa (olvidémonos por un momento de su signo); es muy sensible y bondadosa, y le gusta mostrarse como una persona cariñosa y maternal. Esto funciona bien en su mayor parte, pero tiende a atraer relaciones dependientes (la Luna representa nuestras necesidades), así que, literalmente, necesita que la necesiten, de manera que se siente decepcionada cuando su pareja la abandona para buscar algo más equilibrado.

⊖ ESTE ES TU ESPACIO ⊖

Examina la primera casa en tu carta astral. ¿Está vacía o contiene planetas y signos? Si está vacía, tendrás que prestar más atención al signo que rige la casa (en el borde exterior de tu carta); consulta su apartado específico en «Los signos» (páginas 112-310) e infórmate sobre sus rasgos negativos y positivos. Piensa en sus asociaciones con la primera casa. A continuación, plantéate cómo los planetas (y sus signos correspondientes) ubicados en esa casa pueden interactuar con las asociaciones de la casa. Utiliza el espacio libre que hay más adelante para apuntar cualquier cosa que te llame la atención.

Seguidamente, cuando hayas acabado con lo anterior, prueba a hacer un resumen de la combinación de la configuración completa de planeta/signo/casa de tu propia carta. ¡Recuerda que, una vez hayas aprendido a hacer esto, podrás elaborar prácticamente cualquier carta! Utiliza palabras clave de resúmenes anteriores y deja vagar tu intuición para explorar tanto los posibles rasgos negativos como los positivos. No tendrás necesariamente mucha información de inmediato, pero no te preocupes: ¡con práctica se llega a la perfección! Puede que necesites releer material y dejar que los pensamientos y las ideas te lleguen en su momento. ¡Ten paciencia! La astrología es como la pintura: a veces tienes que dejar que se seque antes de continuar.

Por último, tal vez quieras anotar cualquier dato que te llame la atención mientras piensas y escribes. A continuación hay una tabla para que lo hagas. Recuerda que estudiar los rasgos positivos de los planetas y signos de esta casa te dará ideas sobre cómo conseguir más de lo que quieres en tu vida y te indicará de qué te tienes que alejar. Tal vez te resulte útil consultar el ajuste de cada signo, ¡un sencillo resumen de las formas prácticas de dominarlo y dar en el clavo!

CASA	SIGNO RESIDENTE	¿QUÉ PLANETAS? ¿EN QUÉ SIGNO?
Primera		
Rasgos negativos		
Rasgos positivos		

SEGUNDA CASA

ASOCIADA CON LOS RECURSOS ECONÓMICOS
Y LAS FINANZAS PERSONALES; LOS VALORES, LA AUTOESTIMA
PLANETA PREDETERMINADO: VENUS
SIGNO PREDETERMINADO: TAURO

─○ ASOCIACIONES ○─

La segunda casa indica lo que una persona considera valioso y cree que merece la pena. Se asocia a los recursos económicos, el dinero y otras cosas materiales, pero gracias a la influencia de su planeta regente predeterminado, Venus, también a lo que una persona valora o a lo que le atrae en sentido general. Algunas personas prefieren dispositivos, zapatos y ropa, mientras que otras admirarán o coleccionarán obras de arte o apreciarán la belleza de la naturaleza. La segunda casa también es la casa de los valores personales y la autoestima.

Generalmente, los planetas presentes en esta casa indican que una persona es resuelta. El signo regente mostrará de qué maneras se manifiesta su capacidad y los rasgos que normalmente exhibe en este ámbito. Por ejemplo, alguien con Mercurio en la segunda casa acostumbra a emplear la inteligencia y la comunicación (¡versión positiva!) para atraer lo que necesita y desea en la vida (Mercurio está estrechamente relacionado con todo lo que tiene que ver con la mente, incluidas la inteligencia y la comunicación).

CÓMO SE MANIFIESTA

Así, por ejemplo, si tienes varios planetas en la segunda casa, puede ser una señal de aviso de que estás poniendo demasiado énfasis en las ganancias materiales para reforzar la autoestima.

Si una persona tiene a Marte en la segunda casa, normalmente está muy motivada o se muestra incluso agresiva cuando se trata de ganar dinero. Si alguien tiene al Sol ahí, normalmente los recursos económicos le importan por encima de todo lo demás. Si tiene a Mercurio en la segunda casa, utilizará sus habilidades comunicativas para atraer beneficios materiales y, a menudo, se gastará el dinero en todo aquello que le proporcione conocimientos (libros, cursos y formación superior). Etcétera.

Recuerda que, si esta casa no contiene planetas, puedes consultar el símbolo o los símbolos del signo en el borde exterior de tu carta. Tendrás muchas lecciones que aprender de la interacción entre la casa y los signos que la rigen en tu carta. También puede valer la pena, si quieres tener un enfoque realmente estructurado, que examines el signo de esta casa en busca de más pistas. Tauro es el signo predeterminado de la segunda casa, por ejemplo, y la versión negativa de Tauro es especialmente propensa a obsesionarse con las posesiones terrenales y la posición que otorga el dinero. Sin embargo, sea cual sea el signo que se ubica en tu segunda casa, estudiar sus rasgos negativos y positivos te dará también información sobre tu relación con los aspectos destacados en esta casa.

⊖ ESTE ES TU ESPACIO ⊖

Examina la segunda casa en tu carta astral. ¿Está vacía o contiene planetas y signos? Si está vacía, busca los símbolos en el borde exterior de tu carta y, a continuación, fíjate en el signo residente. Consulta su apartado específico en «Los signos» (páginas 112-310) e infórmate sobre sus rasgos negativos y positivos. Piensa en sus asociaciones con la segunda casa. Plantéate qué influencia puede ejercer en esta área concreta de tu vida cualquiera de los planetas (y sus signos asociados) presentes en esa casa en tu carta astral. Utiliza la tabla inferior para apuntar cualquier cosa que te llame la atención.

A continuación, haz un resumen de la combinación de la configuración completa de planeta/signo/casa en tu propia carta.

CASA	SIGNO RESIDENTE	¿QUÉ PLANETAS? ¿EN QUÉ SIGNO?
Primera		
Rasgos negativos		
Rasgos positivos		

TERCERA CASA

ASOCIADA CON LA COMUNICACIÓN, LA INTELIGENCIA, LAS IDEAS; LOS VIAJES CORTOS; LOS HERMANOS

PLANETA PREDETERMINADO: MERCURIO

SIGNO PREDETERMINADO: GÉMINIS

ASOCIACIONES

La tercera casa, como su planeta regente, Mercurio, está fuertemente asociada a todo lo relacionado con nuestras mentes. Es clave en la inteligencia y las opiniones de una persona, así como en su forma de comunicarse. Es la casa de las ideas, de modo que, por ejemplo, una persona con Urano (fuertemente asociado a la capacidad de generar nuevas ideas) en esta casa estará rebosante de ideas innovadoras y, por lo general, estará encantada de presentarlas ante una audiencia. La gente con planetas en esta casa, sobre todo si hay unos cuantos, valora enormemente la inteligencia y tiende a esperar ser inteligente, incluso brillante. Lo que sucede, sin embargo, es que la actividad en la tercera casa puede crear a menudo la necesidad de aprender poco y hablar demasiado; si hay mucho ajetreo en tu tercera casa, es importante que estudies o te documentes para respaldar tus ideas y opiniones.

Habitualmente, los hermanos son muy importantes para las personas con actividad en la tercera casa. Algunas están unidas a sus hermanos, otras se pelean con ellos y otras están perplejas; en cualquier caso, la relación con nuestros hermanos es la más larga que tendremos jamás, desde que nacemos hasta que morimos, y debemos estar en paz con ellos. ¡Se te dieron hermanos porque eso implica aprendizaje y, a menudo, lealtad y paciencia! Por cierto, si no tienes hermanos, pero sigues teniendo actividad en esta casa, eso normalmente significa que tienes amigos que son como hermanos y con los que es probable que compartas profundas conexiones de vidas pasadas.

La tercera casa hace referencia a viajes cortos, que tienen un papel claramente estelar, mientras que la novena se refiere más a viajes al extranjero. En ambos casos, es probable que el viaje suponga una oportunidad de crecer y aprender.

La lección para la gente con planetas en la tercera casa es que el verdadero progreso tendrá lugar cuando entiendas la influencia de tu comunicación y de tus mensajes en general en la comunidad.

CÓMO SE MANIFIESTA

Una de mis clientas trabajaba en el campo de la publicidad digital y tenía a Mercurio y el Sol en Géminis en la tercera casa (la configuración predeterminada de Géminis). Estaba en la cresta de la ola, pero, después de trabajar juntas durante algún tiempo, me contó que en lo más profundo de su alma anhelaba hacer algo positivo por la humanidad. Me dijo que estaba cansada de utilizar su inteligencia para convencer a la gente para que comprara cosas que no necesitaba, así que empezamos a preparar una estrategia de transición. ¡Se despertó! La animé a utilizar las habilidades de Géminis y de la tercera casa para buscar algunas marcas que la emocionasen y la inspirasen, cosa que hizo. Ahora trabaja con una de ellas y es mucho más feliz.

Mi tercera casa está regida por Virgo, así que tengo que asegurarme de utilizar en mis comunicaciones la versión positiva de Virgo, que gira en torno a la sanación. La versión negativa puede ser brutal: ¡una lengua afilada como una espada de samurái!

Otra clienta trabaja en la industria del entretenimiento y es realmente divertida (¡un rasgo clásico de Leo!). Sin embargo, tiene a

Saturno (el planeta que indica aspectos o rasgos que debemos aprender a controlar) en su tercera casa, de modo que antes de nada tuvo que controlar la forma de expresar su sentido de la diversión al haber estado limitada en ese aspecto cuando era pequeña. (A menudo, Saturno ejerce así su influencia. Es el planeta de la autoridad y, con frecuencia, indica un ámbito que la persona debe aprender a dominar porque, de algún modo, se vio limitada o excesivamente controlada durante su infancia por figuras de autoridad, como pueden ser padres y madres.

ESTE ES TU ESPACIO

Examina la tercera casa en tu carta astral. ¿Está vacía o contiene planetas y signos? Si está vacía, ¿cuál es el signo que hay en el borde exterior? Consulta su apartado en «Los signos» (páginas 112-310) e infórmate sobre sus rasgos negativos y positivos. Piensa en sus asociaciones con la tercera casa y, a continuación, plantéate cómo pueden interactuar con cualquier planeta que se ubique en esa casa en tu carta. Utiliza la tabla inferior para apuntar cualquier cosa que te llame la atención.

Ahora haz un resumen de la combinación de planeta/signo/casa en tu propia carta.

CASA	SIGNO RESIDENTE	¿QUÉ PLANETAS? ¿EN QUÉ SIGNO?
Primera		
Rasgos negativos		
Rasgos positivos		

CUARTA CASA

ASOCIADA CON EL HOGAR Y LA FAMILIA; LA SEGURIDAD;
LOS SENTIMIENTOS; LA INFANCIA Y LAS RAÍCES ANCESTRALES;
LA EXPERIENCIA DE LA MATERNIDAD
Y LAS INFLUENCIAS MATERNAS EN GENERAL

PLANETA PREDETERMINADO: LA LUNA

SIGNO PREDETERMINADO: CÁNCER

ASOCIACIONES

La cuarta casa muestra cómo se relaciona una persona con las emociones y los sentimientos en general, y está fuertemente asociada a los lazos familiares, el compromiso y la seguridad, así como a la experiencia vivida con tu madre, con la maternidad y con la infancia en general.

Si alguien tiene una cuarta casa densamente poblada, a menudo le indica que hay lecciones que aprender sobre el hogar y la familia. Puede ser de diferentes formas: a veces muestra a alguien que tuvo una infancia con una vida hogareña segura y estable, pero con frecuencia tiene que ver con el hecho de experimentar inseguridad o inestabilidad en el hogar durante los primeros años. Como es lógico, esto puede hacer que, en ocasiones, la persona invierta excesivamente en este ámbito de la vida. El ajuste consiste en crear su propia sensación de seguridad, hogar y familia lo antes posible.

Las personas con actividad en la cuarta casa necesitan un lugar seguro al que retirarse, a diferencia de aquellas con más planetas en las casas onceava o novena, que son felices viviendo con la maleta a cuestas o en varios sitios a la vez. Por lo general, la actividad en la cuarta casa muestra una fuerte necesidad de seguridad, tanto por lo que se refiere a seguridad financiera y bienes inmuebles como a relaciones seguras. Las personas con actividad en la cuarta casa tienden a tener aversión al riesgo y a ser hogareñas.

La moraleja para las personas con planetas en la cuarta casa es la necesidad de estudiar la versión positiva del signo que la rige con el fin de avanzar y perdonar los daños emocionales para averiguar cómo cuidarse a sí mismas y a los demás, y evitar tomarse todo como algo personal, cayendo en la inseguridad o en la amargura.

CÓMO SE MANIFIESTA

En primer lugar, echemos una ojeada a la manera en que puede manifestarse la configuración predeterminada de la cuarta casa (la Luna, regida por Cáncer). Una persona en la que Cáncer rige la cuarta casa trabaja en búsqueda de la seguridad en general: no se siente cómoda con unos ingresos irregulares o con amoríos triviales.

A veces, todo esto se canaliza de manera sana y se manifiesta en alguien que cuida sus relaciones y crea refugios seguros para sí mismo y para los demás. Sin embargo, eso puede hacer que sean personas muy dependientes y llevarlas a exigir una constante tranquilidad emocional por parte de sus seres queridos. En ese caso, tienen que aprender que la verdadera seguridad empieza en sí mismas. Como siempre, puede ser útil consultar como guía el «ajuste» del signo que se ubica en su casa, así como los rasgos positivos de los planetas.

Para que tengas una imagen más global, si una persona tiene a Marte (el planeta de la energía y la motivación) en Cáncer (asociado a la emoción y la familia) en esta casa, eso normalmente significa que puede ser agresiva o estar demasiado centrada en la familia (como una «madre tigresa»). Significa también que podría enfadarse cuando se desencadenan sus emociones, especialmente si esos desencadenantes están relacionados con la vida familiar. Si una persona tiene el Sol en la cuarta casa, es probable que sienta la necesidad de sentirse orgullosa de su familia. Todas las personas que conozco que tienen a Plutón en la cuarta casa tuvieron una infancia turbulenta que les dejó una carga de la que tienen que desprenderse para poder experimentar una especie de renacimiento. (Plutón es la aplanadora del horóscopo y arrasa con todo lo que ya no es útil.)

ESTE ES TU ESPACIO

Echa una ojeada a la cuarta casa en tu carta astral. ¿Está vacía o contiene planetas y signos? Si está vacía, ¿cuál es el signo en el borde exterior? Consulta su apartado específico en «Los signos» (páginas 112-310) e infórmate sobre sus rasgos negativos y positivos. Intenta relacionarlo con las asociaciones de la cuarta casa. A continuación ten en cuenta cualquier planeta (y sus signos asociados) que se ubique en esa casa en tu carta. Utiliza la tabla siguiente para apuntar cualquier cosa que te llame la atención.

Ahora haz un resumen de la configuración de planeta/signo/casa de tu propia carta.

CASA	SIGNO RESIDENTE	¿QUÉ PLANETAS? ¿EN QUÉ SIGNO?
Primera		
Rasgos negativos		
Rasgos positivos		

QUINTA CASA

ASOCIADA CON EL EGO Y EL ORGULLO; NUESTRA
RELACIÓN CON LA CREATIVIDAD; NUESTRA VISIÓN DEL AMOR;
LOS HIJOS; LOS PADRES; EL JUEGO Y LA DIVERSIÓN

PLANETA PREDETERMINADO: EL SOL

SIGNO PREDETERMINADO: LEO

—○—— ASOCIACIONES ——○—

La quinta casa muestra cómo una persona ama y «crea», cómo actúa a la hora de atraer el amor y el afecto, y cómo genera atención.

Está fuertemente asociada con el amor y la humildad, así como con sus contrarios, el ego y el orgullo. En su manifestación más extrema, la actividad negativa en la quinta casa puede tender al narcisismo. Leo, el signo predeterminado de esta casa, tiene fama de ser el engreído del zodiaco, siempre buscando llamar la atención y movido por el ego. En general, las personas con planetas en la quinta casa quieren «estar» en el candelero. Es la casa de «lo mío»: «mis» hijos, «mi» estilo, «mi» proyecto. Aquí se muestran a menudo fuertes vínculos con «el padre» y, según mi experiencia, muchas personas que ansían la atención y buscan el amor de manera inapropiada tienen problemas no resueltos con su padre.

Desde un punto de vista más positivo, también se asocia a la creatividad, al sentido de la diversión y al juego. Los niños son importantes para las personas con actividad en la quinta casa; si esa actividad es positiva, conservan un carácter infantil juguetón (no confundir con inmadurez) y la diversión. Habitualmente, tienen un humor increíble y una gran creatividad. En la versión negativa se reinventan a través de sus hijos (aprenden a manejar su ego y su orgullo con respecto a sus hijos). Sin embargo, en la vertiente positiva, los amarán, los ayudarán a brillar con luz propia, disfrutarán jugando con ellos y valorarán su inocencia.

La quinta casa indica nuestra postura ante el amor y, en concreto, cómo ama una persona, dependiendo del signo involucrado. Por ejemplo, alguien que tenga a Tauro rigiendo esta casa puede ser cariñoso y comprensivo con su pareja (versión positiva), o bien posesivo e incluso celoso con ella (versión negativa).

En este caso, la auténtica lección radica en el amor y la generosidad. Una persona con una quinta casa densamente poblada debe estudiar la versión positiva del signo que se manifiesta en su carta para dejar atrás búsquedas egoístas que solo la benefician a ella. Su mejor arma es su enorme capacidad de amar, su sentido del humor y su capacidad de no tomarse demasiado en serio.

CÓMO SE MANIFIESTA

La configuración predeterminada de la quinta casa (el Sol, regida por Leo) tiene tendencia a manifestarse de maneras que pueden resultar complicadas para quienes están alrededor. Las personas con esta configuración pueden ser egocéntricas y egoístas, y buscan llamar la atención (todos ellos rasgos negativos de la quinta casa) con una necesidad de dramatismo que enlaza a su vez con la necesidad de atención. Aun así, a menudo son graciosísimas (lo cual les permite salirse con la suya), tienen un gran sentido del humor y un amor genuino por los niños (ambos aspectos fuertemente asociados con Leo y la quinta casa).

Para que te hagas una idea más completa, tengo un amigo con Urano en Libra en la quinta casa. No es nada convencional y se gana bien la vida en la industria de los medios de comunicación gracias a sus ideas (rasgos propios de Urano). Sus relaciones eran siempre erráticas y su vida amorosa era poco convencional (gracias a Urano).

Decidió trabajar en su naturaleza egocéntrica y atrajo una relación duradera. Ahora está felizmente casado con una mujer con la que mantuvo una relación a distancia durante años y que pertenece a una cultura totalmente diferente. Ella lo mantiene alerta, e incluso le obligó a aprender su lengua. Todo muy típico de sus configuraciones astrológicas. La quinta casa tiene que ver con el amor (y en una de sus manifestaciones negativas, con el egoísmo). Urano en un signo indica también los aspectos a los que debemos prestar atención, y Libra está fuertemente asociada a las relaciones.

ESTE ES TU ESPACIO

Echa una ojeada a la quinta casa en tu carta astral. ¿Está vacía o contiene planetas y signos? Si está vacía, ¿cuál es el signo en el borde exterior? Consulta su apartado específico en «Los signos» (páginas 112-310) e infórmate sobre sus rasgos negativos y positivos. Piensa en las asociaciones con la quinta casa y, a continuación, plantéate cómo pueden interactuar con los planetas ubicados en esa casa en tu carta. Utiliza la siguiente tabla para apuntar cualquier cosa que te llame la atención.

Ahora haz un resumen de la configuración planeta/signo/casa de tu propia carta.

CASA	SIGNO RESIDENTE	¿QUÉ PLANETAS? ¿EN QUÉ SIGNO?
Primera		
Rasgos negativos		
Rasgos positivos		

SEXTA CASA

ASOCIADA CON LA SALUD, EL BIENESTAR; EL SACRIFICIO PERSONAL
Y LA SANACIÓN; LAS RUTINAS DIARIAS; LA PRODUCTIVIDAD;
LA ACTITUD ANTE EL TRABAJO; LAS OBSESIONES

PLANETA PREDETERMINADO: MERCURIO

SIGNO PREDETERMINADO: VIRGO

ASOCIACIONES

La sexta casa está asociada con la actitud personal ante la salud, la sanación y la forma física. Si tienes muchos planetas en la sexta casa, deberías tener en cuenta tu salud a la hora de tomar decisiones importantes, y tendrás que mantenerte en forma en todos los sentidos.

La sexta casa también indica nuestra postura ante el trabajo. Así, si una persona tiene la Luna en la sexta casa, para que sus emociones estén equilibradas y fuertes (la Luna tiene que ver con las emociones), tendrá que sentirse productiva y ser proactiva. Esto normalmente significa que lo que haga para ganarse la vida es vital para su bienestar.

Según mi experiencia, las personas con mucha actividad en la sexta casa son también propensas a sufrir trastornos obsesivo-compulsivos. Las personas que tienen obsesión por la limpieza o que comprueban diez veces que las ventanas estén cerradas a menudo tendrán planetas actuando en la sexta casa o una fuerte influencia de Virgo en sus cartas, con los rasgos negativos desempeñando un papel muy importante. Los trastornos obsesivo-compulsivos se atribuyen a la sexta casa o a Virgo, su signo predeterminado.

En este caso, la verdadera lección consiste en averiguar en qué aspecto centrarnos para gozar de un estado de salud óptimo y cómo sanear los ámbitos de tu vida en los que hay desequilibrios. Tener un equilibrio saludable entre la vida laboral y la personal es crucial para todo el mundo, pero es primordial para quienes tienen planetas en esta casa.

CÓMO SE MANIFIESTA

Fíjate en lo que representan los planetas en tu sexta casa y los rasgos de los signos en que se ubican para extraer lecciones sobre el aspecto concreto de la salud y el bienestar que más te afecte. Por ejemplo, Mercurio en la sexta casa indica que tienes que cuidar tu mente con prácticas que la relajen, la moldeen y la apacigüen, como la meditación. Si tienes a Marte en la sexta casa, deberías aprender cuál es la mejor manera de administrar y proteger tu energía.

Tengo un cliente que ha padecido problemas de salud con regularidad y que tiene muchos planetas en la sexta casa. Creo que algunos de sus problemas son psicosomáticos y que tiende a identificarse con sus enfermedades, lo cual no ayuda. La solución es ser consciente a la hora de tomar decisiones para asegurarte de que se tiene en cuenta tu bienestar, ya que así es menos probable que acabes forzando al máximo la máquina energética, física o mentalmente.

La actitud frente al trabajo también puede manifestarse aquí. La mayoría de las personas que conozco, aunque sea con un solo planeta en la sexta casa, tienen una gran ética laboral. No se sientan a esperar a que alguien les eche una mano ni a que otros hagan el trabajo duro. ¡Por otro lado, en la versión negativa puede ser duro trabajar con ellos en lugar de que trabajen duro ellos!

Echa una ojeada a la sexta casa en tu carta astral. ¿Qué sucede en ella? ¿Qué signo hay en el borde exterior? Consulta su apartado específico en «Los signos» (páginas 112-310) e infórmate sobre sus rasgos negativos y positivos. Piensa en sus asociaciones con la sexta casa y plantéate cómo puede interactuar con los planetas que se ubican en esa casa. Utiliza la tabla inferior para tomar notas.

Ahora haz tu propio resumen de la configuración planeta/signo/casa en tu propia carta.

CASA	SIGNO RESIDENTE	¿QUÉ PLANETAS? ¿EN QUÉ SIGNO?
Primera		
Rasgos negativos		
Rasgos positivos		

SÉPTIMA CASA

ASOCIADA CON EL EQUILIBRIO; LA ARMONÍA; LAS RELACIONES; LAS ASOCIACIONES; LAS AVENTURAS AMOROSAS; LA ACTITUD ANTE EL ROMANCE Y LA NECESIDAD DE AMOR

PLANETA PREDETERMINADO: VENUS

SIGNO PREDETERMINADO: LIBRA

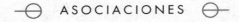

ASOCIACIONES

La séptima casa está fuertemente asociada a cómo percibe una persona las relaciones, los vínculos y las asociaciones, y cuánta importancia les concede. Si, por ejemplo, una persona tiene la Luna en la séptima casa, puede que tenga una necesidad emocional (la Luna tiene que ver con las emociones y las necesidades) de que su pareja le dé su aprobación.

En este caso, la auténtica lección consiste en asegurarte de que «tú» eres el adecuado, en vez de limitarte a esperar a que el adecuado te encuentre y te llene, como si estuviéramos en una película de Disney. Es importante establecer relaciones honestas (entre personas compatibles) que no estén basadas en la necesidad de que la otra persona te cure o te llene. Está estadísticamente demostrado que el amor romántico dura un máximo de dieciocho meses si tienes suerte. Transcurrido este periodo inicial, la relación debería basarse en los ideales propios de Libra de la igualdad, el equilibrio y la paz.

CÓMO SE MANIFIESTA

Tengo unos cuantos clientes que tienen a Quirón, también conocido como «la herida kármica» y «el sanador herido», en la séptima casa, y parece que les cuesta mantener relaciones sentimentales a largo plazo. Esto, desde luego, no significa que estén destinados a vagar solos por la Tierra, ni mucho menos. Significa simplemente que tienen una herida en el ámbito de las relaciones y el romance que se tiene que tratar y curar. Esto puede manifestarse de diversas maneras, pero, con mucha frecuencia, hace que se pongan muchas expectativas en la otra persona y que se desee el constante romanticismo propio del periodo de «luna de miel». A veces, por desgracia, se manifiesta cuando la pareja reabre heridas profundamente enquistadas. Por ejemplo, si alguien fue abandonado por su madre, es posible que atraiga a una pareja que reabra las heridas del abandono.

Si una persona tiene el Sol en la séptima casa, está destinada a brillar a través de sus asociaciones con los demás. (Recuerda que esta casa se asocia a toda clase de relaciones, no solo las románticas.) Sin embargo, la presencia de la Luna significaría que existe una necesidad emocional de tener relaciones y que le queda mucho que aprender en este sentido.

ESTE ES TU ESPACIO

Echa una ojeada a la séptima casa en tu carta astral. ¿Está vacía o rebosante de actividad? ¿Cuál es el signo residente? Consulta su apartado específico en «Los signos» (páginas 112-310) e infórmate sobre sus rasgos negativos y positivos. Deja que tu mente sopese las asociaciones con la séptima casa, así como con las áreas de tu carácter y tu vida indicadas por los planetas que se ubican en dicha casa en tu carta. Utiliza la siguiente tabla para anotar cualquier cosa que te llame la atención.

Ahora haz un resumen de la configuración planeta/signo/casa en tu propia carta.

CASA	SIGNO RESIDENTE	¿QUÉ PLANETAS? ¿EN QUÉ SIGNO?
Primera		
Rasgos negativos		
Rasgos positivos		

OCTAVA CASA

ASOCIADA CON EL PODER, EL SEXO, LAS DROGAS
Y EL *ROCK AND ROLL*; LA PROFUNDIDAD; EL RENACIMIENTO,
LA TRANSFORMACIÓN Y NUESTRA CAPACIDAD DE CAMBIAR
PROFUNDAMENTE; LOS RITUALES DE TODO TIPO Y LO OCULTO;
LAS ADICCIONES; LOS RECURSOS AJENOS; LA MUERTE Y LA HERENCIA

PLANETAS PREDETERMINADOS: MARTE Y PLUTÓN

SIGNO PREDETERMINADO: ESCORPIO

 ASOCIACIONES

Mi profesor de astrología decía que la octava casa era la casa del sexo, las drogas y el *rock and roll*. La gente con planetas en la octava casa debe tener cuidado con las adicciones. La esencia o el objeto de su problema podría ser cualquiera de los mencionados (sexo, drogas o *rock and roll*). O si, por ejemplo, Virgo rige su octava casa, puede que sean adictas a la vida sana, a las dietas y a mantenerse en forma, lo cual no es necesariamente algo malo (a menos, por supuesto, que padezcan un trastorno de la alimentación).

También es la casa de la profundidad, y parece indicar que es probable que quienes tienen planetas en ella se beneficien de los recursos ajenos o de una herencia. Puede que no se trate de algo tan básico como dinero o propiedades; también podría consistir en heredar un talento.

En este caso, las auténticas lecciones que cabe aprender son evitar las adicciones y cualquier sustancia tóxica nociva; llegar a lo profundo sin necesidad de consumir drogas que alteren tu mente y, además, formar asociaciones y aceptar la ayuda de los recursos de los demás, pero hacerlo de manera honrada y justa. Las personas con actividad en la octava casa son apasionadas, lo cual está bien, pero también tienen que saber cuándo tranquilizarse y relajarse.

CÓMO SE MANIFIESTA

Según mi experiencia, quienes tienen el Sol en la octava casa son seres humanos realmente profundos. Son apasionados, no les interesa en absoluto la superficialidad y, dado que es la casa asociada con Escorpio, suelen interesarles las cosas propias de ese signo, como el poder, la sexualidad y, por supuesto, todo lo que no esté a la vista de la gente corriente, como el mundo de lo oculto y los rituales. Tal vez podríamos considerarla la casa de la brujería y la hechicería.

En general, es probable que cualquiera que tenga planetas en la octava casa se sienta atraído por temas potentes y por la búsqueda de métodos de transformación en sus propias vidas y en las ajenas.

Una persona con el Sol en Piscis en la octava casa, por ejemplo, tendría una imaginación muy profunda. Tengo un cliente que trabaja en el mundo del cine y realiza películas de lo más increíblemente estimulantes desde el punto de vista visual y mental. Piscis tiene que ver con la imaginación, y el hecho de tener el Sol (donde brilla) en esta casa le da profundidad y un gran interés por todo lo que trasciende a lo superficial.

ESTE ES TU ESPACIO

Echa una ojeada a la octava casa en tu carta astral. ¿Está vacía o ajetreada? ¿Cuál es el signo residente? Consulta su apartado específico en «Los signos» (páginas 112-310) e infórmate sobre sus rasgos negativos y positivos. Examina las características de los planetas presentes en esta casa y plantéate cómo estos planetas y sus signos asociados interactúan con las asociaciones de la casa. Utiliza la siguiente tabla para anotar cualquier cosa que te llame la atención.

Ahora haz tu resumen de la configuración planeta/signo/casa en tu propia carta.

CASA	SIGNO RESIDENTE	¿QUÉ PLANETAS? ¿EN QUÉ SIGNO?
Primera		
Rasgos negativos		
Rasgos positivos		

NOVENA CASA

ASOCIADA CON LA INSPIRACIÓN, EL ESTUDIO Y LA
EDUCACIÓN SUPERIOR; LA ESPIRITUALIDAD Y LA RELIGIÓN;
LOS VIAJES DE LARGA DISTANCIA; LA FILOSOFÍA; EL DERECHO;
LA EDICIÓN; LA EXPANSIÓN Y LA SUERTE

PLANETA PREDETERMINADO: JÚPITER

SIGNO PREDETERMINADO: SAGITARIO

ASOCIACIONES

La novena casa tiene que ver con la inspiración, el aprendizaje, el estudio y el mundo académico. Si una persona tiene planetas ubicados en esta casa, es importante que curse estudios hasta el máximo nivel posible o, de lo contrario, no se sentirá (o estará) formada.

También es la casa de la religión y, como le decía a un amigo con Marte en Piscis en la novena casa, es importante que te asegures de que, aunque tengas sentimientos encontrados o negativos sobre la religión, no seas demasiado radical. Él se crió en un hogar muy religioso y lo arrojó todo a la basura, aunque anhela la espiritualidad. Le sugerí que tal vez le convendría aferrarse a la pureza de las enseñanzas y desechar el resto. Hoy en día, mucha gente le ha dado la espalda a su educación religiosa y mucha más considera que la religión es una bobada hipócrita. No obstante, como decía mi querido profesor, es importante no confundir al maestro con las enseñanzas.

En este caso, la verdadera lección consiste en evitar el fanatismo a todos los niveles, examinar los ámbitos en que somos ignorantes y no rechazar nada hasta haberlo investigado en persona. Los verdaderos mensajes de todas las religiones tienen que ver con el amor, con la compasión y con tratar a los demás como nos gustaría que nos tratasen a nosotros si la situación fuera al revés; ese es el camino del guerrero espiritual. Conozco a unos cuantos guerreros espirituales y todos tienen actividad en la novena casa.

CÓMO SE MANIFIESTA

Es vital que las personas con planetas en la novena casa no permanezcan en la ignorancia y mantengan la mente lo suficientemente abierta como para permitirles examinar diversas posibilidades. La novena casa tiene que ver con el aprendizaje, y las personas con actividad en dicha casa deberían tratar siempre de aprender de otras culturas, aunque sea viajando y visitando países extranjeros. Muchas de las personas con planetas en la novena casa hablan lenguas extranjeras y se establecen en países distintos a aquel en el que nacieron.

Hace algunos años impartía una clase semanal de astrología dinámica en la Shoreditch House en Londres, y un día mencioné que, en mi experiencia, aquellos que tenían a Plutón (el poder) en la novena casa solían mantener más su poder cuando estaban en un país extranjero. Un fabuloso Piscis sonrió. Tenía a Plutón en la novena casa y dijo que su carrera como diseñador gráfico se había disparado —de hecho, toda su vida había cambiado para mejor— cuando se arriesgó a mudarse de Brasil a Londres.

ESTE ES TU ESPACIO

Echa una ojeada a la novena casa en tu carta astral. ¿Está vacía o repleta de planetas y signos? ¿Cuál es el signo residente? Consulta su apartado específico en «Los signos» (páginas 112-310) e infórmate sobre sus rasgos negativos y positivos. Repasa el significado de cualquier planeta que se ubique en esta casa en tu carta. Piensa en las asociaciones de la novena casa y date cuenta de si arrojan alguna sugerencia, alguna respuesta, o más pistas. Utiliza la tabla inferior para anotar cualquier cosa que te llame la atención.

Ahora haz tu resumen de la configuración planeta/signo/casa en tu propia carta.

CASA	SIGNO RESIDENTE	¿QUÉ PLANETAS? ¿EN QUÉ SIGNO?
Primera		
Rasgos negativos		
Rasgos positivos		

DÉCIMA CASA

ASOCIADA CON TU RELACIÓN CON EL ÉXITO, EL COMPROMISO, EL ESTATUS, LA AUTORIDAD Y EL PODER; LA REPUTACIÓN; LA POSICIÓN SOCIAL; LA TRAYECTORIA PROFESIONAL; LAS INSTITUCIONES PÚBLICAS; LAS EMPRESAS; LAS FIGURAS DE AUTORIDAD EN GENERAL

PLANETA PREDETERMINADO: SATURNO

SIGNO PREDETERMINADO: CAPRICORNIO

—⊖ ASOCIACIONES ⊖—

La décima casa tiene que ver con el estatus y las aspiraciones. Es una casa muy importante, y si tienes actividad en ella, significa que encontrar una carrera profesional adecuada es crucial para tu autorrealización en general. Esta casa está estrechamente asociada al compromiso y al estatus, y la mayoría de las personas que conozco que tienen planetas en ella tienden a tomarse muy en serio sus profesiones y a tener relaciones que conllevan un acta de matrimonio. Su imagen pública es importante para ellas, de manera que es improbable que se queden con alguien que las pueda avergonzar. Se toman todo muy en serio.

Las normas y la autoridad son, por lo general, ámbitos determinantes para la gente con actividad en la décima casa, si bien es posible que no se manifiesten en el sentido tradicional, acatándolas porque sí. Tengo un amigo que tiene cuatro planetas en la décima casa. Trabaja en televisión y, probablemente, es uno de los productores más francos y rebeldes que conozco, pero le llegó su momento por la situación global y porque los poderes fácticos están cansados de los aduladores..., aunque todavía no lo sepan.

La décima casa es la casa de la autoridad. Conozco a muchas personas triunfadoras que tienen a Quirón (la herida kármica) en la décima casa y, por muchas cosas que logren, nunca tienen la impresión de haber tenido éxito. Les digo que quizá esto les ayude a evitar que su ego crezca como la mala hierba que es. Las personas con actividad en la décima casa son autoritarias, exigentes y comprometidas, y cuando ponen su energía en algo, disparan a matar.

En este caso, la verdadera lección es que no deberías preocuparte demasiado por cómo te perciben los demás ni mostrar demasiada rigidez a la hora de mantener una imagen pública: simplemente tienes que estar satisfecho con ser quien eres y con cómo te percibes a ti mismo.

CÓMO SE MANIFIESTA

Sea cual sea el signo que rija la décima casa en tu carta, tendrás que conectar con su energía positiva para alcanzar el éxito en la vida.

Así, si Piscis rige la décima casa, el mundo de lo intangible te es favorable. Podría tratarse del cine, los videojuegos, la programación o la codificación. Podría ser el ámbito espiritual o el mundo del conocimiento y la intuición. Básicamente, podría ser cualquier cosa que conlleve algún tipo de visión.

Si tienes el Sol en la décima casa, es probable que tu destino sea brillar en la vida, o que vayas a recibir atención de algún modo. Tengo un familiar con el Sol en la décima casa que de joven se metió en muchos líos por hacer grafitis ilegales. Le dije que, según su carta, era poco probable que saliese impune, ya que el Sol en la décima casa lo situaba en el punto de mira (en este caso, de las figuras de autoridad). En aquel momento no me lo agradeció, pero años después nos reímos de ello, y ahora ya se porta bien.

⊖ ESTE ES TU ESPACIO ⊖

Echa una ojeada a la décima casa en tu carta astral. ¿Qué hay en ella? ¿Está vacía? En tal caso encuentra el signo residente de la casa en el borde exterior y lee más sobre el signo (en «Los signos», páginas 112-310) para encontrar pistas sobre cómo te influye en conjunción con la décima casa. Si hay planetas, consulta sus características (consulta «Los planetas», páginas 43-111) y, a continuación, averigua en qué signos se ubican, fíjate en qué asociaciones te suenan y utiliza la tabla a continuación para anotar todo lo que te parezca destacable o significativo.

Ahora haz tu resumen de esta configuración planeta/signo/casa en tu propia carta.

CASA	SIGNO RESIDENTE	¿QUÉ PLANETAS? ¿EN QUÉ SIGNO?
Primera		
Rasgos negativos		
Rasgos positivos		

ONCEAVA CASA

ASOCIADA CON LA CONCIENCIA; LA VIDA SOCIAL; LOS GRUPOS;
LAS CAUSAS; LOS CONTACTOS; LAS RELACIONES EN GENERAL;
LAS RELACIONES CON LOS MEDIOS DE COMUNICACIÓN
Y LAS RELACIONES INTELECTUALES EN PARTICULAR

PLANETA PREDETERMINADO: URANO

SIGNO PREDETERMINADO: ACUARIO

⊖── ASOCIACIONES ──⊖

La onceava casa es la casa de la humanidad. Tiene que ver con cómo nos relacionamos con los demás, así como con la vida social y los contactos. Las amistades son extremadamente importantes para todas las personas que conozco con planetas en la onceava casa, que necesitan tener amistades significativas para alcanzar plenamente su potencial. Se les suele dar bien la coordinación, la dinamización y la organización, ya que se mueven con facilidad entre diversos grupos de personas motivadas con intereses eclécticos. Ponen en contacto personas, proyectos e ideas con una finalidad en mente.

Esta casa se asocia también con la inventiva, y las personas con actividad en ella acostumbran a tener la capacidad de exponer ideas y conceptos a las masas, habitualmente con una causa más elevada en mente. La onceava casa es la casa de «hacer cosas buenas por la humanidad».

La verdadera lección de la onceava casa es que hay que cultivar amistades sinceras para lograr la satisfacción espiritual; también es muy conveniente involucrarse en grupos y causas positivas por el bien de la humanidad. Esto no tiene por qué ser aburrido: tengo clientes y amigos que realizan documentales fascinantes y reveladores que concientizan sobre determinados problemas, y conozco a numerosas personas de éxito que también son filántropas y habitualmente tienen planetas en la onceava casa.

Por regla general, si tienes actividad en la onceava casa, es especialmente recomendable que te involucres en algo con una visión más elevada que tu vida laboral cotidiana (¡a menos, desde luego, que tu trabajo ya implique hacer algo positivo por otros habitantes del planeta!). Tienes que relacionar personas e ideas sin miedo a que se aprovechen de ti, pues el universo lo ve todo.

⊖ CÓMO SE MANIFIESTA ⊖

Tengo a Marte en la onceava casa y en mi grupo de amigas, también conocido como el #equipodechicas internacional, me llaman «la conectora». Y es verdad, siempre hago comentarios del tipo: «Realmente creo que deberías conocer a tal persona y a tal otra». Me siento impulsada a unir a buenas personas, ideas y conceptos, especialmente cuando es probable que se compenetren y hagan algo bueno en el mundo. También soy conocida por organizar fiestas bastante divertidas (¡aunque me esté mal decirlo!). Si tienes actividad en esta casa, es probable que te encanten las fiestas y que te resulte fácil unir personas e ideas que combinen bien.

Sin embargo, no soy en absoluto la única del grupo que se siente atraída por la asociación de la onceava casa de «hacer cosas buenas por la humanidad». Cuando comprobé nuestras cartas, vi que cada una de nosotras tiene actividad en esta casa y que ninguna se queda atrás a la hora de ayudar o aportar algo.

Una chica del equipo tiene a Mercurio en la onceava casa. Trabaja como presentadora de televisión (lo cual tiene sentido) y, por tanto, se comunica (Mercurio) con las masas (onceava casa) a través de los medios de comunicación (también asociados con la onceava casa). Realmente, la astrología dinámica es como un código: ¡simplemente tienes que ver cómo te afecta y descifrarlo!

Dado que es la casa de las amistades y las relaciones, quienes tienen mucha actividad en su onceava casa puede que no asuman su potencial de hacer el bien sin que esas personas les despierten.

ESTE ES TU ESPACIO

Echa una ojeada a la onceava casa en tu carta astral. ¿Está vacía? En tal caso comprueba cuál es el signo residente fijándote en el borde exterior. Consulta los rasgos positivos y negativos de dicho signo (en «Los signos», páginas 112-310). Combínalo todo con las asociaciones de la onceava casa. Si tienes planetas ahí, examina sus características y luego identifica en qué signos se ubican, teniendo en mente las asociaciones de la casa. Como siempre, la tabla que hay a continuación es para que anotes cualquier cosa que te venga a la cabeza cuando estés buscando pistas en la onceava casa, el signo residente y los planetas.

Ahora haz tu propio resumen de esta configuración planeta/signo/casa en tu propia carta.

CASA	SIGNO RESIDENTE	¿QUÉ PLANETAS? ¿EN QUÉ SIGNO?
Primera		
Rasgos negativos		
Rasgos positivos		

DOCEAVA CASA

ASOCIADA CON LA INTUICIÓN Y EL SUBCONSCIENTE; LA HUMILDAD;
LA PÉRDIDA; EL ESCAPISMO; LOS REINOS OCULTOS,
LA FE Y LOS SECRETOS; LA MÚSICA; LA DANZA; LA MEDITACIÓN;
EL YOGA Y TODO LO METAFÍSICO; EL ÁMBITO ESPIRITUAL EN GENERAL

PLANETA PREDETERMINADO: NEPTUNO

SIGNO PREDETERMINADO: PISCIS

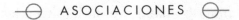

—⊖ ASOCIACIONES ⊖—

La doceava casa tiene que ver con el subconsciente y rige aspectos de nuestra persona que a menudo permanecen ocultos hasta que emprendemos el camino del autoconocimiento y la autoconciencia.

Esta casa es lo opuesto al ego, pues tiene que ver con la humildad, la gracia y la intuición. Quienes tienen configuraciones en esta casa a menudo son casi videntes por lo que respecta a sus ideas. Siempre me parece que son como hadas que tuvieron que curtirse para caminar entre seres humanos.

Las personas con actividad en esta casa pueden sentir a menudo una aguda sensación de pérdida antes de perder nada; esto se debe a su necesidad de conectar con algo superior al «yo». Necesitan sentir que existe un objetivo espiritual más elevado para sentirse conectadas a su propia versión de Dios, el universo... y el más allá.

Asimismo, suelen ser delicadas y de buen talante. Sueñan con un mundo más idealista y tienen que aprender el arte del retiro sano en lugar de desaparecer para evitar los conflictos.

En este caso, la auténtica lección consiste en mantenerse centrado y, al mismo tiempo, concederse tiempo para soñar. Es conveniente conectar con una versión más elevada para entender la importancia y la insignificancia del yo.

─○ CÓMO SE MANIFIESTA ○─

Tengo un cliente con Venus en Piscis en la doceava casa. Siempre decimos que no tiene absolutamente nada de ego, lo cual es típico de la doceava casa en versión positiva. Es una de las personas más artísticas que conozco (gracias a Venus y Piscis), pero solía desaparecer durante muchos días y solamente apareció al otro lado, al de la luz de la vida, cuando abandonó un hábito muy poco saludable que le hizo sentirse constantemente confuso y perdido. Ahora que está trabajando en su mejora personal sin esa confusión, es mucho más consciente. La gente con actividad en esta casa tiende a desear fusionarse con todo el universo y a sentirse conectada de algún modo.

ESTE ES TU ESPACIO

Echa una ojeada a tu doceava casa. Fíjate en todo lo que está sucediendo. ¿Qué planetas hay allí y en qué signo se ubican? Toma nota de sus características y apunta unos cuantos rasgos que te resuenen a medida que vas leyendo. Si la doceava casa está vacía, busca el signo residente en el borde exterior y, a continuación, lee todos sus rasgos (en «Los signos», páginas 112-310), teniendo muy en cuenta las asociaciones de la doceava casa. Utiliza la siguiente tabla para anotar tus descubrimientos y piensa en cómo encaja todo.

Ahora haz tu propio resumen de esta configuración planeta/signo/casa en tu propia carta.

CASA	SIGNO RESIDENTE	¿QUÉ PLANETAS? ¿EN QUÉ SIGNO?
Primera		
Rasgos negativos		
Rasgos positivos		

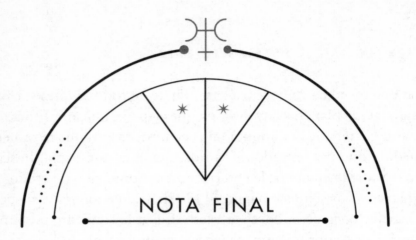

NOTA FINAL

Llegaste al final del libro y vas a emprender tu viaje a la astrología dinámica. Espero que hayas encontrado numerosas pistas en tu carta que te ayuden a asumir tu propio y más auténtico yo. Esa es la clave de la auténtica felicidad duradera.

Deseo sinceramente que este libro ayude a todas las personas sensibles de nuestro insensible mundo y que les inspire para mantener su belleza, hallar su estrella interior y seguir envueltos en esa luz, al margen de lo que la vida les depare.

Me preocupan profundamente la humanidad, el planeta y todos sus habitantes (excepto las moscas, las arañas y las serpientes; pero, eh, confieso que no soy más que un ser humano defectuoso), y creo que todos somos estrellas que tenemos la capacidad de brillar como el magnífico Sol: estrellas, sí, ¡eso es lo que somos!

No hay nada que atraiga más mi atención o embargue más mi corazón que la simple bondad. Está a nuestro alrededor si la queremos ver. Hay buenas personas caminando entre nosotros, tratando de ayudarnos y unirnos, recordándonos que todos somos hermanos y hermanas. Somos una familia; estamos conectados por el polvo de estrellas que nos creó a todos y cada uno de nosotros.

La astrología, el bello lenguaje de las estrellas, nunca cesa de asombrarme y emocionarme. Tranquiliza mi corazón de muchas formas y por muchas razones, pero principalmente porque es el único lenguaje que nos une a todos, independientemente del dinero, el origen, el estatus, la raza o la religión. Todos procedemos de los remanentes de estrellas que explotaron y, un día, volveremos a las estrellas.

No desperdicies ni un momento de tu preciosa vida en nada que no sea magia. Nunca, jamás estás solo, pues todos estamos conectados. Lo sé. Espero que tú también lo sepas.

Ayudémonos unos a otros.

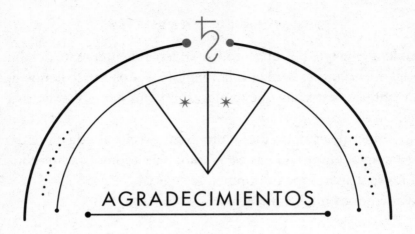

AGRADECIMIENTOS

Las personas increíbles que me han inspirado, formado y apoyado a lo largo de los avatares de mi vida son demasiadas para poder nombrarlas a todas, pero haré un humilde intento. Muchas de las personas mencionadas me han apoyado incesantemente a lo largo de la creación de este libro.

En primer lugar, gracias a mis hermanas Kathryn y Sara, y especialmente a mi madre: su apoyo y confianza en mi creatividad me da la fuerza para creer en mí misma y perseguir mis sueños, como solo lo podría haber hecho una Capricornio con Leo en medio del cielo. ¡Gracias!

A mi querido hijo Kam: ¡constantemente me das motivos para querer tocar las estrellas! Te quiero de aquí hasta la Luna. Eres increíble.

A mi increíble madrina Tauro, Marian: eres la persona más humilde que conozco. No hay nadie como tú en la Tierra, y le estoy muy agradecida al universo por haberte traído a mi vida.

A mis increíbles maestros, Su Santidad el Decimoséptimo Gyalwang Karmapa, el difunto doctor Akong Tulku Rinpoche, Lama Yeshe Rinpoche, sir Tom Lucas, y al hombre que sé que está alzando su copa por mí desde su propia estrella por compartir mi opinión sobre el bello lenguaje, mi maestro Tauro, el difunto Derek Hawkins.

Gracias a mis mejores y más viejas amigas: Emma, eres la Leo más fiel y divertida que conozco, nunca dejas de hacerme reír; y Sarah

Jane, tú y tu Sol en Cáncer me han apoyado, aconsejado y defendido durante más años de los que me atrevo a mencionar.

A Bob: luchamos, reímos, lloramos y creamos. Eres el mejor amigo que se puede tener y te quiero. Sin embargo, tienes que deshacerte de todo ese asunto de Virgo en la sexta casa.

A mis familiares y amigos de Estados Unidos, por su apoyo y su inquebrantable confianza en mí: Janet, la Acuario conectora, Bonnie, Meredith y Jess, las quiero como si fueran de mi familia; Pardis, eres divertidísima, te quiero como a una hermana, y Hilary, ¿qué puedo decir? ¡Gracias a las estrellas por conectarnos! ¡Eres una verdadera estrella!

Julia, tu ingenio, inspiración, guía, apoyo y franqueza me ayudaron a cambiar la historia. Gracias por todo.

Emily, todavía recuerdo la primera vez que nos vimos y te leí tu carta. Me dijiste: «Quiero que todo el mundo pueda hacer eso y que sepa lo que tú sabes de astrología». ¡Tu visión, inteligencia y determinación hicieron que este libro se haga realidad! Gracias.

Helen, sigo creyendo que fue tu Luna en Acuario la que te hizo entender tan rápido la astrología. ¡Me ayudaste a llenar las páginas con mis palabras!

Adam, tu manera de tratarme es encomiable: «Carolyne, creo que debes de ser la clienta más interesante con la que he trabajado». ¡Qué sutileza propia de Géminis!

A mi amigo Ade (también conocido como Retipuj), por todo el trabajo de diseño urgente de última hora que hiciste por mí. Siempre me dijiste que sí a todo y no te quejaste ni una sola vez. ¡Gracias!

Por último, a mi editorial, Penguin.

¡Gracias al universo!

Que todos los seres sean felices y estén libres de sufrimiento.